Liderança

Alessandra Assad

Liderança

TÓXICA

VOCÊ É UM LÍDER CONTAGIANTE OU CONTAGIOSO?
DESCUBRA O QUE A NEUROLIDERANÇA PODE FAZER POR VOCÊ

ALTA BOOKS
E D I T O R A
Rio de Janeiro, 2017

**Liderança Tóxica — Você é um líder contagiante ou contagioso?
Descubra o que a Neuroliderança pode fazer por você**

Copyright © 2017 da Starlin Alta Editora e Consultoria Eireli. ISBN: 978-85-508-0163-6

Todos os direitos estão reservados e protegidos por Lei. Nenhuma parte deste livro, sem autorização prévia por escrito da editora, poderá ser reproduzida ou transmitida. A violação dos Direitos Autorais é crime estabelecido na Lei nº 9.610/98 e com punição de acordo com o artigo 184 do Código Penal.

A editora não se responsabiliza pelo conteúdo da obra, formulada exclusivamente pelo(s) autor(es).

Marcas Registradas: Todos os termos mencionados e reconhecidos como Marca Registrada e/ou Comercial são de responsabilidade de seus proprietários. A editora informa não estar associada a nenhum produto e/ou fornecedor apresentado no livro.

Impresso no Brasil — 2017 - Edição revisada conforme o Acordo Ortográfico da Língua Portuguesa de 2009.

Publique seu livro com a Alta Books. Para mais informações envie um e-mail para autoria@altabooks.com.br

Obra disponível para venda corporativa e/ou personalizada. Para mais informações, fale com projetos@altabooks.com.br

Produção Editorial Editora Alta Books	**Gerência Editorial** Anderson Vieira	**Produtor Editorial (Design)** Aurélio Corrêa	**Marketing Editorial** Silas Amaro marketing@altabooks.com.br	**Vendas Atacado e Varejo** Daniele Fonseca Viviane Paiva comercial@altabooks.com.br
Produtor Editorial Thiê Alves Claudia Braga	**Supervisão de Qualidade Editorial** Sergio de Souza	**Editor de Aquisição** José Rugeri j.rugeri@altabooks.com.br	**Vendas Corporativas** Sandro Souza sandro@altabooks.com.br	**Ouvidoria** ouvidoria@altabooks.com.br
Assistente Editorial Illysabelle Trajano				
Equipe Editorial	Bianca Teodoro Christian Danniel	Ian Verçosa Juliana de Oliveira	Renan Castro	
Revisão Gramatical Barbara Azevedo Carlos Bacci	**Layout e Diagramação** Lucia Quaresma	**Capa** Antony Moreira	**Ilustrações** Nadya Hoffmann	

Erratas e arquivos de apoio: No site da editora relatamos, com a devida correção, qualquer erro encontrado em nossos livros, bem como disponibilizamos arquivos de apoio se aplicáveis à obra em questão.

Acesse o site www.altabooks.com.br e procure pelo título do livro desejado para ter acesso às erratas, aos arquivos de apoio e/ou a outros conteúdos aplicáveis à obra.

Suporte Técnico: A obra é comercializada na forma em que está, sem direito a suporte técnico ou orientação pessoal/exclusiva ao leitor.

Dados Internacionais de Catalogação na Publicação (CIP)
Vagner Rodolfo CRB-8/9410

```
A844e    Assad, Alessandra

             Liderança Tóxica: Você é um líder contagiante ou contagioso?
         Descubra o que a Neuroliderança pode fazer por você / Alessandra
         Assad. - Rio de Janeiro : Alta Books, 2017.
             256 p. : il.; 17cm x 24cm.

             Inclui bibliografia e índice.
             ISBN: 978-85-508-0163-6

             1. Administração. 2. Gestão. 3. Líder. 4. Liderança. I. Título.

                                                            CDD 658.4092
                                                            CDU 65.012.41
```

Rua Viúva Cláudio, 291 — Bairro Industrial do Jacaré
CEP: 20970-031 — Rio de Janeiro - RJ
Tels.: (21) 3278-8069 / 3278-8419
www.altabooks.com.br — altabooks@altabooks.com.br
www.facebook.com/altabooks

Dedico este livro a todo líder ciente de que não há fórmula mágica para gerir uma equipe, ser inspirador e deixar um grande legado, mas que acredita que é perfeitamente possível encontrar as melhores soluções para as questões mais difíceis e doloridas aprendendo a usar adequadamente sua inteligência.

SOBRE A AUTORA

Alessandra Assad é mestre em Administração de Empresas e Neuromarketing pela Florida Christian University, e jornalista especializada em management, com MBA em Direção Estratégica e Mestrado em Neuroliderança. Ao longo de duas décadas, atuou como repórter, apresentadora e âncora em televisões, rádios e agência de notícias. Entre 2003 e 2009 foi diretora de redação da revista *VendaMais*. Hoje atua como professora nos MBAs da Fundação Getúlio Vargas em todo o Brasil. É palestrante internacional, colunista de veículos de comunicação impressos e sites. Desde 2006 é sócia idealizadora e CEO da ASSIM ASSAD - Desenvolvimento Humano.

Autora dos livros *Atreva-se a Mudar!*, *Leve o Coração para o Trabalho* e *A Arte da Guerra para Gestão de Equipes* (este apenas para comunidade Europeia). Em 2014, teve seus três livros publicados na Europa pela Editora TopBooks Internacional. Em 2017, lança o primeiro livro de Neuroliderança do Brasil, com o título "Liderança Tóxica".

Acompanhe a autora em:

www.alessandraassad.com.br
https://www.facebook.com/alessandra.assad.56
https://www.facebook.com/alessandra.assad1
twitter.com/alessandraassad
br.linkedin.com/in/alessandraassad

LIDERANÇA TÓXICA

Você é um líder contagiante ou contagioso?
Descubra o que a Neuroliderança pode fazer por você

Segunda-feira. Dia de reunião de vendas para começar a semana com equipe motivada. Priscila desliga o despertador e bate os olhos no troféu de Vendedora do Ano, que recebera na última premiação. Reconhecidamente, uma das melhores funcionárias por muitos anos consecutivos. Acostumada a trabalhar sob pressão, nunca entregara menos do que resultados excelentes. Era uma jovem funcionária de alta performance. Gostava da empresa, curtia o que fazia, adorava os colegas de trabalho, amava a vida. Contudo, reclamava de seu líder direto sempre que podia.

Em casa, o café foi animado. E rápido. Saíram todos atrasados. Priscila levava o filho até o carro ouvindo suas histórias e pedindo para que ele não se esquecesse de pegar seu material.

Durante quase uma década de empresa, Priscila nunca perdera uma única reunião de segunda-feira. Desta vez, procurada, ninguém atendia ao celular, nem ao telefone fixo. Naquele dia, a reunião aconteceu sem ela, e o líder ficou enfurecido com o descaso e falta de respeito. Todavia, os colegas mais próximos sabiam que aquele não era o comportamento dela. E foi na hora do almoço que o mistério se revelou. A colega foi encontrada em casa: enforcada, numa atitude suicida. Uma morte estúpida, triste, de alguém que já não aguentava mais dividir o mesmo espaço com um líder contagioso, que a destruía um pouquinho todos os dias, e que a fez chegar ao ponto de não se importar mais com a vida. Um caso isolado?

O que faz você pensar que Carlos Alberto, que hoje começa a ter tremores nas mãos cada vez que se aproxima de seu líder, ou Ana Carolina, que gagueja sempre que vai falar em público dentro ou fora da empresa, ou ainda Demetrius, que desenvolveu um quadro depressivo desde que começou a se sentar ao lado de seu líder direto, não vão ter o mesmo fim de Priscila? Quantas histórias nos são ocultadas de maus líderes gestores que, todos os dias, estão dentro das empresas intoxicando ambientes?

Mas, afinal, um líder aparentemente saudável pode se tornar contagioso e intoxicar seus liderados trazendo-lhes doenças físicas e transformando a empresa num ambiente tóxico?

Neste livro, parto da hipótese de que líderes tóxicos podem provocar o desequilíbrio físico e psicológico de seus liderados, podendo de alguma forma prejudicar suas carreiras, seu futuro profissional e sua referência de cidadania no mundo. Tenho o objetivo de descobrir o quanto a influência de um líder pode ser tóxica no ambiente de trabalho, abalando a saúde física, mental e o desenvolvimento da carreira de um ser humano.

Esta obra tem a missão de abrir um novo caminho, por meio da Neuroliderança, para que líderes e futuros líderes possam entender a diferença entre liderança contagiante e liderança contagiosa, e que mudanças isso tudo pode gerar na vida das pessoas que são e serão lideradas por eles. A ideia é apresentar um horizonte para que esse líder se encontre no exercício de sua função de modo a atingir seus resultados com dignidade e respeito, a tempo de deixar um legado inspirador para aqueles que forem liderados por ele.

Pretendo ainda mostrar o quanto um líder pode ser tóxico quando não entende o propósito e a força do trabalho e do poder que exerce sobre seus liderados em suas vidas pessoais e profissionais, para o perfeito equilíbrio entre mente, corpo e espírito. Isso pode ser contagiante ou contagioso. A decisão está em suas mãos.

SUMÁRIO

	Prefácio	xxi
Capítulo 1:	INTRODUÇÃO: NÃO AO LIXO TÓXICO!	1
	Planeta, Cérebro e Empresas: Não ao Lixo Tóxico!	3
Capítulo 2:	LIDERANÇA TÓXICA	9
	Manipuladores de Toxinas	14
	Traje Protetor	16
	Grosseria Tóxica	18
Capítulo 3:	TRÊS CÉREBROS E UMA MENTE OU UM CÉREBRO E MUITAS MENTES?	19
	Córtex, Emoção e Cognição	24
	O Poder do Medo	26
	Flow	28
	A Liderança e as Atividades Neurais	28
Capítulo 4:	A ORIGEM DA NEUROLIDERANÇA	31
	Rock e a Neuroliderança	34
	Tomada de Decisões	34
	Autoconhecimento	35
	Padrões Mentais	35
	Privacidade, Interrupções e Produtividade	37
	Estimulando ou Maltratando?	39
	Multitarefas	39
	Advertência ou Incentivo	39
Capítulo 5:	LIDERANÇA TÓXICA E ASSÉDIO MORAL	43
	Casos Famosos	46
	Chefes Ruins e as Causas do Estresse	48
	Toxinas x Assédios	49
	O Que Diz a Lei	51

LIDERANÇA TÓXICA

Reconhecendo Limites	53
Posso Ir ao Banheiro?	53

Capítulo 6: NEUROLIDERANÇA E MEMES: O QUE UMA COISA TEM A VER COM A OUTRA — 57

Engenharia Memética	60
Memética e Liderança	63

Capítulo 7: LIDERANÇA: UMA QUESTÃO DE GENÉTICA? — 65

SNP – Mas o Que é Isso?	68
SNP de Liderança	69
Neuroliderança Aplicada à Gestão	71
Epigenética	72

Capítulo 8: O HÁBITO DA EXCELÊNCIA — 77

Insatisfação Positiva	80
Hábitos Angulares	83
Pequenas Grandes Coisas	84
Nadando no Escuro	86

Capítulo 9: NEUROMOTIVAÇÃO: ISSO É POSSÍVEL? — 89

Uma Nova Motivação	92
Motivação 3.0	94
O Significado do Trabalho	97
O Modelo SCARF	99
Psicologia Positiva	101
Rosen – Fazendo a Coisa Certa	103

Capítulo 10: EMOÇÕES CONTAGIOSAS E CONTAGIANTES — 105

A Importância do Humor do Líder	109
Lixo Tóxico	110
Neurônio-Espelho	112
A Importância do Autocontrole	114
Comportamento Contagioso	114
Comportamento Contagiante	116

Capítulo 11: A QUÍMICA POR TRÁS DAS EMOÇÕES 117

Bioquímica Cerebral 122

Oxitocina 125

"Não Fui Eu" 125

DHEA - Polêmica e Proibição 127

Melatonina 128

Humor, Decisões e Neurotransmissores 129

Barriga que Manda na Cabeça 129

Liderança, Deficit de Atenção e Hiperatividade 130

Capítulo 12: AS EMOÇÕES E O SISTEMA IMUNOLÓGICO 133

Gerenciando Emoções 140

Chefes Injustos Provocam Pressão Alta 142

Capítulo 13: PEQUENOS EMPREENDEDORES PODEM SER TÓXICOS? 145

Como o Estilo de Gestão Pode Intoxicar uma Empresa 148

Filosofia Inovadora 150

Quanto Custa e Quanto Vale? 150

Lá Vem a Genética 151

Inteligentes ou Esforçadas: Que Tipo de Pessoas
Você Quer Criar? 152

Deixe de Fazer 153

Na Prática, o Que Você Pode Fazer? 154

Capítulo 14: A DIFÍCIL TOMADA DE DECISÃO 159

Marcador Somático 163

A Relação Causa, Efeito e Tempo 163

Desvios Cognitivos 164

Sistemas Neurais 166

Impulsos Elétricos 166

Priming 167

Ficar ou Pedir Demissão? 168

A Questão da Empresa Familiar 170

Lidere com Perguntas 172

LIDERANÇA TÓXICA

CAPÍTULO 15: MEMES VIRAIS ... 173

As Experiências de Cada Um ... 177
Exame de Seleção: Quem Poderia Ser Um
Potencial Terrorista? ... 178
Psicopatas e Serial Killers ... 181

CAPÍTULO 16: O CAMINHO PARA A CURA ... 185

O Caminho da Desinfecção ... 189
Acendendo a Chama ... 191
Emoções Não Surgem Sozinhas ... 192
Imunomemes ... 193
Conscientização Espiritual ... 194
Ajuda Externa ... 196
Compartilhando Valores ... 197
Uma Nova Solução ... 198
Restauração ... 199
Liberando Toxinas ... 200
O Poder do Outro ... 201

CAPÍTULO 17: CONCLUSÃO: AMBIENTE LIVRE DE TOXINAS ... 203

REFERÊNCIAS ... 209

ÍNDICE ... 221

O voo estava tranquilo até ela me perguntar quando eu faria um mestrado. Aquilo me causou cinco tipos diferentes de angústias. Desde que comecei a lecionar, há quase vinte anos, todo mundo me fazia essa mesma pergunta. E eu me sentia como quem casa e não escapa daquela tradicional cobrança: "E quando vêm os filhos?". Bem... a minha resposta nunca tinha um tom muito simpático. "Eu não sou uma acadêmica. Não tenho a menor intenção de fazer isso. Pelo menos não por enquanto". E eis que até o avião tocar o solo no Rio de Janeiro a minha amiga querida Mara Beckert, colega de profissão de longa data, de um jeito muito professoral não mudou de assunto.

Uma semana depois, tive a alegria de voar com um colega que eu tanto admiro. Nosso encontro é sempre motivo de festa: Luciano Salamacha. Avião vazio e sentamos juntos para conversar, superinformal. Nem bem o avião decolou, e lá vem ele com a mesma pergunta. Ai, não. Você e a Mara combinaram isso? Só ele falou durante o voo inteiro até São Paulo, e depois ainda fomos até São José dos Campos. Céus... A empolgação dele era tão grande, que naquele dia até derrubou sorvete na camisa. Cheguei a ficar zonza...

Vocês dois, Mara e Luciano, dentro de suas diferenças, fizeram toda a diferença. Aqui vai o meu muito obrigada especial pelo lançamento da pedra fundamental deste livro e de meu diploma de Mestre em Neuromarketing pela Florida Christian University. Desejo que a vida lhes proporcione voos muito mais altos e que Deus abençoe cada vitória conquistada por vocês!

AGRADECIMENTOS

Sem Deus eu nada seria. É ele quem me dá saúde para correr todos os dias para os quatro cantos deste país e do mundo me alimentando mal, dormindo pouco e sorrindo muito, tendo o privilégio de fazer o que mais gosto, de me realizar com meu trabalho e ainda conseguir viver dignamente dele. Ainda que eu diga muito obrigada todos os dias pelas oportunidades que tenho, quero agradecer novamente hoje por ter conseguido terminar esta obra, com a inspiração divina guiando minhas mãos em momentos em que eu não sabia a quais teclas recorrer e nem por onde começar. A Deus e aos Mestres, muito obrigada sempre!

Meus pais, Roberto Assad e Elizabeth Parolin, são a minha base e o meu alicerce. Muito obrigada pela oportunidade da vida. Por mais que eu agradeça, nunca poderei retribuir. Ainda que vocês tenham seguido caminhos diferentes, obrigada por me transformarem na adulta que sou hoje e por me ensinarem todos os dias a educar a criança que nunca há de morrer dentro de mim. Cada um de vocês merece um livro só com as minhas palavras de carinho.

Minha irmã, Bianca Parolin Assad, sempre compreensiva, desde criança tentando entender por que eu gostava tanto de brincar sozinha, escrevendo e falando para ninguém. Hoje ela sabe que eu estava ensaiando. E, apesar de sermos tão diferentes, descobrimos o quanto poderíamos ser complementares. Obrigada por ser meu anjo da guarda e entender meus rompantes!

Marcelo Campos Delavigne Bueno, meu companheiro, meu grande incentivador e crítico precioso, receba meu agradecimento especial por compreender o quanto esses dois anos de pesquisa foram desgastantes para mim e me fizeram exausta em tantos instantes. Sua paciência e amor foram nobres nesse período.

Obrigada por entenderem minhas ausências e o quanto precisei desses momentos para conseguir terminar este trabalho. Sem o carinho e a compreensão desta família, este livro não existiria. Amo vocês!

Meu orientador, Professor Marcelo Peruzzo, foi uma fonte de inspiração. Dono de tantas ideias e de uma energia inesgotável, você confiou em mim e em meu trabalho durante todo o tempo. Isso não tem preço. Sempre pronto para me atender, sem dia, sem hora, sem sono e sem limites. Você é realmente fora da curva. Obrigada por ter me apresentado o mundo do neuromarketing, serei eternamente grata!

Peter Frost (in memorian), obrigada por um dia ter escrito o livro "Emoções Tóxicas no Trabalho". Essa obra marcou a minha vida e me inspirou a escrever este livro.

José Salibi Neto, você foi um guerreiro. Não vou me esquecer o quanto foi um amigo incansável na luta para me ajudar a agregar valor a este trabalho. Muito, muito obrigada. Você teve importância significativa para que eu chegasse até aqui. Faz parte de toda a minha história e sabe disso. Tem minha eterna gratidão. Que Deus continue abençoando todos os seus caminhos para que você leve cada vez mais luz para o coração das pessoas, ajudando a desenvolvê-las, em seu novo desafio!

Tem um gaúcho, que hoje é paraibano, superempreendedor e que eu vi crescer nas salas de imprensa dos eventos de Management. Não por acaso sempre nos encontrávamos, e hoje ele é referência no mundo acadêmico e de administração, e seu sucesso é motivo de grande orgulho para mim. Leandro Vieira, meus parabéns por você ter criado o portal administradores e muito obrigada por nunca ter se esquecido de mim.

Meu amigo Eduardo Adas, você me ajudou muito com seus conselhos valiosos, principalmente no início deste projeto, quando eu ainda tinha muitas dúvidas e algumas angústias.

Eu não sabia e nem imaginava, mas junto com o mestrado ganhei um pacote de presente, no qual estavam algumas pessoas lindas e muito valiosas. Nunca esperava conhecê-las neste universo. Alguns estão mais próximos por diversas circunstâncias, outros até por questões geográficas estão distantes, mas não poderia deixar de citar o carinho da Josielly Lima Guimarães, do Raphael Salgueiro e da Vanessa Celulari, que tive o prazer de conhecer.

O Silvio Argimon, além de colega de FGV, tornou-se um daqueles irmãozinhos queridos. A gente se ajudou durante todo o período, e chegamos até a conversar sobre o conflito de não conseguirmos terminar o mestrado no prazo. Foi difícil, mas a gente venceu, amigo. Muito obrigada pela força e por todas as palavras de incentivo.

Aline Dotta, você foi uma daquelas surpresas que a vida reserva para nós. Apareceu na minha frente com tanta energia positiva que até fiquei desconfiada. Você não existe, menina, você é contagiante. É pura alegria, merece todo o brilho que a vida há de te oferecer. É uma grande profissional. Muito obrigada por suas palavras carinhosas naqueles dias em que era tudo o que eu mais precisava. Você fez muita diferença, acredite!

Daniel Piardi, todo gênio tem algo diferente. E eu já te disse isso. Você me impressionou pela sua capacidade de pesquisa e simplicidade de apresentação. Você consegue fazer genética parecer matemática básica. Já tenho orgulho de dizer que fui sua colega de classe. Guarde esse nome. Ele um dia será um neurocientista famoso!

AGRADECIMENTO

Tem alguém que eu jamais poderia me esquecer de agradecer. Chegou quieto e conquistou um espaço enorme em meu coração. Ele fala bonito e acalma as pessoas com uma naturalidade tremenda. Sereno, equilibrado, pura inteligência emocional. Luciano Guedes, quando eu crescer, quero ser como você. Muito obrigada por me trazer de volta à Terra naquelas vezes em que meu lado ítalo-árabe quis desencadear uma guerra. Você foi sensacional!

Felipe Nasser, sempre pronto para ajudar. Seu brilho no olhar, sua competência e garra ainda vão levá-lo a caminhos de muito sucesso. Você foi uma luz no fim do túnel, me ajudou num momento em que eu realmente precisava definir uma parte importante deste livro. Não vou me esquecer. Te desejo todo o sucesso deste mundo.

Tem alguém que de repente surgiu na parte final do trabalho, quando eu já não esperava mais nada de ninguém, me segurou pelas mãos e disse: "pode contar comigo". Tal qual um mineirinho, esse autêntico capixaba me surpreendeu não só no aspecto humano, mas pela competência em fazer um trabalho maravilhoso, que certamente fez toda a diferença. Antony Moreira, de coração, meu eterno agradecimento por ter sido um grande amigo e por ter feito a arte da capa da versão acadêmica deste livro. Você arrasou!

Não há dúvidas de que essa turma foi mesmo um presente para a vida toda.

Dr. Alberto de Assis Dutra, que há mais de quinze anos cuida de mim e conhece meus pontos nevrálgicos físicos e psíquicos. Obrigada por ter me ajudado, em especial neste ano em que precisei ainda mais de você.

Meus colegas queridos, Robson Gonçalves e Paulette Melo, vocês me inspiram todos os dias. Flávia Campos, seu inglês me ajudou muito. Continue estudando, por favor. Aos amigos queridos: Maria Aparecida Rodrigues Lauda, Jaime Lauda, Jenny Soares,Tamy Balardjischvili Ribeiro, Denise Shertzman e Luciana Andrade, obrigada por vocês existirem.

Rosilda Agibert, você foi de um preciosismo singular. Detalhista ao extremo. Foi importante contar com você. Às conveniadas da Fundação Getúlio Vargas, meu carinho especial pelo apoio e compreensão durante o período de minha pesquisa. Em especial, um agradecimento aos meus queridos coordenadores João Baptista Vilhena, José Angelo Santos do Valle e Luis Sá.

Meus alunos e ex-alunos: há quase vinte anos vocês são peça-chave em tudo aquilo que eu faço; me inspiram, me ajudam, me avaliam, me criticam. Adoro vocês!

Meu agradecimento a todos os líderes inspiradores que tive, e aos líderes tóxicos também, vocês de alguma forma me inspiraram a escrever este livro e me deixaram algumas lições para a vida.

Quero agradecer ainda a todos aqueles que gentilmente participaram e dedicaram uma parcela de seu tempo para esta pesquisa. Ainda que por motivos de preservação de identidade eu não cite aqui seus nomes, desejo que cada um de vocês sinta-se abraçado por mim, com um sincero muito obrigada vindo do coração.

Muitos professores foram importantes nessa jornada, mas alguns deles foram especiais. Quero agradecer ao Professor Fernando Leocadio Pianaro por ter me abraçado com carinho desde o dia em que nos conhecemos em Orlando, em 2015. Sua paciência e amor pelo que faz são um exemplo para mim e para as pessoas. Quero agradecer-lhe, em especial, por ter entendido minhas limitações e fraquezas em alguns momentos e ter me auxiliado a prosseguir levando em consideração meus talentos e minhas forças para que eu pudesse me concentrar em trazer resultados naquilo que faço de melhor. Um verdadeiro líder-coach.

Pedro Camargo, eu te admiro por sua inteligência, simplicidade e conteúdo, que foram fundamentais em meu trabalho. Obrigada por ter sido tão acessível nos momentos em que precisei. Sou sua fã!

Agradeço também aos queridos professores Fabricio Pamplona, José Chavaglia Neto, Rosana Alves, Wilson Farias Nascimento e o querido Luciano Salamacha. Também não poderia deixar de agradecer a duas pessoas maravilhosas. Uma delas é o Thyago Peruzzo: obrigada por ser tão querido e por me ajudar tanto. Acho lindo você ser tão prestativo com todos aqueles que precisam. Que sua alma continue pura e boa, menino. Você merece o mundo!

A outra pessoa a quem admiro é Almerinda Pianaro: sempre pronta para nos acolher com um abraço e uma palavra carinhosa. Pessoa rara de se encontrar, querida, pura de coração. Deus te abençoe muito também. Obrigada por me acolher quando precisei. Você foi demais!

E, finalmente, meus agradecimentos a toda a equipe da Florida Christian University, em especial ao Dr. Anthony Portigliatti, Ph.D., President and Chancelor, Presidente Emeritus Dra. Floralee Shindoll, Vice-presidente Bruno Portigliatti, Dra. Josie Oliveira e Jairton Oliveira, equipe de atendimento ao estudante, em especial à Priscila Soares, Andrea Nassar, Bibiana Chong, Nelly Martins, Juliana Miranda, Pr. Gustavo Debastos e Pastor Braga. Vocês me ensinaram a reinventar o estudo e, de alguma forma, a me reinventar também!

PREFÁCIO

Há alguns anos, em uma entrevista para uma revista de esportes americana, o ex-jogador de basquete Scottie Pippen foi solicitado a explicar o êxito do Chicago Bulls, time que venceu seis campeonatos da NBA, liderado pelo inesquecível Michael Jordan. Sua resposta poderia ser considerada evasiva. Ele disse que a equipe tinha tal sintonia porque, durante uma partida, os jogadores simplesmente conheciam a posição dos colegas e sabiam onde era necessário colocar a bola. E tudo o mais acontecia na troca de olhares.

Mas a resposta foi absurdamente precisa. É essa cumplicidade da troca de olhares que torna as equipes mais eficazes em uma época de mudança contínua, e é ela que propomos para as empresas quando se começa a falar em um novo conceito de liderança. As coisas devem acontecer pelo olhar, como quando seu parceiro começa uma frase que você consegue terminar sem que isso seja racionalizado, ou quando um antecipa o que o outro pensa. Sintonia total. Cérebros alinhados. Pensamentos voltados para o mesmo objetivo. Cumplicidade.

Esta mesma que nasce na confiança e que gera riqueza. Que caminha nas entranhas das empresas de modo tão profundo que não é expressa em declarações de missão ou relatórios formais. Ela simplesmente existe e norteia os passos de todos na organização.

É sobre esse tema tão importante que venho escrevendo há algum tempo e dediquei um capítulo inteiro do livro "Movidos por Ideias – Insights para criar empresas e carreiras duradouras", que escrevi com Sandro Magaldi ainda em 2011. O assunto cresce à medida que o tempo passa, bem como sua importância, numa velocidade diretamente proporcional.

Transcende-se a visão do "ter de fazer" pelo "desejo de fazer". Ninguém precisa pedir a ninguém para que dê "algo a mais" de si. Isso acontece naturalmente, pois envolve prazer. Quando um líder consegue construir uma equipe orientada por tal sentimento, a organização obtém resultados extraordinários. Esse é o princípio da Neuroliderança, a ciência que estuda a arte de liderar.

Já não é de hoje que a neurociência rompe fronteiras no mundo corporativo e abre novas fronteiras para a gestão. Em 2012, quando o neurocientista brasileiro Miguel Nicolelis encantava plateias mostrando como trabalhava para que o pontapé inicial da abertura da Copa de 2014 fosse dado por um portador de deficiência, utilizando um equipamento inovador acoplado às pernas, ele já mostrava que a grande fronteira atual da humanidade está no cérebro humano. Por diversas vezes ele encantou empresários e CEOs em grandes eventos promovidos pela HSM mostrando a importância da interface entre ciência e liderança para as empresas que tivessem os olhos voltados para o futuro saírem à frente das demais.

Acontece que apesar de o cérebro ser o cerne de todos os comportamentos humanos, a grande questão é que nossos ambientes de trabalho nunca foram criados para serem adaptados ao nosso modelo cerebral. E o líder é aquele que tem alto potencial para criar valor para seus liderados ao incrementar sua performance entendendo melhor alguns princípios de neurociências. Seria algo como transformar o Management de hoje no Neuromanagement de amanhã.

Quanto mais se aprende como o cérebro funciona, mais isso vai influenciar não só o business, mas todos os processos humanos que envolvem nossas tomadas de decisão ou interação entre seres humanos, saindo de uma visão empírica para uma outra visão, que passa a levar em conta toda a biologia do ser humano. Aqueles que tiverem essa visão, e entenderem o quanto ela é importante, certamente terão mais velocidade para obterem melhores resultados de suas equipes.

Em geral, as pessoas tendem a reconhecer com mais facilidade quem tem talentos extraordinários, quem possui maior visibilidade na organização, e negligenciar outros profissionais com talentos mais limitados, em um processo de questionamento de sua atuação que lança dúvidas sobre os resultados que esses colaboradores geram para a companhia. Essa dinâmica costuma ser absolutamente nociva, criando uma atmosfera perversa e negativa em toda a empresa. Isso se chama Liderança Tóxica.

O tema é foco de discussão em todas as empresas. É uma ferida na qual poucos querem tocar, mas muitos têm histórias para contar e precisam ser ouvidos. É uma doença latente. As toxinas estão no ar, contagiando pessoas e trazendo doenças desnecessárias, que não aconteceriam se os líderes estivessem melhor preparados para trabalhar as dores e entender a importância que elas têm no contexto empresarial.

Durante minha trajetória profissional conheci vários líderes tóxicos, infelizmente. São pessoas até que bastante inteligentes, articuladas, mas que colocam seus interesses pessoais acima dos interesses da empresa, usando a mesma e as pessoas que trabalham nela para conseguir oportunidades para outros fins. Definitivamente colocam-se à frente de tudo e de todos e, por incrível que pareça, conseguem fazer isso por alguns anos sem que muitos percebam. O livro de Alessandra Assad confronta esse tema com muita propriedade e dará ao leitor a oportunidade de enfrentar rapidamente esse tipo de líder. Afinal, somente conseguimos ter sucesso se colocarmos nossa cabeça e coração onde trabalhamos.

AGRADECIMENTO

Esta é uma obra precursora da Neuroliderança no Brasil, resultado do consistente trabalho de anos de pesquisa que a jornalista Alessandra Assad vem desenvolvendo ao longo de quase duas décadas. Posso me lembrar como se fosse hoje sua primeira vez em um evento de Management promovido pela HSM em São Paulo. Era ainda uma menina, mal sabia direito o que estava fazendo ali, mas tinha na veia a curiosidade típica de poucos jornalistas, brilho no olhar e um insaciável desejo de conhecimento.

Não demorou para ela se destacar frente aos demais pela sua irreverência, inquietude, ousadia e vontade de fazer sempre o que ninguém tinha feito ainda. Em pouco tempo ela já descobrira as entradas privativas dos palestrantes e conseguia fotos e informações especiais. E sempre fez isso com humildade e simpatia, conquistando todo nosso time também.

Não havia evento em que ela não marcasse presença. Seus textos começaram a ser lidos, livros foram publicados no Brasil e exterior, logo vieram as palestras e seu nome foi ficando conhecido nos melhores meios acadêmicos também. Não foram poucas as vezes em que a Alessandra me procurou para me pedir conselhos sobre carreira e textos editoriais. Já trocamos muitas ideias sobre livros, frases, histórias e pensamentos de gurus aos quais admiramos, estudamos e conhecemos.

A Alessandra sempre me impressionou pela qualidade de seu trabalho, mas agora ela se superou. Trouxe para o Brasil o que há de mais moderno no campo da Liderança. Esta obra fala da relação de contágio de emoções através de toxinas e das diferenças entre o contagioso e o contagiante. O desenvolvimento sequencial do livro vai desde o conhecimento das três mentes, passando pelo Neuromanagement e a origem da Neuroliderança no Mundo com David Rock, que foi o guru que criou esse termo e já concedeu inclusive entrevista para a revista *HSM Management*. Em seguida, você vai entender melhor a relação dos memes com a Neuroliderança e vai descobrir qual a influência que a genética pode ter no desempenho de um líder. A Neuromotivação mostra a influência da psicologia positiva, os novos modelos motivacionais deste século: o que já não funciona mais e de que forma o cérebro do colaborador assimila tudo isso no ambiente de trabalho.

Na sequência, como acontecem os contágios emocionais e os efeitos dessas emoções no sistema imunológico das pessoas e das empresas também: empresas saudáveis com pessoas doentes; empresas doentes com pessoas saudáveis. Será que isso é possível? Que papel os hormônios e os neurotransmissores têm em todo esse processo? E quando você imaginar que está ficando pesado, começa o capítulo da tomada de decisão, que mostra o quanto somos irracionais.

Talvez você esteja se perguntando: mas existe solução para uma Liderança Tóxica? O livro aponta uma série de caminhos, mas tudo vai depender mesmo é de seu grau de discernimento com relação a seu nível de toxicidade. Porque... você acha que Liderança Tóxica não é para você? De Louco e Tóxico todo líder tem um pouco. Eu sempre digo que liderar é... sonhar, com um parafuso a mais. Cabe a você escolher que tipo de contágio vai querer para sua equipe!

Lembre-se: não basta contagiar. É preciso ser contagiante.

José Salibi Neto
Business Advisor, Autor e Palestrante Cofundador da HSM

1

INTRODUÇÃO: NÃO AO LIXO TÓXICO!

> "O cérebro é maior que o céu."
>
> — Emily Dickinson

PLANETA, CÉREBRO E EMPRESAS: NÃO AO LIXO TÓXICO!

10 BILHÕES DE PESSOAS
Essa é a previsão para o planeta Terra em 2050.
100 BILHÕES DE NEURÔNIOS
É o que seu cérebro tem hoje.
Isso equivale a 15 vezes a população total humana do planeta
Atualmente: apenas 2,8 bilhões de pessoas no mundo conseguem um posto de trabalho
160 milhões de pessoas são afastadas por ano do trabalho por causa de doenças
80% delas estão infelizes

E onde é que o planeta, seu cérebro e as empresas se encontram? Diferentemente da Terra, nosso cérebro tem uma plasticidade capaz de abrigar ainda mais neurônios do que o planeta teria para abrigar os seres humanos. Oferece um número ilimitado de formas capazes de armazenar informações, assim como apresenta um número ilimitado de opções para decodificar experiências, aprendizados e informações. Cada um de nós possui 300 trilhões de conexões cerebrais em constante mutação.

São 100 bilhões de neurônios, e cada um deles possui de mil a dez mil sinapses, que são as responsáveis pela transmissão de um impulso nervoso de um neurônio para outro. Esse grande número de neurônios aumenta a capacidade de processamento do cérebro, e equivale a cerca de 15 vezes a população total humana do planeta. O cérebro possui 160 mil quilômetros de veias sanguíneas, o suficiente para dar a volta na Terra quatro vezes.

Cerca de 71% do planeta é composto por água. Por volta de 75% do cérebro é composto por água. Mas qualquer semelhança ainda é mera coincidência. Ainda que o planeta e o cérebro humano sejam fonte de muitas comparações pelos cientistas em função da grandiosidade de seus números, certamente o minúsculo cérebro esconde muito mais segredos e perigos do que caberiam neste planeta.

Algumas pessoas ainda se perguntam onde mora o verdadeiro perigo: nas ruas ou dentro de nós mesmos? E ainda pensam que o coração é o grande responsável pelas nossas maiores emoções. Sinto lhe dizer, mas o coração apenas reage ao instinto de luta e fuga, mas nenhum sentimento é produzido nele.

Boa ou ruim, a notícia é que só existe um responsável por todos esses perigos, uma única máquina assustadora, que pesa um quilo e meio e consome 20% do combustível que nosso corpo absorve, gera energia suficiente para manter uma lâmpada acesa e é capaz de responder por todas as nossas emoções e instintos de sobrevivência. Ela controla todos os aspectos da vida dos seres humanos. É a única arma que o homem tem para viver neste planeta: seu cérebro.

Ao longo da evolução humana, o cérebro dobrou de tamanho. E temos aprendido mais sobre ele nos últimos cinco anos do que nos últimos cinco mil anos. Aprender a entender seu funcionamento para fazer bom uso de seus recursos é saber que sempre quem estiver melhor preparado sairá à frente para entender os segredos dele a fim de explicar o comportamento humano. Isso vale para absolutamente todos os aspectos de nossas vidas. Somos feitos de razão e emoção. A criação de nossas emoções é uma das façanhas mais espantosas e misteriosas que existe.

Pelas mais diferentes razões podemos sorrir e chorar, ser bons ou maus, acordar de bom ou de mau humor. E tudo isso no mesmo dia. Difícil imaginar uma vida sem emoção. É como imaginar um mundo sem cor, a terra sem água, um corpo sem ar.

Para alguns cientistas, as emoções são reações físicas que se desenvolveram como parte da luta pela sobrevivência. Ainda se considera a hipótese de que sejam estados mentais que surgem quando as reações corporais são sentidas pelo cérebro. E há os que dizem que as reações físicas são secundárias na emoção, pois o mais importante acontece no interior do cérebro. Quem terá razão?

O fato é que o ser humano só é responsável por uma média de 5 a 15% das decisões que toma todos os dias. O restante provém de nosso inconsciente irracional, que se deixa levar por fatores externos e emoções. Ou seja, somos previsivelmente irracionais, se é que se pode falar assim.

Faz parte da biologia humana, e temos contato o tempo todo com diferentes estímulos que mexem com nossos sentidos, provocando experiências, sensações e emoções em nosso corpo e em nosso espírito.

Emoções relacionam-se com a atividade naquelas áreas cerebrais que direcionam nossa atenção, motivam nosso comportamento e determinam o significado do que acontece o tempo todo ao nosso redor. O ambiente em que vivemos molda a natureza física de nossos cérebros também.

Gosto bastante deste exemplo. Imagine que você acabou de comprar dois computadores iguais, com a mesma configuração, e vai deixá-los por seis meses com duas pessoas diferentes. Passado esse tempo, os mesmos computadores estarão completamente diferentes, porque cada usuário criou um ambiente para seus arquivos e pastas, decorou sua tela com uma imagem e criou ícones nas respectivas áreas de trabalho. Trata-se de mapas mentais diferentes. Muito possivelmente você já teve dificuldades para realizar uma tarefa relativamente simples no computador de outra pessoa. Por um único motivo: em sua máquina é diferente.

Portanto, não temos como fugir das emoções. Elas são parte da condição humana e inerentes a qualquer meio empresarial. Elas têm impacto na função e desempenho dos indivíduos em seus ambientes de trabalho. Porém, os impactos dessas emoções acabam sendo ignorados ou desprezados todos os dias em função da implacável busca por resultados.

Não vemos a dor, não ouvimos seu eco. Não conseguimos perceber a dor que criamos em outros estipulando prazos, decisões severas ou agindo por impulso. Todos passam por uma forte pressão, um alto nível de angústia todos os dias em seu ambiente de trabalho.

A dor emocional acaba sendo um subproduto normal da vida nas organizações. Todas as companhias, e inclusive todos os gerentes nas organizações, geram dores emocionais como parte de um processo normal de se conduzir negócios. Dificilmente chegamos a resultados sem dores. Essa é a questão.

Relacionamentos tóxicos ou negativos fazem mal, e ao longo do tempo podem funcionar como um lento envenenamento do organismo. Em níveis normais de toxicidade, as pessoas podem se sentir desanimadas ou ameaçadas por um curto período de tempo e, depois disso, absorvem o fato naturalmente, trabalhando a resiliência de uma maneira normal.

Mesmo sabendo que a dor emocional é um subproduto da vida corporativa, as empresas que quiserem permanecer saudáveis precisarão aprender a manipular essa toxicidade de maneira eficiente, ou preveni-la, em primeiro lugar, através de seus líderes gestores. Assim como o organismo humano processa entradas, ele produz toxinas. O rim e o fígado, por exemplo, têm a função de eliminar algumas toxinas, certo? O problema começa quando esses níveis de toxinas ficam muito acima da média e o corpo começa a não dar mais conta de eliminá-las. Depois de um tempo, esses órgãos se enfraquecem e podem comprometer o sistema imunológico. O resultado pode ser uma doença ou até a morte. É isso o que precisamos evitar.

O que transforma dor emocional em toxicidade é a resposta dada à dor de maneira nociva e não curativa. A habilidade de um líder em manipular os sentimentos tóxicos de até mesmo um membro de sua equipe pode afetar uma organização inteira.

Dentro das empresas o fato pode ser ainda mais grave quando a toxina for mais intensa e duradoura e não for percebida a tempo. Isso pode acabar com o processo de crescimento da empresa e do indivíduo. Ou se vai empurrando com a barriga, jogando o problema para debaixo do tapete, ou, mais raramente, se reconhece e enfrenta esse vírus para exterminá-lo o quanto antes possível. Tudo depende muito da visão, do preparo e da sensibilidade de seus líderes em todo esse processo. **Gastrite, pressão alta, crises de ansiedade, depressão, Síndrome do Pânico, queda de cabelo, Síndrome de Burnout,** viraram sintomas corriqueiros de pessoas que estão passando por certas dores. E é comum ouvirmos várias dessas histórias, inclusive de gente muito próxima. Gente que precisou pedir licença no emprego por motivos de saúde. Saúde física, saúde psicológica e saúde psicossomática, se é que se pode falar dessa forma.

As origens da dor variam, mas grande parte vem de gerentes abusivos, políticas empresariais irracionais, clientes ou colegas contestadores, férias forçadas, ou de processos de mudanças fracamente administrados. Isso tudo pode ter sérios efeitos negativos nos indivíduos e suas organizações, a menos que tudo seja identificado e controlado de maneira saudável e construtiva.

Traição, promessa não cumprida, aumento de salário menor do que o esperado ou ainda frustrações geradas pelos mais diversos motivos, desde um "bom dia" mais rude a uma carência não correspondida por ausência de feedbacks. Será então que quando falamos de toxinas, não necessariamente estamos falando de más ações, como assédio moral, verbal, virtual ou sexual, ainda que esses sejam os mais comuns, mas poderíamos estar falando até de casos como superproteção, enfim, todo e qualquer tipo de sentimento que, intencional ou não, cause uma dor emocional ou que venha a gerar uma toxina, ainda que involuntariamente?

Será que mesmo algumas mães acabam se tornando tóxicas por excesso de amor e superproteção? Esse é um dos pontos do meu estudo. Será que toda Liderança Tóxica necessariamente é intencional e vem acompanhada de um sentimento ruim ou destrutivo? Será que há muitos casos em que a toxicidade acontece até por uma boa causa, sem que o indivíduo perceba o estrago que está fazendo?

Este livro não ensina como se livrar de pessoas tóxicas. Ensina como reconhecê-las e, acima de tudo, evitar que você, na condição de líder, seja uma delas. Mas não são só os líderes que podem ser tóxicos, não. Fui muito questionada por isso em toda a minha pesquisa de campo ao longo desta obra, e gostaria de esclarecer essa questão. Muitos liderados são tóxicos também. Alguns até mais que seus líderes gestores.

Há ainda que considerar os psicopatas e pessoas de todos os tipos, nas mais diversas funções nas empresas e fora delas. Os líderes gestores foram os escolhidos para este estudo, e por este motivo foquei neles em minha análise e nesta obra como um todo. Mas reconheço e considero que há outras funções que geram toxinas dentro do ambiente corporativo, bem como fora dele, que merecem ser estudadas também, quem sabe num próximo momento.

Acima de tudo, este é um livro que promove o autoconhecimento, porque todos nós estamos em contato com toxinas o tempo todo e precisamos entender como neutralizá-las para não as transmitir para outras pessoas através de memes negativos.

Quero deixar claro que não sou neurocientista. Sou uma jornalista estudiosa do comportamento humano e, nesta obra, mais precisamente dos aspectos de neurociência aplicada à liderança. Portanto, busquei o apoio jornalístico na neurociência para ir além daquilo que já sabemos, para sair do que já foi descoberto e trazer algumas respostas ou explicações comportamentais que talvez você ainda não tenha alcançado por não ter tido a oportunidade de entender melhor como funciona o cérebro humano, responsável pelo que somos, dizemos e fazemos.

Foram necessárias muitas e muitas horas de estudo, porque ao contrário do que eu imaginava, não bastava simplesmente reproduzir uma aula ou uma leitura e juntar a tudo isso um conceito de liderança ou gerência. O Mestrado em Neuromarketing na Florida Christian University e a convivência com o professor Ph.D. Marcelo Peruzzo, meu orientador, me ajudaram imensamente a entender melhor cada conceito de neurociência, cada termo técnico, e ainda me abriu portas para conhecer as pessoas certas, que me ajudaram em cada etapa da pesquisa, cada um com aquilo que tinha de melhor para me oferecer. E como sou grata por isso!

Durante os dois anos em que desenvolvi esta pesquisa fui a campo também para ouvir pessoas que se envolveram com toxinas. Alguns líderes gestores que contaminaram pessoas, alguns liderados que foram contaminados. Nem todas as histórias foram selecionadas para este livro. Algumas não puderam ser comprovadas. Outras, acabaram ilustrando nossas páginas e serviram como objeto para meu estudo. Os selecionados tiveram os nomes substituídos por outros para preservar a identidade.

De qualquer forma, sinto muito por todos que, de uma maneira ou de outra, passaram por essas dores, e agradeço imensamente àqueles que tiveram a coragem de compartilhar suas histórias e a confiança na seriedade do meu trabalho, sabendo que estamos trabalhando pela consciência humana, minimização das toxinas e criação de ambientes corporativos melhores.

Definitivamente, a fase de que o maior ativo das empresas são as pessoas já ficou para trás. Essa foi uma visão bonita e romântica de gestão de pessoas defendida até aqui. Hoje, pessoas não são o mais importante. As pessoas certas é que são. Um menor número de pessoas e mais pessoas que tragam números. Eis a grande questão deste século. Entretanto, não estou falando de dinheiro.

Este é o princípio básico da Neuroliderança: líderes para pessoas com mais qualidade, que façam a diferença. Processos precisos, tendo muito claro todos os objetivos que precisam ser alcançados. Foco. Qualificação de equipe. O lucro virá como consequência!

Quando há clareza no processo o relacionamento acontece de forma orgânica uma vez que os problemas de relacionamento, no fundo, são processos mal resolvidos. Ram Charan, um dos maiores mestres escritores da área de execução, de uma maneira muito simplificada afirma que quando temos um problema de execução, tal problema não é de execução e sim de comunicação da estratégia. Ou seja, problemas de processos, que se iniciam nas relações interpessoais, e não problemas de relações interpessoais que afetam os processos, como acreditávamos anteriormente.

Se levarmos em consideração os aspectos cerebrais, os processos são de responsabilidade do sistema reptiliano, que controla o lado mais animal e instintivo do ser humano e se encarrega de funções básicas, como sobrevivência e reprodução. Já os relacionamentos ficam por conta do sistema límbico, responsável pelos sentimentos. Se não houver equilíbrio entre eles, não há empresa que sobreviva. Essa é a nossa busca.

Atualmente, o que se tem é muito foco nos relacionamentos e nas emoções, e pouco foco nos processos e nos resultados. Aqui vem a pergunta: precisamos do relacionamento para que o resultado aconteça ou o relacionamento acontece organicamente a partir de um bom resultado?

A grande questão é que atualmente a maior parte dos departamentos estão tão focados 100% no relacionamento que estão deixando os processos de lado. Ou seja, perdemos o equilíbrio. Literalmente, estamos fazendo festa. Os pratos da balança estão voltados apenas para os aspectos emocionais. E o momento é de retração.

Vivemos hoje um verdadeiro duelo, em que os líderes vivenciam e criam memes o tempo todo em favor de sua própria sobrevivência e em favor de seu ego. São como vírus, que vão se propagando, se imitando, se replicando, influenciando e competindo por uma parte de sua mente e por uma parte da mente de todas as outras pessoas, com o objetivo único de manter-se vivo pelo maior tempo possível. Mas nem sempre com boas intenções.

A vida é um emaranhado de decisões, escolhas e pensamentos que vão determinar nossa prisão ou nossa liberdade. Quem gosta de estar perto daqueles que diariamente nos maltratam ou não nos respeitam como merecemos? Gente que não é feliz e não admite que os outros sejam, não evoluem e não permitem que os outros cresçam também.

Quanto mais tempo você trabalhar infeliz, ou para alguém que o deixa infeliz, maiores serão os prejuízos para sua saúde física, mental e sua carreira. Que não sejamos nós os limitadores dos sonhos das pessoas. E que elas não limitem os nossos também. Porque quem não desenvolve as pessoas que estão hierarquicamente logo abaixo de si, deixa que elas o puxem para baixo. Quem os desenvolve, é empurrado para cima, com o mínimo de dor e o máximo de satisfação. E muito equilíbrio entre eles: eliminando as toxinas das empresas, o lixo tóxico do planeta e os pensamentos que nos fazem andar para trás. Simples assim.

2

LIDERANÇA TÓXICA

"O homem não pode sobreviver, exceto através de sua mente. Ele vem à Terra desarmado. Seu cérebro é sua única arma."

AYN RAND

Não há como escapar. A toxicidade no ambiente de trabalho, geradora da dor emocional, é inevitável nas organizações. E líderes tóxicos também. Portanto, Liderança Tóxica é toda liderança capaz de gerar uma toxina que cause uma dor de qualquer tipo, seja ela física ou psicológica.

O que transforma dor emocional em toxicidade, porém, é a resposta dada à dor de maneira nociva e não curativa. E o papel do líder é de fundamental importância para a condução de um processo saudável, independentemente de a empresa estar doente ou não. Quando líderes reconhecem a ocorrência da dor emocional e intervêm, conseguem reverter situações potencialmente letais no ambiente de trabalho.

Existe uma grande diferença entre os líderes que manipulam as dores dos outros e aqueles líderes que criam dores em seus colaboradores e colegas. Também é possível que um líder seja, ao mesmo tempo, um manipulador e um causador de dores emocionais. Os manipuladores podem ficar tão infectados com as dores dos outros que se tornam tóxicos e acabam transmitindo essas dores para outras pessoas. É como um médico que atende a um paciente com uma doença infectocontagiosa com a intenção de tratá-lo. Porém, sem perceber, se contamina com o vírus e acaba passando essa doença para muitas das pessoas com as quais passa a ter contato a partir de então.

Reconhecer um autêntico líder tóxico destrutivo é muito importante para que possamos dar continuidade ao nosso trabalho. Invalidar, reprovar, diminuir, manipular. Esses são os objetivos, as metas do desqualificador. Ele procura ter o poder e o controle sobre as emoções, alma e razão do outro, para depois destruir-lhe a autoestima a fim de fazê-lo depender absolutamente dele. Eis aí um exemplo de líder tóxico em sua essência. Ele quer poder e controle. É manipulador. Vai se encarregar de fazer você cumprir suas exigências ou fará de sua vida um inferno. Vai almejar que você pense, sinta e aja como ele quiser. Eu diria que grande parte dos líderes tóxicos são assim. E eles não são tão difíceis de serem reconhecidos.

A grande questão está em reconhecer os líderes tóxicos que não têm esse perfil "tirano". Eles podem ser pessoas normais como eu, você ou o colega da mesa ao lado. Mas será possível que uma pessoa saudável possa ser um líder tóxico? Eles podem fazer isso de forma inconsciente?

Uma atitude bastante comum que ainda acontece muito é quando o líder promete a um funcionário uma promoção e acaba entregando o cargo a outra pessoa. Ou trai a confiança pegando as melhores ideias da equipe e passando-as à diretoria como se fossem suas.

Alguns líderes maníacos por controle, por exemplo, atormentam suas equipes a ponto de impossibilitá-las de cumprir suas tarefas. Ainda há aqueles que tiram a tarefa de alguém antes mesmo de a pessoa ter a oportunidade de começar. A incoerência generalizada também é um dos pontos bastante citados nas pesquisas. Ou seja, falar uma coisa e, na prática, fazer outra.

Criar dor pode servir de mecanismo de controle, para que não haja desafios à autoridade de muitos líderes, uma forma de se sentirem poderosos perante seus pares, humilhando seus liderados.

Alguns líderes desenvolvem ressentimentos com muitos indivíduos em particular e direcionam grande parte de sua vingança em encontros com eles. Um determinado membro da equipe pode acabar atormentado o tempo todo e seu desempenho começar a corresponder às críticas e avaliações do líder devido à baixa autoestima e motivação. Esse funcionário vai acabar demitido ou pedindo demissão.

Algumas vezes, ainda, o foco do abuso recai em toda a equipe. Ninguém é poupado da injúria pessoal. E o que muitas vezes deixa as coisas piores é a imprevisibilidade dos ataques. Os funcionários nunca sabem o que esperar desse líder, muito menos quem será a próxima vítima.

O propósito da malícia é prejudicar deliberadamente alguém. E as razões são muitas: necessidade de domínio e controle, frustrações diversas, incompetência, antipatia por indivíduos de um sexo em particular, raça ou orientação sexual, experiências dolorosas. Outros ainda acreditam, estranhamente, que essa é a melhor forma de se motivar as pessoas.

Os efeitos dessas atitudes incluem amargura de longa duração, raiva, desconfiança, medo e tristeza. Restabelecer a confiança depois que ela foi perdida pode ser quase impossível, montando assim o palco para a paranoia e relações deterioradas entre líder e liderados, o que é altamente prejudicial à organização.

Dor que é mal manipulada tem mais chances de levar à tristeza. Pessoas que não tratam suas dores e estão em processo de sofrimento ficam desconectadas da esperança de sensação de pertencimento a uma comunidade. Ou seja, elas se sentem de alguma forma rejeitadas, então entram em fase de negação, seguida de raiva e depressão. Pessoas com essa sobrecarga de sentimentos não conseguem cumprir facilmente suas tarefas e responsabilidades cotidianas.

Em contrapartida, quando a dor é bem tratada, frequentemente será acompanhada pela disposição de reingressar em situações que podem ser dolorosas e encará-las de frente. Podem até existir sentimentos de satisfação e orgulho se alguém enxerga a dor como o preço necessário para alcançar um resultado positivo de longo prazo. Veja a grande diferença na forma como ela é trabalhada.

O psiquiatra norte-americano Edward Hallowell, autor do livro "Driven to Distraction" (ainda sem tradução para o português), defende a criação do que ele chama

Capítulo 2: Liderança Tóxica

de "momentos humanos" dentro das empresas. Ele diz que uma conversa de cinco minutos pode ser um momento humano significativo, desde que você largue tudo o que está fazendo e se concentre só na pessoa que está em sua frente: 100% da energia. Para Hallowell, o momento humano tem dois pré-requisitos: a presença física das pessoas e sua atenção emocional e intelectual. Ele diz que os níveis de cura que podem ocorrer durante interações tão íntimas estendem-se à própria química entre os cérebros.

No livro, cita o caso famoso do estudo feito em 1940 por Rene Spitz, que mostrava dois bebês que não eram pegos no colo e acariciados e sofriam desenvolvimento neurológico retardado. Mais tarde, as pesquisas confirmaram a descoberta. O conhecimento atual sobre a química da reação do cérebro ao contato humano mostra que o contato positivo reduz os níveis sanguíneos dos hormônios de estresse - epinefrina, norepinefrina e cortisol. As pessoas também podem produzir os hormônios oxitocina e vasopressina, que promovem confiança e conexão. Além do mais, o contato entre as pessoas estimula o neurotransmissor dopamina, que aumenta a atenção e o prazer, e a serotonina, que reduz o medo e a preocupação. Desse modo, conclui, quando as pessoas estão sofrendo, os esforços de alguém que vem para ajudá-las pode, fisiologicamente, reduzir o medo e o estresse, permitindo que elas comecem a funcionar com eficiência novamente.

Percebemos aqui o quanto a habilidade de um gerente, ou até mesmo de um membro da equipe, em manipular os sentimentos tóxicos pode afetar a organização como um todo. A implacável busca por resultados acaba muitas vezes ignorando ou desprezando o impacto das emoções. Trata-se de um erro de alto custo para todos, já que aqueles que estão infelizes se desligam do trabalho, centrando-se em seu sofrimento e causas em vez de realizar um trabalho bem feito. Este foi um dos motivos pelos quais buscamos a neurociência como peça-chave para nos mostrar um caminho de luz e com fundamentação e experimentação suficientemente reconhecidas.

A toxicidade é produzida, portanto, quando as atitudes de um indivíduo, as políticas empresariais - e isso envolve o DNA, a missão e os valores das empresas - não levam em conta a ligação emocional que as pessoas têm com as contribuições de trabalho. O líder gestor sempre servirá de espelho e de exemplo para sua equipe. Um líder doente terá uma equipe doente. E a cultura da toxicidade tem relação direta de como esse líder chegou ao cargo que tem e o preparo que apresenta para exercer tal cargo.

Empresas que se beneficiaram de um bom cenário econômico e cresceram rápido demais precisaram promover pessoas na mesma velocidade: quem era operacional virou líder e assim por diante. O fato é que muitas pessoas que hoje estão em cargos gerenciais não foram preparadas para estarem ali, ou não têm a menor aptidão para lidar com pessoas. E quando as pessoas ao redor não dizem aos líderes, por medo ou ignorância, o quanto eles afetam as pessoas, isso apenas reforça a noção de certeza que eles já têm. Na falta de um feedback ou uma correção saudável, até o líder mais emocionalmente inteligente pode perder um pouco, ou muito, de seu toque humano.

Por isso dizemos que a toxicidade é traiçoeira. As pessoas aprendem a mentir conforme tentam racionalizar suas ações e fazem o possível para favorecer os próprios interesses. Eles acabam perdendo a integridade e, no caminho, arriscam a reputação da organização, espalhando toxinas para dentro do sistema. Estratégia de sobrevivência. Em neurociência, a mentira é explicada como a necessidade do homem de ser social. Especialistas mais inflexíveis chegam a defender a tese de que o ser humano deve o aumento de seu cérebro à pressão evolucionária por uma capacidade cada vez mais refinada de enganar.

MANIPULADORES DE TOXINAS

Peter Frost, autor do livro "Emoções Tóxicas no Trabalho", afirma que alguns tipos de dor são simplesmente inevitáveis, não importa o quanto evoluídas sejam as políticas de uma organização ou o quanto seus líderes sejam emocionalmente inteligentes. Situações traumáticas como a morte de um indivíduo da equipe ou um ferimento em um colega podem acontecer de tempos em tempos e causam grande dose de distúrbio emocional. Demissões em massa inesperadas podem ser perturbadoras para pessoas que trabalharam durante muito tempo juntas. O trauma ainda pode ser de uma fonte externa, como um terremoto, um incêndio ou um ataque terrorista.

Embora o gerente não possa controlar o princípio de um trauma natural que o afeta e à sua equipe, pode determinar o nível e a duração de sua toxicidade. Ao fazer isso, ele está sendo um manipulador de toxina.

O trabalho do manipulador de toxina é reagir compassivamente à dor nas empresas a fim de minimizá-la ou preveni-la, identificá-la, contê-la, removê-la, ou encontrar maneiras para que as pessoas convivam com ela construtivamente. Como vimos antes, o manipulador de toxina não está livre de ser um líder tóxico também, porém o trabalho dele consiste em ajudar a restaurar a esperança, a confiança e a alegria no ambiente corporativo. Muitas vezes é algo que o líder deve estar preparado para antecipar.

Eles são motivados pelo desejo de ajudar os outros a se recuperarem da dor, de manter as unidades de trabalho livres de algum distúrbio emocional que comprometa o desempenho e auxiliar as pessoas a aceitar a dor inevitável criando um ambiente de trabalho mais saudável e aumentando a competência, sem enfraquecer as habilidades de ninguém.

Frost defende que os manipuladores de toxinas reagem à dor de várias formas, mas seu trabalho tende a refletir cinco temas principais:

⇨ **Ouvir a dor** – o ato de ouvir pode, por si só, cicatrizar a ferida. Ao tirar um tempo conscientemente para se conectar com a pessoa com dor e ouvir a história dessa pessoa, o manipulador ajuda a cura a se iniciar. Quando a pessoa com problemas sente que foi realmente ouvida, provavelmente escutará qualquer conselho que ele tenha a oferecer.

⇨ **Reservar espaço para a cura** – a dor frequentemente clama por um intervalo. É preciso encontrar maneiras de criar e reservar um espaço para proporcionar alívio no local de trabalho. Esse espaço pode ser físico (como uma sala especial) e emocional (compaixão e ouvido atento), para que as pessoas que estão sofrendo tenham a oportunidade de recuperar o equilíbrio e começar a se reconectar com sua capacidade de tomar boas decisões e funcionar eficientemente. Algumas pessoas ficam paralisadas e precisam de ajuda imediata, outras precisam apenas ir para casa ou encontrar um amigo. Espaço para uns pode ser um dia de folga. Para outros, um tempo em paz com a porta fechada, ou ainda a liberação de responsabilidades do trabalho por algumas semanas.

⇨ **Amortecer a dor** – servem de amortecedor, interceptando e corrigindo mensagens para diminuir a dor emocional que elas podem causar. O manipulador mira no significado da mensagem e como ela pode afetar as pessoas. Ele lê a mensagem ou situação e ouve e sente a toxina interna, e então a dissipa. É claro que precisa ter uma alta dose de empatia e inteligência emocional para ser bom nisso. O manipulador também pode cortar pela raiz fontes sutis de dores politicamente motivadoras.

⇨ **Construir relacionamentos** – manipuladores constroem redes de colegas que em troca ouvirão a eles e a quem puder ser persuadido a apoiar suas iniciativas. De certa maneira, agem como válvula de segurança. Trabalham dentro da situação, às vezes até como negociadores, para prevenir, sempre que possível, e para absorver a dor que é gerada quando grupos em conflito traduzem suas agressões em ações.

⇨ **Transformar a dor** – não se limitam a tentar remover a dor ao seu redor. São especialistas em ajudar as pessoas a enxergá-la sob uma ótica mais positiva, transformando a toxicidade e permitindo que as pessoas superem uma experiência dolorosa. Fazem isso conjugando duas habilidades: a de ajustar a dor de maneira construtiva e a de mudar a visão de experiências dolorosas através de ensinamentos empáticos.

Ter a mente aberta capacita os líderes a descobrirem respostas funcionais a uma situação. Ter o coração aberto estimula o comportamento compassivo e cuidadoso. Os funcionários perturbados nem sempre vão apresentar a fonte real ou a profundidade real de sua dor para seus líderes. Não espere que eles também sinalizem claramente que estão sofrendo. Ainda assim, tenha certeza de que em algum lugar sempre haverá alguma dor, e isso ficará evidente de maneira sutil. A grande tarefa do líder é procurar essas pistas e sintomas da dor, e responder a essa difícil situação com empatia e sem julgamento.

TRAJE PROTETOR

Aquela já era a segunda vez que Marisa ia para o hospital no mesmo mês. Tomava soro e voltava para o trabalho. Os sintomas eram sempre os mesmos: vômitos, náuseas e dor de cabeça. Nada parava no estômago. Aparentemente, nenhum problema físico. Suspeita de gravidez logo foi descartada. Alguns colegas começaram a relacionar as crises de Marisa com os problemas emocionais da secretária dela. Sim, ela sempre esteve muito próxima de sua assistente, trabalhavam juntas há quase cinco anos, e não raras vezes Marisa acabava absorvendo suas dores. Naquele dia em que esteve no hospital, ela ficou sabendo que a secretária tinha sofrido maus tratos em casa.

Um dos maiores perigos da manipulação de toxinas é se tornar tóxico para si mesmo. Manipuladores sem estratégia acabarão com suas vidas pessoais. Entenda que não é o seu sofrimento que está em questão, portanto, assim como as pessoas que manipulam lixo tóxico em zonas radioativas, os manipuladores precisarão de um "traje protetor" para ficar longe do perigo.

Daniel Goleman diz que emoções são contagiosas (veremos mais adiante). As toxinas dos outros, então, penetram por nossas defesas, e levamos a dor de cabeça para casa junto conosco. Quantas e quantas vezes você estragou um momento pessoal importante por causa de um mau momento ocorrido durante o dia? E que nem foi com você? Mas só o fato de você ter sido o manipulador da toxina fez com que aquela emoção ficasse latente. Pronto, você tem dificuldade para comer, insônia, briga com seu parceiro ou acaba frustrando uma série de expectativas simplesmente porque não soube gerenciar tudo isso. O preço mais comum da manipulação de toxinas é o esgotamento psicológico, físico e emocional.

Atividades mentais como a meditação e exercícios de respiração liberam o estresse e evitam que você absorva as energias negativas, ajudando a ajustar o foco da mente, de modo a possibilitar uma melhor recuperação. É imprescindível que você fortaleça sua capacidade física e seu sistema imunológico, uma vez que gastará muita energia sem recuperação. Assim, faça pausas e construa suas próprias reservas.

Capítulo 2: Liderança Tóxica

O trabalho de um manipulador de toxinas não é celebrado nem admirado, não espere por isso. Nem mesmo o reconhecimento daqueles que estão sendo ajudados, uma vez que tal trabalho é feito nos bastidores. E como os manipuladores geralmente trabalham sozinhos, guardando para si mesmos a dor que estão administrando, eles ficam isolados e aprisionados na função.

Os manipuladores de toxinas não são psicoterapeutas, professores de meditação ou líderes religiosos. Ainda assim, lidam com o sofrimento e ajudam os outros da mesma forma que esses profissionais fazem. Tendem a sacrificar suas vidas pessoais com esse trabalho e a negligenciar seus estados físico, emocional, mental e espiritual no decorrer do processo. Por isso, é preciso admitir que o balanceamento é necessário. Quanto mais entendermos como funciona tudo isso, menos vamos nos deixar contaminar e mais fácil vai ficar para neutralizarmos todas essas toxinas.

Nosso plano de ação começa em entender o funcionamento do cérebro humano, depois a conexão com as emoções humanas e finalmente vamos reunir isso tudo no processo que chamamos de Neuroliderança.

 CURIOSIDADE

EMOÇÕES POSITIVAS E O EFEITO PLACEBO

Pesquisas lideradas por Jon Stoessl, do Centro de Desordens Neurodegenerativas da Universidade da Colúmbia Britânica confirmaram, novamente, o efeito placebo. Em um estudo com pacientes que sofrem de Parkinson, alguns receberam injeções de drogas reais e outros receberam apenas água salgada. O mais interessante foi descobrir que os pesquisadores detectaram uma mudança química, em pacientes que receberam o tratamento placebo, exatamente igual aos pacientes que receberam a apomorfina, a droga comum para o Parkinson. Em resposta ao placebo, os cérebros dos pacientes liberaram dopamina, um neuroquímico que o cérebro libera em resposta às drogas reais para o Parkinson. Dr. Stoessl disse que a expectativa de benefícios é suficiente para fazer com que eles liberem dopamina mesmo quando não há um estímulo inicial.

O efeito placebo pode estar além de uma simples reação patológica na hora de traduzir as mudanças químicas do cérebro. E como essa pode ser uma boa notícia para os manipuladores de toxinas?

É boa no sentido de que se pode utilizar o placebo do otimismo para proteger sua saúde emocional, conservando uma expectativa de benefício pessoal para o trabalho que estão fazendo e acreditando que as coisas terminarão bem apesar da dor envolvida.

GROSSERIA TÓXICA

Uma pesquisa feita por Christine Pearson, Ph.D., Professora de Global Leadership, mostra que os funcionários mal educados também são tóxicos. E, em que pese esse não ser o foco da minha pesquisa, é interessante verificarmos essas informações, uma vez que parte da culpa vem da sobrecarga de trabalho e informações.

Muitas pessoas sentem que não há mais tempo para delicadezas. "Estamos ocupados demais para tratar nossos colegas como seres humanos". Pearson e seus colegas descobriram evidências de um elo entre a grosseria e o desempenho empresarial. Em sua amostra, mais da metade dos funcionários relataram que perdem tempo por estarem se preocupando com o incidente grosseiro que aconteceu. Mais de 1/4 reconheceram que desperdiçaram tempo tentando evitar o instigador, redesenhando rotas para evitar encontros nos corredores, e desistiram de esforços cooperativos nos quais o instigador tomou parte. Quase 1/4 das pessoas ouvidas relataram deixar de dar o melhor de si como resultado das experiências de grosseria. E quase metade dos entrevistados consideraram a saída da organização e em 12% desses casos as pessoas pediram demissão.

Para Pearson, o que frequentemente capitaliza tal toxicidade é a incapacidade ou má vontade de líderes em confrontar o funcionário problemático. Em alguns casos, funcionários tóxicos são vistos como muito valiosos para serem demitidos; em outros, eles acabam protegidos por regulamentações que os deixam imunes a sanções e rescisão.

Outra pesquisa descobriu que 81% dos tiranos no local de trabalho têm melhor posição que seus alvos. Essa mesma pesquisa mostrou que trabalhadores tóxicos geralmente são peritos em esconder suas grosserias de seus superiores, e muitas vezes são vistos como trabalhadores valiosos com talentos únicos.

Outra coisa a se pensar é que nem toda toxicidade é gerada dentro da empresa. Uma fonte externa comum de dor podem ser as exigências irracionais de clientes. Fique de olho em tudo isso!

3

TRÊS CÉREBROS E UMA MENTE OU UM CÉREBRO E MUITAS MENTES?

"Nada é tão vazio como um cérebro cheio de si mesmo."

IGNACIO MANUEL ALTAMIRANO

nstinto, emoção e razão. Você já ouviu falar que o homem é fruto dessas três forças distintas. Mas, e se elas se apresentassem juntas e num mesmo espaço físico?
Estamos falando do seu cérebro.

O autor da Tese do Cérebro Triuno foi o neurocientista Paul MacLean. Ele nos
mostrou que o cérebro humano guardou em sua estrutura atual as marcas da evolução,
como uma grande cidade. No centro está o velho cérebro, o núcleo original, chamado
de reptiliano. Logo depois vem o cérebro intermediário, ou sistema límbico. E na
periferia, o córtex, aquela "massa cinzenta" que recobre as estruturas mais velhas.

Agora imagine essas três partes; nós vamos conhecer melhor cada uma delas.
Pense que o cérebro evoluiu como uma casa antiga, na qual foram acrescentadas
mais salas, muitas escadarias e muitas conexões.

No porão está a parte mais antiga. O tronco encefálico, diretamente ligado à
medula espinhal, que compartilhamos com répteis e outros animais. É o que nos
mantém vivos e governa reflexos simples e funções vitais como batimento cardíaco, respiração, reprodução, digestão e pressão sanguínea. Coisas que fazemos sem
precisar pensar. É o sistema reptiliano. Aquela parte mais interna. Se alguma coisa
acontece ao tronco cerebral, o sistema todo se desliga.

Subindo um andar, que surgiu algumas centenas de anos depois, está o sistema
límbico, que é responsável pelo processamento de nossas emoções e comportamentos sociais espontâneos. São processos classificados como não cognitivos, afetivos,
sem motivos racionais. Não tente achar uma explicação lógica do porquê você gosta
de alguém.

Dentro do sistema límbico estão as amígdalas (não confunda com as amídalas da
sua garganta), parecidas com amêndoas, uma em cada metade do cérebro. Embora
muito pequenas, são o centro de comando que transmite nossas reações emocionais
ao cérebro. Dentre elas, o medo, uma emoção primitiva que todos nós sentimos.

O segundo andar do cérebro traz o córtex, uma parte que nos torna mais humanos. É aquela camada externa, fina e enrugada do cérebro, dividida em quatro lobos:
frontal, parietal, temporal e occipital. O córtex frontal ou neocórtex fica bem acima
dos olhos, e é onde o pensamento consciente e racional é processado. Onde, teoricamente, resolvemos problemas. O córtex é responsável pelo raciocínio e planejamento.

O córtex pré-frontal tem sido associado aos comportamentos sociais mais complexos. Ele detém a capacidade analítica cognitiva, o poder que os seres humanos
têm de se defrontar com situações novas e desafiadoras, procurando compreendê-las
e classificá-las a partir de experiências já vividas antes e expectativas futuras, ade-
quando os comportamentos aos objetivos.

Nas espécies evolutivamente mais avançadas, o córtex é maior. Nos ratos, por exemplo, o córtex responde por 31% do volume cerebral. Nos humanos, essa parcela é de mais de 75%. Mas o tamanho da massa encefálica não está relacionada às capacidades cognitivas. É errado imaginarmos que a inteligência é diretamente proporcional ao tamanho da cabeça.

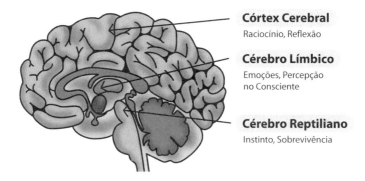

Robson Gonçalves, Neuroeconomista e professor da FGV Management, em seu livro "Triuno: neurobusiness e qualidade de vida", que escreveu em parceria com Andréa de Paiva, destaca que uma das coisas mais impressionantes no cérebro humano é que o grande valor do QE (Quociente de Inteligência Emocional) foi atingido ao longo da evolução por conta de uma enorme expansão do córtex. Ele conta que essa área de nosso cérebro se tornou tão grande que mal cabe em nossa caixa craniana e, por isso, desenvolveu a aparência tipicamente enrugada que conhecemos. O córtex de animais com baixo QE, como roedores, por exemplo, quase não tem dobras.

A neurocientista brasileira Suzana Herculano-Houzel e o físico Bruno Mota publicaram recentemente uma pesquisa na *Revista Science* explicando o porquê das dobras nas superfícies do cérebro dos mamíferos.

O estudo mudou a hipótese que vigorava na comunidade científica, a de que o córtex cerebral de mamíferos se dobra para acolher mais neurônios. De acordo com o artigo publicado pelos cientistas brasileiros, a forma do córtex é determinada pelas leis da física em resposta às diferentes pressões que sofre ao longo do desenvolvimento.

Para entender melhor o resultado, pegue uma folha de papel e amasse bem até transformá-la em uma bola. Agora, pegue várias folhas idênticas, dispostas umas sobre as outras e amasse-as em tamanhos diferentes. Veja que a área da esfera feita com várias folhas é diferente, e que algumas bolas de papel apresentam mais dobras que as outras, certo?

Capítulo 3: Três cérebros e uma mente ou um cérebro e muitas mentes?

Suzana explica que, cientificamente falando, o cérebro se dobra mais porque, conforme ele ganha superfície e espessura, uma conformação com dobras é a mais estável, de menor energia livre. Isso porque o cérebro vai se deformando durante o desenvolvimento, com um conjunto de forças agindo sobre ele. Além de fornecer uma explicação para como são formadas as dobras do córtex cerebral, a pesquisa explicou também o grau de dobras. "A presença de mais dobras não tem a ver com inteligência nem com quantidade de neurônios. O ser humano, por exemplo, tem um córtex cerebral com três vezes mais neurônios do que o elefante, mas é menos dobrado, o que deve influenciar a inteligência. E a quantidade de neurônios independe do tamanho do cérebro", ressaltou.

Ou seja, quanto maior a superfície do papel, maior o número de dobras que ele vai adquirir ao ser amassado. O número de dobras também é maior quanto mais fina for a folha.

Novo cérebro – córtex - razão

Cérebro intermediário – límbico – afeto

Velho cérebro – reptiliano – instinto

Neste desenho você confere as características de cada um:

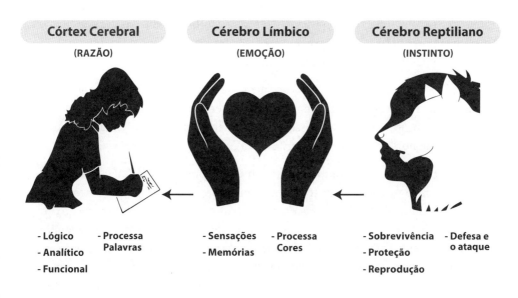

Pode-se dizer que a Teoria do Cérebro Triuno de MacLean foi, de certa forma, um complemento à interação e evolução de muitas outras, assim como dessa teoria evoluíram outras mais, não só para a Neurociência, mas inclusive para a área da Psicologia, como tantas outras. O legado que parece permanecer interessante na teoria de MacLean é sua estrutura hierárquica fundada numa perspectiva evolutiva.

MacLean entende que as três camadas do cérebro interagem entre si. E ele não foi o único. Ao longo da história, estudiosos fizeram tal relação interpretando-a de diversas formas diferentes.

Freud, por exemplo, chamou de Id, superego e ego, Maslow definiu como necessidades fisiológicas e segurança, social e autoestima e autorrealização. Steiner preferiu chamar de agir, sentir e pensar. E assim por diante. Cada um dentro de sua disciplina e a partir de seu olhar em relação ao mundo.

CÓRTEX, EMOÇÃO E COGNIÇÃO

O professor Gonçalves afirma que as três áreas do cérebro triuno interagem, e que os processos racionais e cognitivos são apenas parte da história. Contudo, como vivemos numa sociedade que nos cobra decisões racionais, como estamos sempre diante da pergunta "o que você ganha com isso?", acabamos por nos justificar racionalmente depois que a decisão já foi tomada. A neurociência já comprovou que, juntos, o sistema límbico e o reptiliano são responsáveis por 95% das decisões diárias que tomamos. Ou seja, de fato somos seres irracionais e sentimentais, buscamos na razão uma justificativa coerente para muitas de nossas decisões.

Sendo assim, sentimento é emoção que se tornou consciente. Como vimos no capítulo anterior, as emoções fazem nossas mentes se comunicarem com as outras. São a reprodução mais fiel de nosso mundo interno, divulgadas externamente na expressão de nossos rostos.

O neurocientista Giovanni Frazzetto, Ph.D. em Biologia Molecular, conta que a separação entre emoção e razão teve credibilidade até pouco tempo, em parte porque encontrou confirmação na compreensão da estrutura anatômica e funcional do cérebro. Combinando com os preceitos autoritários de desenvolvimento evolucionário, os mapas funcionais prevalecentes do cérebro alocavam suas funções de acordo com a história evolucionária. As partes mais antigas garantiam o controle das funções mais primitivas e rudimentares. No mapa atual, elas são as partes mais internas. Quanto mais você se afastasse do núcleo, mais sofisticadas eram as tarefas que o cérebro conseguia realizar.

Capítulo 3: Três cérebros e uma mente ou um cérebro e muitas mentes?

A ciência cognitiva surgiu em meados do século passado e costumava ser descrita como a "nova ciência da mente". No entanto, ela aborda apenas um lado do cérebro: aquele que tem relação com o pensamento, o raciocínio e o intelecto. A emoção é excluída. E sabemos que a mente não existe sem emoção. As cognições nos permitem ser flexíveis e decidirmos como reagiremos em determinada situação.

Com o advento dos computadores eletrônicos, os engenheiros, psicólogos, matemáticos e filósofos logo perceberam semelhanças entre o processamento de informações pelos computadores e o funcionamento da mente. Foi então que as ações dos computadores passaram a se tornar uma ótima metáfora para as funções mentais, e a Inteligência Artificial surgiu como um novo ramo do conhecimento que procura retratar a mente humana com o uso de simulações no computador.

Aqueles que acolheram a ideia de que a mente se constitui de um mecanismo de processamento de informações começaram, de imediato, a ser conhecidos como cientistas cognitivos. O movimento cognitivo trouxe a mente de volta à psicologia, mas não exatamente a mente consciente da visão ilimitada de Descartes.

O neurologista António Damásio, no livro "O Erro de Descartes", defendeu que os sentimentos, assim como as emoções que os originam, não são um luxo. Servem de guias internos e ajudam-nos a comunicar, aos outros, sinais que também os podem guiar. Ele afirma que os sentimentos não são nem intangíveis nem ilusórios, ao contrário da opinião científica tradicional, "são precisamente cognitivos como qualquer outra percepção". O autor acentua a importância dos sentimentos mais intensos quando se trata de tomar uma decisão.

Freud e outros cientistas cognitivos rejeitam a visão de Descartes de que mente e consciência eram a mesma coisa. Os cientistas cognitivos inclinam-se a considerar mente como processos inconscientes e não como conteúdo consciente. Excluindo a consciência, a ciência cognitiva deixou de lado estados conscientes chamados de emoções.

Todos. Ou ninguém. O fato é que dificilmente os cientistas entram em acordo quando se trata de fornecer uma explicação para as emoções. É o tipo do sentimento que todos sentem e conhecem, desde que não peçam para que os definam. E é por esse motivo que cada vez mais os cientistas cognitivos estão mostrando interesse pelas emoções. Separar artificialmente a cognição do restante da mente foi proveitoso nos primórdios da ciência cognitiva, mas é chegado o momento de reunir cognição e emoção no seio da mente. Uma vez que a mente possui emoções, o estudo de qualquer uma delas sem a outra jamais será plenamente satisfatório. A ciência da mente passa a ser a herdeira natural do reino unido da cognição e da emoção.

O psicólogo John Kihlstrom criou a expressão "inconsciente cognitivo" para descrever os processos que estão presentes em diferentes graus de complexidade mental, desde a análise contínua das características físicas dos estímulos até à recordação de fatos passados, à expressão gramatical correta, à imaginação, à tomada de decisões, entre outros.

Expressar-se bem, por exemplo, é uma das muitas tarefas do inconsciente cognitivo. Isso explica o porquê de as pessoas costumarem ter todos os tipos de atitude, mas sem terem consciência das razões, uma vez que o comportamento é produzido por sistemas cerebrais de atividade inconsciente, e que uma das principais tarefas da consciência é fazer d nossa vida uma história coerente.

A mente cognitiva é capaz de realizar tarefas interessantes e complexas. É capaz de jogar xadrez tão bem quanto grandes mestres e ainda colocá-los em dificuldades. É capaz de vencer sem sentir prazer algum, ou perder sem se aborrecer. Ela pode até ser programada para roubar, e o fará sem qualquer tipo de culpa. E quem vai querer explicar isso?

Daniel Goleman afirma que o sucesso na vida depende de um Quociente Emocional elevado tanto quanto ou mais que um QI (Quociente de Inteligência Cognitiva) elevado. De fato, emoções desordenadas podem trazer consequências irracionais e até mesmo patológicas, mas, defende ele, as emoções em si não são necessariamente irracionais.

O PODER DO MEDO

Evolutivamente falando, o medo é um traço útil, protetor e essencial à nossa sobrevivência. Ele aguça nossos sentidos e prepara nosso corpo para enfrentar perigos repentinos. Se não fôssemos capazes de senti-lo, não estaríamos vivos, porque não saberíamos evitar situações perigosas e que pudessem colocar nossa vida em risco.

E por que o medo tem tanto poder? A resposta está na capacidade que o medo tem de se sobrepor à razão. Boa parte de nosso circuito do medo foi herdado de animais sem muita parte frontal, que inclui as funções de raciocínio e tomada de decisões, uma região que passou por grande expansão nos primatas.

Hoje nossas ações representam um projeto em grupo, que resulta das negociações entre as partes mais antigas do cérebro, como a amígdala e os módulos frontais mais novos. Juntas, elas chegam a um consenso em relação ao compromisso mais apropriado entre emoção e razão. Porém, o número de conexões que sai da amígdala em direção ao córtex é maior do que a quantidade de conexões que chegam até a amígdala vindas do córtex, permitindo que a estimulação emocional domine e controle o pensamento.

Em alguns casos, nossos medos são amplificados e distorcidos a ponto de serem completamente irracionais.

Eric Zillmer, Professor de Neuropsicologia na Drexel University, Filadélfia, explicou em um documentário do History Channel que os cientistas que pesquisam sobre o medo fizeram uma grande descoberta: as informações de nossos sentidos chegam à amígdala com o dobro da velocidade com que chegam aos lobos frontais. Isso significa que sabemos reagir instintivamente a uma ameaça. Caso contrário, ficaríamos paralisados pelo medo, esperando os lobos frontais decidirem a reação correta. Esses sinais muito velozes da amígdala podem ser controlados de cima para baixo, com técnicas de treinamentos especiais que mexem com os estímulos cerebrais específicos.

Muito cuidado para não tratar medo e ansiedade da mesma forma. Ansiedade é o medo que está procurando um motivo. Não ficamos ansiosos pelo que aconteceu ou pelo que vai acontecer. Ficamos ansiosos pelo que "pode acontecer". É a incapacidade de lidar com a incerteza. Apesar da tentativa do mundo de estigmatizar a ansiedade, Frazetto acredita que devemos valorizá-la. Precisamos dela para fazer uma avaliação objetiva de nossa existência e, a partir daí, fazer uma mudança significativa, lutar por algo positivo. "Ela é nossa luz de orientação: uma oportunidade de fazermos as escolhas certas e identificarmos os objetivos e atitudes que consideramos valiosos se quisermos levar vidas autênticas, ou, pelo menos, vidas que têm sentido para nós".

 CURIOSIDADE

POLÍTICA DA AMÍGDALA

Muito antes, e bem depois, de Maquiavel aconselhar os príncipes de que é muito mais seguro ser temido do que ser amado, o medo real ou fabricado tem fornecido uma poderosa ferramenta para controlar a opinião pública, assegurar a lealdade e justificar guerras. É muito provável que na história da democracia, por exemplo, tenha havido poucas eleições em que os candidatos não tivessem trazido à tona o medo de crimes, imigrantes, gangues, terroristas, drogas, predadores sexuais, entre outros, na tentativa de angariar eleitores. O uso do medo para influenciar a opinião tem sido chamado por Al Gore de "Política da Amígdala".

FLOW

Imagine quando os três cérebros conseguem entrar em perfeito equilíbrio. Flow (do inglês - fluxo) é um momento no qual o corpo e a mente fluem em perfeita harmonia. É um estado de excelência caracterizado por alta motivação, concentração, energia e desempenho, por isso também chamado de experiência máxima. O conceito foi desenvolvido na década de 1970 pelo psicólogo Mihaly Csikszentmihalyi, Ph.D. e professor da Universidade de Chicago, para designar as experiências ótimas de fluxo na consciência.

As experiências de flow muitas vezes são lembradas como os momentos mais felizes da vida de uma pessoa, os momentos nos quais ela se sentiu em seu melhor estado. O mais importante no fluxo é que a relação entre o que a pessoa tinha de fazer e o que poderia fazer era perfeita. Desafio nem tão fácil, nem tão difícil. Algo em torno de um ou dois pontos além da capacidade atual, que fazia mente e corpo se estenderem, tornando o esforço em si uma deliciosa recompensa.

Pessoas entram em fluxo dançando, cantando, correndo, praticando esportes, desenhando, pintando, escrevendo, meditando e até trabalhando. Quando você faz aquilo que mais gosta, tem mais motivação, se concentra com mais facilidade e fica tão profundamente envolvido e absorvido na atividade que nem percebe o tempo passar. Naquele momento você não pensa em mais nada.

Já aconteceu com você? Talvez seja esse o ponto a que precisamos chegar com nossas equipes. Os custos são altos quando o ambiente de trabalho não promove o fluxo. Isso talvez explique por que muitas empresas vêm tentando fazer as coisas de um modo diferente. Recentemente a revista *Fast Company* mostrou que algumas companhias como a Microsoft, a Patagonia e a Toyota já entenderam que a criação de ambientes acolhedores de fluxo que ajudam as pessoas a seguir na direção da excelência pode aumentar a produtividade e a satisfação no trabalho.

E não foram as únicas. Após dois anos de renovação gerencial, a estatal sueca logística ferroviária, Green Cargo, tornou-se lucrativa pela primeira vez em 125 anos, e os executivos apontaram a recém-descoberta concentração no fluxo como a principal razão para o fato.

A LIDERANÇA E AS ATIVIDADES NEURAIS

Cada vez que você entra no piloto automático, fazendo algo que domina, está centrado em seu sistema límbico e acessando as memórias profundas, aquilo que é de fácil acesso, baixo esforço, e está no sangue. Isso exige pouco de sua energia e o gratifica com bastante prazer, certo?

Capítulo 3: Três cérebros e uma mente ou um cérebro e muitas mentes?

Quando, no meio da execução de uma tarefa, aparece uma dúvida do que fazer, esse estímulo invade eu neocórtex, e o acesso aos arquivos do sistema límbico ficam temporariamente obstruídos, gerando o chamado ruído mental. Eles são grandes inimigos da tomada de decisão.

O córtex pré-frontal detesta a incerteza e fica irritado com ela. Mas ele é apenas um pedaço do cérebro triuno. Essa busca pela perfeição e a insatisfação são naturais do ser humano, assim como as dúvidas.

Esse turbilhão de pensamentos que invade nossa mente todo o tempo chama-se atividade neural ambiente. Cada pensamento desses permanece em nosso consciente por cerca de 10 segundos, sendo logo substituído por outro. Isso ocorre o tempo todo, o dia inteiro, gastando muito de sua energia.

Por isso que, em alguns momentos, menos atividade no córtex pode facilitar o acesso ao sistema límbico, reduzindo a perda de energia e poupando a capacidade cognitiva para outras tarefas. No entanto, quando o neocórtex está dominado pela dúvida, o acesso às memórias profundas do límbico ficam quase que bloqueadas. E como o processamento no córtex é mais lento e consome mais energia, temos grande chance de elevar rapidamente o nível de estresse. Na dúvida, faça o que deu certo e funcionou na última vez em que teve uma situação similar.

Ameaças ou recompensas despertam nossos instintos de atenção e ação. O reptiliano, ao agir, tende a desligar as demais áreas do cérebro. Reconhecer que o reptiliano foi ativado e aprender a domar esse réptil é essencial. A força dele é muito grande e ele ficará mais ativo quanto mais estímulos receber. É por isso que você já gaguejou em uma entrevista, ficou com a boca seca, deu um branco para falar em público e até teve dificuldade para ouvir quem está falando ao seu lado. Quando o reptiliano foca nossa atenção, ele desliga parte das habilidades do córtex. Diante de situações desse tipo temos de agir muito rapidamente.

Quando identificamos um inimigo que não podemos enfrentar, nosso instinto nos faz correr. É por isso que o coração dispara, as pupilas dilatam e você fica ofegante. A noradrenalina é a responsável por essas reações instintivas ligadas à busca da sobrevivência. Ou quebramos rapidamente a sequência de estímulos, ou o réptil que existe em você vai assumir o comando.

O medo da rejeição é um dos principais fatores ocasionadores dessas situações dentro das empresas. O medo, a ansiedade e a raiva cegam. Nesses momentos, o melhor a fazer ainda é trabalhar a calma sob estresse, baixar os níveis de noradrenalina. Mensagens solidárias podem ajudar, valorizando um sentimento de grupo, aproximando o líder de seus liderados, gerando a identificação e construindo empatia. Quando esta acontece, um hormônio chamado oxitocina age em nosso cérebro pela confiança, ajudando a interação entre o límbico e o córtex (vamos explorar melhor esse assunto nos próximos capítulos).

O líder deve ser a referência, o porto seguro de seus liderados, responsável por reduzir as sensações desagradáveis, como a incerteza, e aumentar a confiança. Se ele vacila durante uma tarefa ameaçadora, os liderados tendem a se dispersar, ou tentar substitui-lo por outro, principalmente diante de uma ameaça. Exatamente como agiriam animais em situações de risco. É o reptiliano em ação.

Agora você já pode começar a entender melhor algumas atitudes das pessoas de sua equipe, levando em consideração o cérebro triuno. E não só da equipe. Suas também. Nós pouco paramos para pensar sobre os porquês de nossas irracionalidades, ou porque somos tão emotivos ou temos muitas vezes comportamentos frios e calculistas. Todos nós temos três cérebros e uma mente ou um cérebro e muitas mentes: é nossa inteligência quem vai nos guiar.

4

A ORIGEM DA NEUROLIDERANÇA

"A ciência é orgulhosa porque aprendeu tanto; a sabedoria é humilde porque não aprendeu mais"

WILLIAM COWPER

C om o rápido desenvolvimento da neurociência, os modelos e as fórmulas de gerenciamento construídos com base em teorias tradicionais têm perdido espaço para os novos conhecimentos surgidos de experiências científicas empíricas. Essas pesquisas são interdisciplinares, envolvendo campos das mais diversas áreas, como Psicologia, Sociologia, Economia, Psiquiatria, Bioquímica, Biologia e Filosofia.

As descobertas científicas sobre o funcionamento do cérebro estão jogando por terra muitas das ideias de gerenciamento concebidas nas últimas décadas. Hoje a base do Neuromanagement é formada pelas seguintes subdivisões: Neuroliderança, Neuromarketing, Neurocoaching e Neuroeconomia, e tem como objetivo explorar os mecanismos intelectuais e emocionais vinculados à tomada de decisão e ao gerenciamento organizacional, para desenhar metodologias e ferramentas que, por meio do desenvolvimento das capacidades cerebrais, melhorem a eficiência dos líderes e potencializem o desempenho das pessoas.

O Neuromanagement se popularizou nos últimos dez anos graças à redução dos custos das tecnologias de análises de imagens, como da Ressonância Magnética Funcional, por exemplo. O uso desses recursos permite a observação direta da atividade cerebral e o entendimento completo sobre como funciona o cérebro e qual é a participação das emoções no sucesso ou insucesso dos indivíduos. Tudo isso, associado aos processos de tomada de decisão, interação em grupo e comportamento no ambiente corporativo e aos processos de gestão alavancaram o neuromanagement no mundo todo.

E, ao contrário das pesquisas tradicionais, a neurociência traz o rigor das ciências biológicas e exatas, o que possibilita criar metodologias efetivas para a mudança. É importante entender o conceito de neurociência e as diferenças que existem entre suas subdivisões, para que fique bem clara a trilha que seguiremos a partir daqui:

⇨ **Neurocoaching** - sua proposta é melhorar e ampliar as estratégias de desenvolvimento da pessoa. Indica quais as ferramentas e técnicas necessárias para dominar e equilibrar as emoções e estabelecer novas conexões neurais que impulsionam pensamentos, crenças e sentimentos.

⇨ **Neuroeconomia** - combina Economia, Biologia e Psicologia, entre outras disciplinas. Está centrada no estudo do comportamento, na confiança das relações, na tomada de riscos irracionais, na avaliação relativa de custos e benefícios de curto e longo prazos e na conduta altruísta.

⇨ **Neuromarketing** - estuda como o cérebro responde aos anúncios publicitários e à comunicação de marcas por intermédio da pesquisa da atividade cerebral e corporal. Visa descobrir os desejos secretos do consumidor para antecipar seu comportamento.

⇨ **Neuroliderança** - é um campo interdisciplinar da ciência que estuda a base neural da liderança e das práticas de gerenciamento. Explora os processos do cérebro por trás das decisões, os comportamentos e as interações sociais no trabalho e fora dele. Seu objetivo é melhorar a eficiência dos líderes.

ROCK E A NEUROLIDERANÇA

David Rock foi o primeiro estudioso a unir liderança e neurociência. Foi ele quem criou o termo Neuroliderança no mundo. É um dos fundadores do NeuroLeadership Institute, que reúne neurocientistas e especialistas em liderança do mundo todo com o objetivo de construir uma nova ciência para o desenvolvimento dos gestores. Também é fundador e CEO da empresa de consultoria NeuroLeadership Group. Entre os clientes que têm utilizado seus treinamentos estão a Nasa (agência espacial dos Estados Unidos), outros departamentos do governo norte-americano, bancos de atuação global e empresas listadas entre as 500 maiores dos Estados Unidos pela revista *Fortune*.

Rock define Neuroliderança como a ciência que estuda a arte de liderar. E entende liderar como uma arte porque, para ele, definir liderança é algo muito subjetivo, uma vez que, dependendo do contexto, tal conceito não se aplica. Ser líder nas forças armadas é diferente de ser líder em uma pequena organização criativa de um país, por exemplo.

O professor explica que primeiro é necessário entendermos a base lógica das tarefas que são comuns a todo líder, como tomar decisões e solucionar problemas, para então observarmos quais são os processos que interferem em cada trabalho e como funcionam os níveis consciente e inconsciente em relação a isso.

O segundo ponto é estudarmos a capacidade das pessoas de regular as próprias emoções. Em seguida, vem a colaboração: os líderes precisam se conectar com os outros e ajudá-los a se conectar, assegurar-se de que a informação é compartilhada e incentivar o trabalho em equipe. E, finalmente, os líderes devem facilitar a mudança: influenciar os outros, inspirar. A Neuroliderança estuda a base lógica de cada um desses quatro domínios.

TOMADA DE DECISÕES

A Neuroliderança serve para aumentar a consciência de si mesmo e a consciência da sociedade, para entender como pensamos e como pensam os outros, como fazemos as coisas e como colaboramos. Dependendo de qual for seu trabalho, talvez seja muito útil saber que costuma tomar decisões ruins sem se dar conta. Ao conhecer os processos envolvidos na tomada de decisões, você pode evitar que isso aconteça.

Em uma entrevista concedida à Revista *HSM Management*, David Rock disse que o cálice sagrado para um líder é o sistema de freios que existe no cérebro, uma rede que inibe funções. Ele é utilizado para controlar a ansiedade, impedir que se grite com um colega, evitar que se fale demais em uma reunião. Cada vez que você contém determinado comportamento, está usando esse sistema. Um líder deve ter a capacidade de se adaptar a ambientes e pessoas que mudam conforme as circunstâncias se modificam. Precisa ser capaz de transformar seus comportamentos. "A boa notícia é que temos um sistema de freios cerebrais, e a má é que está alojado na parte do cérebro que se sobrecarrega mais facilmente: o córtex pré-frontal. É difícil usá-lo e não pode ser usado em excesso, pois deixa de funcionar.

Às vezes, você tem de inspirar; em outras, ser duro ou contido; e, em outras, estar muito focado em algo. Há ocasiões em que você não deve se importar com o que os outros dizem, mas apenas se concentrar em suas metas. É um trabalho que exige muita flexibilidade cognitiva, e isso se consegue freando comportamentos errados para desenvolver comportamentos novos e mais seguros", explicou.

AUTOCONHECIMENTO

Rock defende que o autoconhecimento é crítico em certos tipos de liderança, mas não em todos. Se você é o líder de um país em desenvolvimento e está conduzindo seu povo pela força, talvez não necessite se conhecer. No entanto, se dirige uma empresa com pessoas que escolheram trabalhar para você e são da área do conhecimento ou fazem um trabalho criativo, seu nível de autoconhecimento deve ser muito alto. "O autoconhecimento é, simplesmente, a capacidade de ver a si mesmo como os demais não veem, conhecer-se. Isso é importante porque o líder é alguém que atrai a atenção, seu comportamento e emoções são copiados de modo automático". Ou seja, se você quer que as pessoas que trabalham para você sejam criativas, tenham bom desempenho ou sejam disciplinadas, tem de encontrar essas qualidades primeiramente em si mesmo. "Quando somos capazes de nos enxergar e pensar sobre nosso próprio pensamento, conseguimos nos adaptar melhor".

PADRÕES MENTAIS

Carol Dweck, professora de Psicologia da Stanford University, dos EUA, demonstrou que o padrão mental de uma pessoa tem um grande impacto sobre sua capacidade de aprender. Os indivíduos que pensam que tudo é fixo e inabalável tendem a evitar o feedback. Os que acreditam que suas habilidades e inteligência mudam lidam muito melhor com o feedback e aprendem. As pessoas que pensam que não podem mudar tendem a enganar, a ter uma ética diferente e a apresentar pior desempenho, se comparadas com aquelas que acreditam que podem se transformar e crescer.

As organizações acabam desenvolvendo as pessoas em um desses mesmos padrões, infelizmente: as que usam o padrão fixo separam as pessoas entre as que têm talento e as que não o têm; as que operam no padrão de crescimento favorecem quem pode crescer.

E isso acontece o tempo todo, até na maneira de você fazer uma devolutiva ou fornecer um feedback simples. Se o líder oferece feedback sobre o desempenho, tende a desenvolver seus funcionários em um padrão fixo; ao fazê-lo pelo esforço realizado, permite que encontrem um padrão de crescimento, mais flexível.

Normalmente somos educados em um padrão mental fixo. Foi o sistema educacional de muitos países que nos fez crer que a inteligência é imutável, e isso foi um engano. E explica o que os estudos concluem: os líderes costumam ser bons na obtenção de resultados: padrão fixo, mas não no pensamento estratégico (neuroestratégia), que está ligado ao padrão de crescimento e ao desenvolvimento e liberação do talento das pessoas.

 ## CURIOSIDADE

TREINAMENTO CEREBRAL

Uma pesquisa de 2009 denominada "Neuroleadership and the Productive Brain" concluiu que quatro horas de treinamento cerebral on-line durante 30 dias melhoram de modo significativo a produtividade e a capacidade dos funcionários de autorregularem suas emoções, um fator-chave no controle cognitivo, uma vez que as emoções negativas absorvem a energia neural e dispersam a atenção.

Mudar é um desafio. Dos 60 mil pensamentos diários de uma pessoa, 80% são negativos. Segundo os especialistas, para manter o estado de bem-estar, são necessários três pensamentos positivos para cada pensamento negativo.

É possível reverter a inclinação natural do ser humano ao pessimismo? Sim, tornando-se consciente da tendência mental para libertar a negatividade. Se alguém se apega aos pensamentos e sentimentos negativos, continua revisando--os e persistindo em compreendê-los e termina conseguindo o que deveria evitar: reforça o pessimismo.

Ao desviar a energia e a atenção das conexões neurais negativas, estas se debilitam e desaparecem.

CAPÍTULO 4: A ORIGEM DA NEUROLIDERANÇA

PRIVACIDADE, INTERRUPÇÕES E PRODUTIVIDADE

Os consultores americanos Tom DeMarco e Timothy Lister compararam o trabalho de mais de 600 programadores de computadores de 92 companhias, e descobriram que a enorme diferença no desempenho entre as melhores e as piores organizações não tinha relação com a experiência ou o salário de seus funcionários, e sim com a privacidade que eles desfrutavam e a quantidade de vezes em que eram interrompidos.

Entre os programadores de melhor desempenho, 62% afirmaram que seu espaço de trabalho era suficientemente privado para se concentrar e criar com tranquilidade e apenas 38% disseram ser interrompidos com frequência.

Por outro lado, entre os programadores menos produtivos, só 19% garantiram ter a privacidade necessária e 76% declararam ser interrompidos com frequência.

As distrações no trabalho reduzem a energia, diminuem a atenção, prejudicam a tomada de decisões e impedem a formação da memória.

Segundo estudos de 2009 reunidos por David Rock, uma pessoa perde 546 horas de trabalho por ano devido a interrupções no escritório e demora 25 minutos para recuperar a atenção depois de uma dispersão.

A convivência criativa acontece de maneiras mais sutis do que forçando os funcionários a conviver em espaços onde as únicas portas conduzem aos banheiros ou à rua.

A grande questão não é tanto a quantidade de portas e sim o quanto você é interrompido. Obviamente que uma porta inibe interrupção, mas também pode prejudicar outros processos. Difícil mesmo é criar a cultura do respeito ao tempo e à privacidade do outro.

Um grande exemplo é o Building 20, um edifício do campus do MIT (Massachusetts Institute of Technology), que foi construído durante a II Guerra Mundial e destinado à incubação de projetos inovadores. Ele tinha sido pensado como algo temporário, por isso sua planta básica e um tanto incoerente formava um labirinto de pequenas salas, corredores, escadas e áreas de descanso nas quais se encontravam cientistas de todo tipo. Em seus 55 anos de existência, surgiram nele avanços tão fundamentais como o radar, os micro-ondas, os primeiros videogames, entre outros. Batizado naquele tempo de "santuário da ciência", hoje é possível explicar cientificamente a origem de tanta capacidade criativa: a privacidade.

O comportamento de cada um de nós depende de nossa interação com o ambiente, e isso envolve aspectos sociais, psicológicos e físicos. Essa relação se dá tanto por processos cognitivos como sensoriais, envolvendo todas as áreas de nosso cérebro: os sistemas reptiliano, límbico e o córtex.

A retenção da informação e a criatividade chegam a ter um desempenho 50% a 75% melhor em um ambiente multissensorial. Fatores como a luz e até a altura do teto influenciam na concentração das pessoas (teto baixo melhora a concentração, por exemplo).

Nunca vou me esquecer de um dia em que minha equipe me chamou para uma reunião. Eles tinham algo importante para me dizer. Confesso que fiquei assustada. Fomos todos para a sala de reuniões.

Por um momento me senti encostada em um paredão e imaginei que seria bombardeada. O que eles tinham para me dizer era que precisavam que eu mudasse meu comportamento. "Mas, mudar exatamente o quê?"

"Você nos interrompe o tempo todo"

"Eu faço isso?"

"O tempo todo"

Se eu disser que fazia mesmo e nunca tinha percebido, talvez ninguém acreditasse. Naquele dia minha atitude foi me desculpar e pedir ajuda. Afinal, se faço algo que não percebo, como vou parar de fazer?

Criamos juntos um mecanismo de privacidade muito legal. Tipo uma plaquinha com cores verde e vermelha que ficava colada em cima da tela do computador. Eu conseguia ver de longe. Se estivesse verde, significava que eu poderia ir até lá. Se estivesse vermelho, eu não poderia interromper.

A experiência rendeu muitos frutos, porque todos passaram a respeitar muito mais a privacidade do outro, inclusive a minha. E encaramos tudo isso com bom humor; foi até engraçado, porque não foram poucas as vezes em que me aproximei e fiz meia volta. A única regra era que o vermelho não poderia ultrapassar mais de 50% do tempo total do dia de trabalho. Depois de algum tempo, recebi até elogios da equipe, e hoje é algo que não preciso mais policiar em meu comportamento. Eu não fazia por mal. Queria ser útil, queria resolver, estar presente, ajudar e servir. E estava sendo tóxica. Ainda bem que tive uma equipe que veio conversar comigo sobre isso. Mas eu sempre fui acessível. E isso também pode fazer muita diferença.

ESTIMULANDO OU MALTRATANDO?

O cérebro humano é tão fascinante quanto complexo. A linha entre o que o estimula e o que o maltrata é muito tênue. Gregory Berns, professor de Psiquiatria, Economia e Negócios e diretor do departamento de Neuroeconomia da Emory University, explica que até os melhores programas organizacionais podem se tornar uma ameaça se não levarem em conta as reações do cérebro diante de determinadas situações.

Ele cita como exemplo as análises de desempenho. As pessoas que estão sendo examinadas costumam sentir que só por participar dessa atividade seu status dentro da companhia é afetado. Elas vivenciam a experiência como uma ameaça, e essa postura dificulta o retorno esperado: a mudança positiva do comportamento.

Todas as situações relacionadas com a "dor social" experimentada pelo cérebro diante da sensação de exclusão acabam afetando a capacidade cognitiva. Berns explica que quando alguém adota uma postura diferente, uma pequena parte do cérebro associada ao medo da rejeição é ativada. Então inicia-se uma reação emocional que reduz os recursos disponíveis para o 'cérebro pensante', no córtex pré-frontal, o que, por sua vez, diminui o desempenho e a capacidade de criar e de tomar decisões.

Sendo assim, os líderes devem entender a importância de promover ambientes de aceitação e autonomia para oferecer segurança para sua equipe. A rejeição social é tão difícil de suportar quanto a dor física, já que os caminhos do cérebro de ativação das dores física e social são similares.

MULTITAREFAS

John Medina, biólogo molecular e autor do livro *Aumente o Poder de Seu Cérebro*, desbanca um mito sobre o desempenho: o multitarefas. Para ele, o cérebro não pode focar mais de uma tarefa ao mesmo tempo, simplesmente porque é um processador sequencial. Só pode passar de uma tarefa à outra com mais ou menos rapidez.

Medina explica que os multitarefas parecem eficientes, mas a verdade é que chegam a demorar 50% mais para completar um trabalho e cometem quatro vezes mais erros que as pessoas que realizam uma tarefa por vez.

ADVERTÊNCIA OU INCENTIVO

"Advertências nos maços de cigarros não funcionam. Algumas dizem, de maneira drástica e direta, que fumar é prejudicial à saúde e causa essa ou aquela doença, mas não conseguem o efeito desejado nas pessoas. Essas advertências, ao contrário, incentivam as pessoas a fumar".

Afirmação reveladora de Martin Lindstrom durante uma palestra realizada em São Paulo, no evento ExpoManagement, no final de 2011.

Efeito contrário? Algo, no mínimo, instigante para qualquer pessoa que tenha relação direta ou indireta com o fumo ou com a publicidade. Já no primeiro capítulo do livro *A Lógica do Consumo*, que traz como título "Um Afluxo de sangue para a cabeça", Lindstrom descreve como foi a experiência realizada com fumantes de diversos níveis no Centro de Ciências de Neuroimagem, em Londres, na Inglaterra.

A pergunta que não queria calar era: por que, em 2006, apesar de proibidas as propagandas de cigarros, das advertências diretas inibidoras nas embalagens, da comunidade médica, e do investimento maciço dos governos em campanhas antitabagistas, os consumidores ao redor do mundo continuavam a fumar oficialmente 5.763 bilhões de cigarros?

Estima-se que cerca de 1/3 dos homens adultos em todo o mundo continuam a fumar, independentemente das campanhas. Cerca de 15 bilhões de cigarros são vendidos por dia, dez milhões por minuto. Algo racionalmente inexplicável.

Seriam os fumantes seletivamente cegos em relação às imagens de advertência? Será que eles acreditam, secretamente, ser imortais? Será que conhecem os perigos que o cigarro traz à saúde e simplesmente não estão nem aí?

Era isso o que ele esperava descobrir através da tecnologia de IRMf, a mais avançada técnica de rastreamento cerebral disponível atualmente, a Imagem por Ressonância Magnética Funcional: uma máquina barulhenta, enorme, de 4 milhões de dólares, 32 toneladas e tamanho de um carro de passeio, que mede a quantidade de sangue oxigenado no cérebro e pode identificar com precisão até uma área de um milímetro.

O estudo, que foi supervisionado pela Dra. Gemma Calvert, catedrática de Neuroimagem Aplicada da Universidade de Warwick, na Inglaterra, e fundadora da Neurosense em Oxford, e pelo Professor Richard Silberstein, executivo-chefe da Neuro-Insight na Austrália, foi 25 vezes maior do que qualquer outro na área de neuromarketing realizado até então.

Um questionário preliminar perguntava para os voluntários se eles eram afetados pelas advertências dos maços de cigarro e se estavam fumando menos por causa dessas advertências. As respostas da entrevista eram sempre afirmativas e bastante claras. Os fumantes estavam à beira de um dilema moral e não sabiam, porque o cérebro deles ainda não tinha sido entrevistado.

Pouco mais de uma hora depois, um refletor projetava uma série de imagens de advertência sobre cigarros em vários ângulos para análise. E depois de cinco semanas,

CAPÍTULO 4: A ORIGEM DA NEUROLIDERANÇA

as imagens analisadas de advertência nas laterais, na frente e no verso dos maços de cigarros mostraram que não surtiam efeito algum na supressão do desejo dos fumantes. Ou seja, essas campanhas eram um verdadeiro desperdício de dinheiro. Mas isso não representou nem metade da surpresa do estudo.

As advertências haviam na verdade estimulado a área do cérebro dos fumantes chamada **nucleus accumbens**, também conhecida como ponto de desejo. Quando estimulado, exige doses cada vez mais altas para ser aplacado. Ou seja, as mensagens haviam se tornado um assustador instrumento de marketing para a indústria do tabaco. Mas como assim?

A maioria dos fumantes respondeu que achava que as imagens de advertência funcionavam, porque julgavam que essa seria a resposta correta, ou o que os pesquisadores gostariam de ouvir, ou até mesmo movidos por um sentimento de culpa, porque lá no fundo sabiam o que o cigarro estava fazendo com sua saúde.

A professora Calvert concluiu que os voluntários não se sentiam envergonhados pelo que o cigarro estava fazendo com seu corpo, mas que se sentiam culpados porque aquelas imagens estimulavam as áreas de seu cérebro ligadas ao desejo. Sua mente consistente não conseguia estabelecer a diferença. Assim como o cérebro faz com cada um de nós todos os dias.

A mensagem indireta é sempre mais sedutora. Os consumidores sentem que tomaram a decisão por si, sem "obedecer" ao anunciante. As pessoas, inconscientemente, tentam agradar e respondem o que você gostaria de ouvir, e não o que de fato estão pensando. Afinal, o coração reage aos instintos de luta e fuga, mas é no cérebro que as atitudes são verdadeiramente definidas, porque o nosso corpo é físico e químico.

Pesquisas apontam que em 85% das vezes nosso cérebro está ligado no piloto automático. Não temos intenção de mentir, mas o fato é que a mente inconsciente interpreta nosso comportamento muito melhor do que a mente consciente, incluindo os motivos pelos quais consumimos ou deixamos de consumir algo. Ou de obedecer a uma ordem, por exemplo.

5

LIDERANÇA TÓXICA E ASSÉDIO MORAL

"As pessoas ligam a televisão quando querem desligar o cérebro."

STEVE JOBS

"Cada vez que eu tiver vontade de te estrangular, eu vou esganar esta boneca aqui. Entendeu?"

Aquilo era um boneco vodu de pano, com os cabelos roxos, que Ana acabava de ganhar de sua chefe. A raiva foi tão grande que, mais tarde, ela chegou a quebrar um dente por causa disso.

O pânico só começava na hora de ir para o trabalho. Ela sabia que seria humilhada o dia todo por sua chefe. E esta fazia isso na frente de todo mundo. Chegou a proibi-la de enviar e-mails, uma ferramenta de trabalho. Você consegue imaginar o estrago que essa líder fez no sistema límbico da moça?

"Depois de um ano e meio, decidi ir embora. Estou na busca de outro trabalho já faz três anos, mas evito qualquer coisa na mesma área, porque só de pensar já fico doente. Ainda tenho pesadelos com aquela mulher, meu coração fica acelerado. Tive um infarto e sei que a causa é totalmente psicossomática". Ana tem 41 anos. Hoje está medicada, mas vai precisar tomar remédios para o coração o resto da vida.[1]

Exemplo claríssimo de Liderança Tóxica e de Assédio Moral. Mas não é tudo a mesma coisa? Não. É importante que deixemos claro as diferenças.

Liderança tóxica é toda liderança capaz de gerar uma toxina que cause uma dor de qualquer tipo, seja ela física ou psicológica. Dor essa que pode ou não ser proveniente de assédio. Ela pode originar-se do assédio (que pode ser ou não moral, sexual e verbal), do abuso de poder ou de dano existencial. Ou seja, toda forma de assédio é tóxica, mas nem toda toxina é proveniente de assédio. Por exemplo, eu posso te causar um sofrimento porque te prometi um aumento de salário e não cumpri, mas isso não caracteriza um assédio. Porém, pode ser que seja tóxico para você. Agora, se eu humilho você, além de ser assédio moral, obviamente é tóxico também. Fica mais claro, assim?

É mais fácil estudarmos e identificarmos as toxinas a partir de situações de assédio porque elas são mais evidentes e mais passíveis de comprovação, ainda que o assédio nem sempre seja intencional. Às vezes, algumas práticas acontecem sem que os agressores saibam que o abuso de poder frequente e repetitivo é uma forma de violência psicológica. Contudo, isso não retira a gravidade do assédio moral e das dores causadas às pessoas.

---

[1] Acompanhei o caso de Ana durante todo o período da pesquisa deste livro. Quando a obra já estava em fase final recebi a notícia de que ela estava trabalhando como fotógrafa. Estava feliz, serena, realizada e com um novo olhar sobre a vida.

Durante minha pesquisa, pude observar com mais clareza, porém, alguns casos de dor no ambiente corporativo ocasionados por situações que, em princípio, eram para ser ações motivacionais. O que sugere que, muitas vezes, apesar de a intenção ser boa, ainda assim a dor pode acontecer. Ninguém está livre dela, independentemente do ambiente, ainda que este interfira consideravelmente em todo o processo, mas ficou evidente que não é o fator decisivo.

As vítimas de assédio moral não são necessariamente pessoas frágeis ou que apresentam qualquer transtorno. Algumas vezes elas têm características percebidas pelo agressor como ameaçadoras ao seu poder. Por exemplo, podem ser pessoas que reagem ao autoritarismo do líder ou que se recusam a submeter-se a ele. Frequentemente acontece com grupos que já sofrem discriminação social, como mulheres, portadores de necessidades especiais, idosos, negros, homossexuais, etc.

Importante frisar que o assédio moral pode se dar tanto do líder para seu subordinado, como do subordinado para seu superior, entre os colegas de trabalho, ou podem ser mistas, isto é, entre superiores, colegas ou subordinados. Muitas vezes a própria organização incentiva ou tolera a prática por motivos convenientes, em grande parte dos casos em função de metas e resultados.

CASOS FAMOSOS

Um caso ficou famoso porque ultrapassou os limites da motivação. Aconteceu em uma rede de supermercados, que foi condenada a pagar uma indenização de cerca de R$ 140.000 a um ex-diretor que disse ter sido coagido a rebolar e entoar o "grito de guerra" da empresa, na abertura e no final de reuniões. Ele diz que quem se negava era levado à frente de todos para rebolar sozinho.

Em nome do cumprimento das metas, uma loja de eletrodomésticos no Acre também passou dos limites para "incentivar" os funcionários. Eles pregavam cartazes nas paredes da sala de reuniões com frases nada amigáveis, como "sou um rasgador de dinheiro", "sou bola murcha" e "não tenho amor aos meus filhos". Numa multinacional fabricante de bebidas, um ex-vendedor se sentiu lesado pela forma como a empresa "motivava" os funcionários. Segundo ele, quem não atingisse as metas de vendas era obrigado a se deitar dentro de um caixão, era rotulado de incompetente e, às vezes, era representado por ratos e galinhas enforcados na sala de reuniões.

Em Porto Alegre, em uma agência bancária, além de chamar os trabalhadores que não atingiam metas de "incompetentes" e "tartarugas", o gerente os classificava de acordo com sua produtividade. Em um cartaz afixado na parede, as fotos dos empregados eram coladas junto com a cor verde, para quem conseguia cumprir as

CAPÍTULO 5: LIDERANÇA TÓXICA E ASSÉDIO MORAL

metas, ou vermelha, para os que não alcançavam os números estabelecidos. Junto às imagens dos rostos de quem não cumpria os objetivos eram escritas palavras ofensivas.

Ainda que a Justiça permita a algumas empresas recorrer nesses casos, é importante que os líderes entendam que nada pode ser imposto ao funcionário. Muitas vezes algumas brincadeiras, cantos, gritos de guerra e outras maneiras usadas para motivar precisam ser optativas e sempre em conjunto, para que a pessoa não se sinta exposta ao ridículo. O que pode ser brincadeira para uns, pode ser assédio para outros. Por isso, é preciso ficar atento, inclusive ao que diz a legislação trabalhista.

Convém lembrar o caso de uma funcionária que teve problemas muito sérios ao romper uma prótese de silicone com um cabo de aço numa atividade de esporte radical da qual foi obrigada a participar para testar seus limites. E também o de um rapaz que teve a sola dos pés queimadas em um treinamento no qual foi obrigado a atravessar um corredor em brasas. Como ele foi o único a se queimar ainda foi considerado pela equipe como o "nuvem negra" da empresa.

Se algumas companhias foram censuradas por fazerem brincadeiras de mau gosto, uma fábrica de eletrônicos foi condenada pela justiça por levar demasiadamente a sério a necessidade de produzir sempre mais. Não faz muito tempo, a empresa foi proibida de humilhar funcionários da fábrica de Campinas, no interior de São Paulo. Uma ação civil pública movida pelo Ministério Público do Trabalho denunciou que os chefes coreanos da unidade estavam tratando os funcionários agressivamente, com pouco respeito e de maneira constrangedora, com gritos e palavrões. Na ação, o órgão pediu uma indenização de R$ 20 milhões por danos morais coletivos. Esse tipo de motivação por pressão acabou provocando abalos emocionais, quadros de depressão e Síndrome do Pânico em vários empregados da fábrica.

Qualquer desequilíbrio emocional pode diminuir o rendimento de um profissional. Quanto ao estresse não é diferente: não diagnosticado corretamente e tratado a tempo pode se converter em doença com muita facilidade. Um alto nível de estresse pode ainda fazer com que o funcionário traga à tona seus instintos mais primitivos, deixando todos os sentimentos de lado (inibindo o sistema límbico) e acionando seu cérebro reptiliano, podendo ser agressivo com os colegas, com o líder, ou capaz de atitudes inexplicavelmente rudes, grosseiras e muitas vezes até quebrando móveis e manuseando ferramentas de trabalho de forma inadequada.

Certa vez, em uma aula na Fundação Getúlio Vargas, um aluno de MBA, *chef* de cozinha de um restaurante renomado de uma cidade, chegou para a aula com a testa toda costurada, tendo levado pelo menos uns quinze pontos. Perguntei o que havia acontecido e ele contou que tinha sido um pequeno acidente com um funcionário que, num momento de estresse, havia jogado uma panela nele e, infelizmente, acertado sua testa.

47

CHEFES RUINS E AS CAUSAS DO ESTRESSE

Para cerca de 75% dos americanos, os chefes são a maior causa de estresse no trabalho. Todos nós sabemos que o estresse prejudica tanto o trabalhador quanto o empregador. Estima-se que no Brasil 3,5% do PIB é perdido com custos relacionados ao estresse no trabalho, sendo que pesquisas indicam que 70% dos trabalhadores no país estão estressados. No resto do mundo os dados não são diferentes. Mas de onde vêm estes custos? E o que causa o estresse?

Para os especialistas nem todo o estresse é ruim. Na verdade o estresse é tudo aquilo que tira as pessoas de sua zona calma e as coloca em estado de alerta, gerando excitação emocional. Entretanto, ele pode contribuir para aumentar a percepção e o nível de alerta no trabalho, melhorando até o desempenho profissional. Já foi comprovado que tanto as habilidades mentais quanto as físicas melhoram quando estamos espertos e com a adrenalina na "medida certa".

O fato é que o Brasil só perde para o Japão em número de profissionais estressados. E o mais grave é que 25% dos colaboradores considera seu emprego a primeira razão de estresse em suas vidas.

A revista *Quartz*, uma conceituada publicação de negócios americana, publicou um artigo no Linkedin que aponta que um chefe ruim pode fazer tão mal para a saúde dos funcionários quanto fumar passivamente. E o pior, quanto mais tempo uma pessoa passar trabalhando para alguém que a deixa infeliz, maiores serão os danos para sua saúde mental e física.

Dados da Associação de Psicologia dos Estados Unidos, publicados no artigo dessa revista, revelam que 75% dos trabalhadores americanos consideram seus chefes a maior razão de estresse no trabalho.

Pesquisadores da Harvard Business School e da Universidade de Stanford, nos Estados Unidos, reuniram dados provenientes de mais de 200 estudos, e chegaram à conclusão que estresses simples e cotidianos no trabalho podem fazer tão mal à saúde como a exposição a quantidades consideráveis de fumaça do cigarro de outras pessoas.

A razão número um causadora de estresse no trabalho, que é o medo de ser demitido, pode aumentar em até 50% os riscos de problemas de saúde. Já um cargo que exige do funcionário mais do que ele pode oferecer aumenta em 35% o risco para a saúde. Ainda assim, 84% das pessoas que pedem demissão, pedem demissão de seus chefes, e não das empresas nas quais trabalham. Isso significa que empresas ruins com bons líderes fazem mais retenção de funcionários que empresas boas com líderes ruins, que na realidade são chefes.

TOXINAS X ASSÉDIOS

Em grande parte dos casos, chefes ruins são verbalmente agressivos, narcisistas e podem até se tornar violentos. Muitos deles apresentam esse tipo de comportamento por medo, ganância ou sede de poder, e acabam fazendo qualquer coisa para chegar onde querem. Eles ligam o botão do reptiliano e vão embora. Alguns nem se dão conta disso, justamente pelo fato de ser um impulso inconsciente, um mecanismo de sobrevivência.

Só no Brasil, cerca de 10 denúncias de assédio moral no trabalho são registradas por dia. Mas tal número poderia ser muito maior caso os envolvidos de fato tivessem menos medo e denunciassem mais. E por que isso acontece? Porque 74,6% dos profissionais que denunciaram até hoje o abuso disseram que o assediador permaneceu na empresa.

Mas de nada adianta tomarmos tanto cuidado para não sermos tóxicos com nossos liderados se não entendermos exatamente as diferenças entre nossos atos. Até onde você pode ir? Afinal de contas, o que é assédio e o que não é assédio?

DANO EXISTENCIAL	ASSÉDIO MORAL	ASSÉDIO SEXUAL
Submissão de empregados a jornadas excessivas de trabalho, causando-lhes abalo físico e psicológico e impedindo a fruição do direito ao lazer e ao convívio social.	Conduta abusiva que, intencional e frequentemente, fere a dignidade e a integridade, física ou psíquica, de uma pessoa, ameaçando seu emprego ou degradando o clima de trabalho.	Abordagem com intenção sexual, ou insistência inoportuna de alguém em posição privilegiada que usa dessa vantagem para obter favores sexuais de subalternos ou dependentes.

A seguir, situações que podem ser confundidas com assédio moral, mas que não o são necessariamente. A principal diferença entre assédio moral e situações eventuais como de humilhação, crítica destrutiva, comentário depreciativo ou constrangimento contra o trabalhador é a frequência, ou seja, para haver assédio moral é necessário que os comportamentos do assediador sejam repetitivos. Um comportamento isolado ou eventual não é assédio moral, embora possa produzir dano moral, liberando toxinas, conforme já havíamos dito antes. Da mesma maneira, não se pode confundir assédio moral com práticas da empresa para controle de erros. Ela tem meios legais para punir, como a advertência ou mesmo a demissão por justa causa. Nesses casos, são práticas formais da empresa, que o funcionário pode conhecer e se defender, caso seja punido.

⇨ **Exigências profissionais** - cada trabalhador tem um descritivo de tarefas e recebe ou deveria receber feedbacks constantes sobre sua performance. Correções de rota são normais dentro do ambiente corporativo, e é normal que hajam cobranças, críticas construtivas e avaliações por parte das lideranças, desde que isso não seja realizado de forma vexatória. O assédio só se caracterizará se essas imposições forem direcionadas para uma pessoa de modo recorrente e utilizadas com um propósito de represália, comprometendo negativamente a integridade física, psicológica e até mesmo a identidade do indivíduo.

⇨ **Condições inadequadas de trabalho** - espaços de trabalho pequenos, com pouca iluminação e instalações inadequadas não caracterizam assédio moral. A exceção é quando uma pessoa ou um grupo é colocado em tais condições com o objetivo de desmerecê-lo diante dos demais.

⇨ **Conflitos** - alguns conflitos, dependendo da natureza e do tamanho, podem gerar transferências de postos de trabalho, remanejamento do trabalhador ou da chefia de atividades, cargos ou funções ou mudanças decorrentes de prioridades institucionais. Durante a mediação de um conflito é comum que a queixa ou a crítica venham à tona de forma aberta até para que os envolvidos possam defender suas posições. Isso não caracteriza o assédio. O que pode virar assédio é um processo conflituoso que demore muito a se resolver de forma a fortalecê-lo, propiciando situações favoráveis para isso.

Há exceções em alguns casos. Por exemplo, se é dado um prêmio ao pior funcionário do mês, em frente a todos os colegas, já é possível ser considerado um assédio moral, sem precisar se repetir, por causa da humilhação pública. O assédio pode assumir tanto a forma de ações diretas, como acusações, insultos, gritos e humilhações públicas, quanto indiretas, como propagação de boatos, isolamento, recusa na comunicação, fofocas e exclusão social. Porém, para que sejam caracterizadas como assédio, essas ações devem ser um processo frequente e prolongado.

De acordo com o Ministério Público, os motivos que levam a essa relação de conflito são a necessidade de aumentar a produtividade, competição exagerada, metas difíceis de alcançar e tentativa de forçar um pedido de demissão.

Camila era daquelas funcionárias que têm a performance elogiada em todas as avaliações anuais, mas recebia de seu líder direto um péssimo retorno particular. Ele jamais fazia isso em público. Trabalhava o psicológico dela e não perdia a oportunidade de baixar sua autoestima quando estavam sozinhos.

Foram quatro anos de terapia para que ela chegasse à conclusão de que o melhor era mudar de emprego. "Quando saía de casa para o trabalho, já começavam as dores no estômago e ânsia de vômito. Eu tenho medo dele até hoje. Todos os meus colegas foram embora. Só ele ficou. E ainda por cima foi promovido".

Rodrigo sofria demais com a chefe que o destratava a semana toda. Nas sextas-feiras ela trazia sempre um presentinho para compensar.

O caso de Solange foi até publicado pela mídia. Aos 32 anos, funcionária na área de tecnologia de uma grande empresa do setor de petróleo e combustível, depois de trabalhar dez anos para o mesmo chefe, a quem considerava um mentor, pega de surpresa, foi vítima de assédio sexual.

"Preciso falar de meus sentimentos por você", disse ele ao chamá-la em sua sala. Essa foi apenas a primeira vez. "Ele continuou, mesmo eu deixando claro que não tinha interesse. Ele me chamava, e eu não tinha como negar, porque poderia ser sobre trabalho. Mas quando eu chegava ele fechava a porta e falava que queria me comprar uma joia, me levar para almoçar", conta Solange, que diz ter suportado a situação por dois anos. Isso só terminou quando ele se aposentou.

Enquanto isso, Solange chorou de raiva, foi para a terapia, fez massagem, tomou floral, e fez tudo o que pôde para se acalmar. E viveu todo esse tempo fugindo dele. Você consegue imaginar a tortura psicológica e o tamanho da toxina?

Ela não teve coragem de denunciá-lo. "Tinha medo. Não possuía provas, e ele era responsável por me promover ou me mandar embora. Também não confiava no Departamento de Recursos Humanos. Havia muitos casos de assédio na empresa. E, quando foram denunciados, o RH disse que não podia fazer nada. E a vida daquele que denunciou virava um inferno."

Entre os receios mais comuns das vítimas de assédio que não denunciam, estão o medo de perder o emprego (39%) e sofrer represálias (31,6%). Não se trata de um medo infundado, pois, entre os que já denunciaram, 20,1% afirmaram terem sido demitidos e 17,6% disseram ter sofrido algum tipo de perseguição.

O QUE DIZ A LEI

Segundo os especialistas, um dos fatores que dificultam a formulação de leis e a penalização por assédio está relacionado ao alto grau de subjetividade em questão, bem como a dificuldade de provar que a ocorrência do assédio levou ao adoecimento. Em casos de ações na justiça, o assédio moral somente poderá ser caracterizado se, além das impressões do assediado, forem apresentadas provas materiais e testemunhas da conduta lesiva.

As leis que tratam do assunto ajudaram a atenuar a existência do problema, mas não o resolveram de todo. Por se tratar de uma violência de ordem psicológica, as medidas legislativas nem sempre são suficientes para combater e prevenir as práticas de assédio moral no trabalho. Entende-se que o assédio deve ser reconhecido e coibido pela gestão das próprias organizações, como forma de garantia dos direitos individuais dos seus trabalhadores bem como da saúde psicológica destes e da própria organização. Veja a importância que têm os manipuladores de toxinas em todo este contexto.

As condutas mais comuns reconhecidas pelo Ministério do Trabalho como assédio moral são:

- ▶ exigir, sem necessidade, trabalhos urgentes
- ▶ ignorar a presença do trabalhador, ou não cumprimentá-lo ou, ainda, não lhe dirigir a palavra na frente dos outros
- ▶ fazer críticas ou brincadeiras de mau gosto ao trabalhador em público
- ▶ agressão física ou verbal, quando estão sós o assediador e a vítima
- ▶ revista vexatória
- ▶ restrição ao uso de sanitários
- ▶ não dar nenhuma tarefa
- ▶ dar instruções erradas com o objetivo de prejudicar
- ▶ atribuir erros imaginários ao trabalhador
- ▶ impor horários injustificados
- ▶ transferir o trabalhador de setor para isolá-lo ou colocá-lo de castigo
- ▶ forçar a demissão do empregado
- ▶ tirar seus instrumentos de trabalho, como telefone, computador ou mesa, para gerar constrangimento
- ▶ proibir colegas de falar ou almoçar com o trabalhador
- ▶ fazer circular boatos maldosos e calúnias sobre o trabalhador
- ▶ submeter o trabalhador a humilhações públicas ou particulares
- ▶ perseguições da chefia aos subordinados

- ▶ punições injustas e ilegais

- ▶ não passar informações necessárias para a atividade

RECONHECENDO LIMITES

Para que possamos trabalhar o nível do estresse na medida certa, é preciso saber reconhecer os sinais que seus liderados emitem quando estão em seu limite. Leve em consideração, no entanto, que, apesar de o ser humano ter uma tendência ao comportamento de bando, cada um tem suas especificidades de personalidade. Quanto mais você conhecer seus liderados, melhor poderá fazer essa avaliação. São sintomas de pico de estresse:

- ▶ Queda vertiginosa da qualidade do trabalho

- ▶ Cansaço frequente

- ▶ Irritabilidade

- ▶ Indecisão

- ▶ Baixas médicas frequentes

- ▶ Dores de cabeça, enxaquecas, dores de estômago, náuseas constantes

- ▶ Nervosismo

- ▶ Nível de tolerância zero

- ▶ Fraco julgamento

- ▶ Mudanças nos hábitos de trabalho

- ▶ Atrasos frequentes

- ▶ Dispersão durante o expediente

- ▶ Sobrepeso repentino

POSSO IR AO BANHEIRO?

Algo que vem se tornando muito comum em algumas empresas é a questão da proibição do uso do banheiro durante o expediente. Isso também é assédio que gera dor física e problemas urinários. Algumas empresas limitam o tempo de utilização ou exigem um pedido de autorização, por escrito, para que possam fazê-lo. Além do evidente constrangimento aos trabalhadores, há aqueles que desenvolveram doenças do trato urinário e os que acabaram sujando as calças por não conseguirem segurar uma necessidade totalmente fisiológica e de direito humano.

Em um supermercado em Fortaleza, como as operadoras de caixa não podiam parar o trabalho para irem ao banheiro o gerente resolveu obrigá-las a utilizarem fraldas geriátricas durante o expediente. Igualmente constrangedor, um maquinista de trem, que não podia parar o veículo para utilizar o banheiro, fazia suas necessidades em copos e garrafas de plástico que a própria empresa fornecia e chamava de "kit higiênico". Nas trocas de turno, o maquinista encontrava a cabine da locomotiva suja com fezes e urina do operador anterior, já que a utilização do "banheiro" tinha que ser feita com o trem em movimento.

 CURIOSIDADES

CASOS BIZARROS

- A Justiça do Trabalho do Rio Grande do Sul condenou uma rede de lojas de roupas femininas a pagar indenização de R$ 30 mil a uma ex-supervisora que havia sido filmada por uma câmera escondida instalada no banheiro feminino. O equipamento foi colocado no local por um gerente e um supervisor da loja, que espiavam a troca de roupa das funcionárias.

- Uma operadora de televisão por assinatura foi condenada a indenizar em R$ 10 mil uma funcionária por danos morais. A empregada era obrigada a fazer flexão de braços durante o serviço, na frente de todos, caso o coordenador comercial de sua área julgasse que ela tinha cometido algum erro.

- O TST (Tribunal Superior do Trabalho) condenou o grupo proprietário de um frigorífico a indenizar em R$ 50 mil uma ex-funcionária que era obrigada a caminhar de um ponto a outro do vestiário da empresa usando apenas roupas íntimas.

- Um hipermercado foi condenado a indenizar um auxiliar de serviços gerais terceirizado em R$ 11,4 mil por danos morais. O profissional havia sido acusado por um empregado da loja de tomar sorvete sem autorização.

- Uma instrutora de autoescola portadora de psoríase, doença inflamatória da pele, e que por isso era chamada de "perebenta" pela gerente, deverá ser indenizada em R$ 3 mil por danos morais. Durante dois meses, a funcionária alegou ter sofrido diversas humilhações e discriminações dirigidas por sua gerente.

CAPÍTULO 5: LIDERANÇA TÓXICA E ASSÉDIO MORAL

- Uma rede de lojas de vestuário deve indenizar em R$ 15 mil uma vendedora que alegou ter sido obrigada a imitar uma galinha cacarejando e batendo asas como represália pelo descumprimento de uma meta. O caso aconteceu em Alegrete, no Rio Grande do Sul.

- Um chefe, que assediava sexualmente uma funcionária dizendo que ela só podia usar calças jeans apertadas no trabalho, foi condenado a pagar 21.681 libras de indenização. O caso aconteceu na cidade de Plymouth, Inglaterra.

- Uma empresa da indústria tabageira foi condenada pelo Tribunal Superior do Trabalho a pagar indenização no valor de R$ 30 mil a um empregado chamado de incompetente e qualificado como um "lixo" em reuniões da empresa e na presença de vários colegas.

- Uma empresa de ônibus foi condenada pela Justiça do Trabalho a pagar uma indenização por danos morais a um ex-funcionário que havia sido obrigado a realizar, na frente de outros colegas, um exame anal para verificar a existência de hemorroidas antes de ser contratado.

- A dona de uma franquia da loja de artigos esportivos em Itajaí deve pagar R$ 13 mil a uma funcionária que sofreu assédio moral de seu gerente via WhatsApp. O chefe a chamava de "gorda", "feia", "bunda mole", "bigoduda" e fazia comentários sobre seu corpo em mensagens compartilhadas diariamente com a equipe pelo aplicativo de celular.

6

NEUROLIDERANÇA E MEMES: O QUE UMA COISA TEM A VER COM A OUTRA

"A vida resulta da sobrevivência não aleatória de replicadores aleatoriamente mutantes."

RICHARD DAWKINS

Virou Meme! Muito provavelmente você já ouviu essa frase, principalmente para definir um conceito que se espalha na internet. Intuitivamente, talvez você tenha uma vaga ideia do que isso significa, mas pode ser que você nunca tenha ido a fundo no conceito propriamente dito de Memética. É o que vamos fazer agora.

A Memética pretende, então, ser uma crítica à psicologia evolutiva, uma tentativa de introduzir um segundo replicador no algoritmo da evolução por seleção natural. O biólogo britânico evolucionista Richard Dawkins, na conclusão do best-seller "O Gene Egoísta", escreveu que, depois de centenas de milhões de anos de domínio do gene como a única espécie de replicador natural, um segundo tipo de replicador não genético, cultural, teria surgido em meio a populações humanas e colonizado os cérebros humanos como um vírus, o vírus da mente. Compliquei?

Vamos tentar de volta. A palavra vem do grego *mimeme*, que significa imitação. Mas, como precisava ficar mais curta e parecida com gene, tendo uma relação com memória, virou meme. Assim como os genes se propagavam no pool gênico saltando de corpo em corpo via espermatozoides ou óvulos, os memes se propagam no pool memético saltando de cérebro em cérebro por um processo que, no sentido mais amplo, pode ser chamado de imitação.

Ou seja, uma ideia bem-sucedida se propaga, virando um bom meme e tendo um tempo de vida suficiente para se multiplicar um número infinito de vezes de cérebro em cérebro. Já uma ideia ruim não vai muito longe, torna-se um meme fraco, não sobrevivendo por muito tempo. Tudo vai depender da qualidade do hospedeiro, que é a capacidade do indivíduo que recebe uma informação para transformá-la em meme. Os fofoqueiros costumam ser ótimos hospedeiros.

Existem muitas definições de grandes neurocientistas para meme, mas vamos simplificar. Meme é uma informação que muda um comportamento. Como assim? Por exemplo: eu falo para você que saias curtas estão na moda. Mas ninguém está usando saias curtas. Isto é apenas uma informação que vai para sua mente. Agora, se todo mundo, a partir dessa informação, passa a usar saias curtas, então virou um meme, porque aquela informação foi responsável por mudar o comportamento das pessoas.

Informação por si só não é um meme. Você lê os jornais todos os dias e tem contato com centenas de notícias, de informações, e adquire alguns conhecimentos, mas poucos são os memes que você leva dali. De tão simples o conceito, ele acaba algumas vezes se tornando complicado. Vamos adiante.

Um meme é um replicador de informação que utiliza o espaço de nossa mente para replicar-se, como se fosse uma máquina de xerox com utilidades avançadas. Memes são como murmúrios, febre, epidemia, mas que, obrigatoriamente, mudam comportamentos. É como Richard Brodie, autor do best-seller "Vírus da Mente", fala em seu livro (que é referência em Memética). "Não basta você fazer fotocópias. É preciso distribuí-las".

Outro exemplo: quando alunos da mesma classe passam a compartilhar vídeos do Youtube com aulas de matemática de um professor desconhecido. Mas essa aula é muito mais legal do que a do professor da escola em que eles estudam. Então a turma passa a se interessar muito mais pela disciplina. Em menos de trinta dias esse professor *youtuber* fica famoso, seus vídeos se viralizam e atingem a marca de milhões de acessos na web. Isso muda comportamentos também.

Alguns memes se espalham diretamente de uma mente para outra sem muito esforço também. Experimente gritar "Assalto, socorro" bem alto no meio de um ambiente fechado, e você verá um monte de gente correndo para todos os lados imediatamente...

É como um vírus, que vai se propagando, se imitando, se transmitindo, influenciando, competindo por uma parte de sua mente e por uma parte da mente de todas as outras pessoas com o objetivo único de manter-se vivo pelo maior tempo possível.

Para o comportamento humano, os memes são aquilo que os genes são para o corpo. E Memética é o estudo do funcionamento dos memes: como eles interagem, como se multiplicam e evoluem. Trata-se de uma nova ciência que já vem fazendo algum barulho em todo o mundo.

A evolução dos memes ocorre porque nossa mente é eficiente em copiar e inovar ideias, comportamentos, canções, formas e estruturas, entre outras coisas.

Eles são muito mais complexos do que simples ideias. São ideias que contaminam como vírus e mudam comportamentos, podendo resultar na construção de novas culturas, linguagens e religiões. Muitos dos memes acabam sendo criados em benefício próprio e são autocontaminantes, podendo ser prejudiciais, por isso é preciso tratá-los com responsabilidade. Esse é um dos pontos deste livro.

Os memes são verdadeiros replicantes dotados de características como fecundidade (capacidade de se reproduzir o mais rápido possível), fidelidade (capacidade de se reproduzir sem deformação – pelo menos os metamemes, que são inesquecíveis) e longevidade (quanto mais tempo ele viver, melhor).

ENGENHARIA MEMÉTICA

Todo meme adquirido fica registrado no hipocampo (parte do cérebro relacionada a nossa memória) e vai servir de base para tudo o que você fizer. Portanto, é preciso entender que o inconsciente é um depósito memético e que toda ideia que você tem não é sua, porque em algum lugar algum fragmento daquilo já foi transformado em meme de alguma forma.

Capítulo 6: Neuroliderança e memes: o que uma coisa tem a ver com a outra

Por isso, variáveis como ambiente, estrutura familiar, crenças, cultura geral, país em que você vive, por exemplo, vão influenciar seu comportamento sobre eles. E, por esse mesmo motivo, eles são entendidos, sentidos e propagados diferentemente em diversas partes do mundo.

Somos todos programados por memes. O tempo todo as pessoas compartilham coisas em diversos lugares. Milhões de pessoas usam sites diariamente e bilhões de conteúdos são vistos todos os meses. As tecnologias nos ajudam a tornar as coisas mais fáceis e mais rápidas, mas o marketing tradicional não descobriu ainda como utilizá-las para aumentar o porcentual do processo decisório do consumidor.

Pesquisa realizada pelo Keller Fay Group (premiada empresa de pesquisa de mercado) verificou que apenas 7% do boca a boca acontece on-line. Talvez esse número pareça assustador, uma vez que passamos tantas horas por dia conectados. Mas apesar de as pessoas passarem boas horas on-line (cerca de duas horas por dia, em média) elas ainda passam oito vezes mais off-line. E isso cria muito mais oportunidades para conversas "face to face". O boca a boca é o fator primário por trás de 20% a 50% de todas as decisões de compra.

As pessoas são inundadas de conteúdo on-line, de modo que não têm tempo para ler cada tweet, mensagem ou post da timeline do amigo. Cinquenta por cento dos vídeos do Youtube têm menos de 500 visualizações. Apenas um terço de 1% consegue mais de um milhão. E, mesmo assim, muitos destes ainda não sabem fazer bom uso dessa máquina para de fato mudar comportamentos.

Aproveitar o poder do boca a boca, on-line ou off-line, requer mais do que um bom produto ou serviço ou uma piada engraçada; requer entendimento sobre por que as pessoas falam e por que algumas coisas são mais ditas e mais compartilhadas que outras. É quase uma psicologia do comportamento.

Malcolm Gladwell, autor do best-seller *The Tipping Point* (em português – *O Ponto da Virada*) argumenta que epidemias sociais acontecem a partir de um conjunto de pessoas que ele classifica como especialistas, conectores e vendedores. Pessoas persuasivas têm o poder de influenciar outras ou fazer com que as coisas se tornem virais. Mas não podemos depender só de um bom contador de piadas para que as pessoas deem risadas. Há piadas que são engraçadas mesmo que quem as conte seja fraco ou não tenha talento para isso.

A grande questão é: a mensagem precisa ser mais contagiante que seu hospedeiro. A viralidade não nasce, ela é produzida. E os responsáveis por planejar esses memes são os engenheiros meméticos, ou como o Prof. Peruzzo, criador do termo, prefere: CBO - Chief Brain Office.

"O engenheiro memético tem o poder de controlar o fluxo de informação e a forma como o ser humano pensa. São aqueles que, conscientemente, planejam memes através de quebra de memes e síntese memética, com a intenção de alterar o comportamento de outras pessoas", explica. E o que faz o ser humano diferente dos outros animais é a capacidade de transmitir memes de forma racional pelo engenheiro memético. Escritores de manifestos e de comerciais são alguns exemplos.

Dawkins, em uma parte do livro "O Gene Egoísta", fala sobre Memética e religião. Ele diz que o meme para a fé cega garante sua própria perpetuação pelo recurso inconsciente simples de desencorajar a indagação racional. Ele afirma que a fé cega pode justificar qualquer coisa. "Se um homem acredita em um Deus diferente, ou mesmo se ele utiliza um ritual diferente para adorar o mesmo Deus, a fé cega pode decretar que ele deve morrer - na cruz, na fogueira, pela espada de um cruzado, por uma bala numa rua de Beirute ou numa explosão em um bar de Belfast". Os memes para a fé cega possuem seus próprios métodos implacáveis de se propagarem. E isso vale tanto para a fé religiosa cega quanto para a fé patriótica e política.

As crenças religiosas não são um legado de forças superiores, mas sim um resultado de alguns dos mais poderosos vírus mentais existentes no universo. Peruzzo explica que a decisão entre o certo e o errado vai estar sempre nas mãos e na mente de um engenheiro memético, por isso chama a atenção para a responsabilidade e seriedade da Memética.

Um bom engenheiro memético não precisa de muitos milhões para uma grande campanha de marketing e nem mesmo de mídia de massa. Pense em algo mais viral ou infeccioso que um amigo seu recomendando algum lugar legal para você. E o que poderia ser mais enigmático do que duas pessoas desaparecerem nos fundos de uma cabine telefônica? Como assim? Bem, eu só vou lhe contar se você guardar segredo. Posso continuar?

Já viu alguma resposta ser negativa? As pessoas sempre guardam segredo. Ou melhor, prometem que vão guardar segredo. E muitas o fazem com boas intenções, acredite. A questão é que o meme nasceu para viver, e não para morrer, e vai lutar pela sua vida até o último suspiro. Aqui entra a questão da mensagem ser mais forte que o hospedeiro, lembra? Então, antes de brigar com um amigo porque ele saiu por aí espalhando um segredo seu, use isso como gatilho da próxima vez que quiser que todo mundo saiba de alguma coisa. Se a mensagem for forte e o hospedeiro for fraco, ninguém segura esse segredo. Simples assim.

(O inverso também pode ser verdadeiro: um meme pode morrer de forma natural ou porque alguém criou uma certa estratégia para isso. Mas, para morrer de morte natural, ele precisa estar muito fraquinho). Foi pensando exatamente nisso, usando uma estratégia de Engenharia Memética, que nasceu o bar Please Don't Tell Me, em

CAPÍTULO 6: NEUROLIDERANÇA E MEMES: O QUE UMA COISA TEM A VER COM A OUTRA

Nova Iorque, EUA. Como fazer um bar diferente numa cidade cheia de bares diferentes? Tudo no Please Don't Tell Me sugere que você faz parte de um segredo. Não tem placa na rua, nunca verá um anúncio em algum lugar. E a única entrada para o bar é através de uma cabine telefônica meio escondida dentro de uma lanchonete de cachorro-quente. Ao chegar na cabine você disca um número e entra por uma porta secreta que se abre por ali.

Desde 2007, o bar tem uma das reservas mais procuradas de Nova Iorque. Só faz agendamento para o mesmo dia, e a linha para as reservas abre às 15 horas em ponto. Os lugares são ocupados pela ordem de chegada. As pessoas pressionam a tecla de rediscagem sem parar, na esperança de conseguirem completar a ligação para fazer a reserva. Em menos de meia hora não há mais reservas disponíveis. O Please Don't Tell Me não força o mercado, não tem um site maravilhoso, não tem uma carta de vinhos fantástica nem um chef de cozinha famoso. Depois que você paga sua conta o garçom lhe entrega um pequeno cartão de visita todo preto no qual está escrito somente Please Don't Tell Me, em letras vermelhas, e um número de telefone. Eles apenas souberam como usar a Engenharia Memética em favor deles. O líder pode fazer exatamente a mesma coisa.

MEMÉTICA E LIDERANÇA

Mas, se o marketing tradicional já perdeu para a Memética, o que você acha que a liderança tradicional e a Memética poderiam fazer se unissem suas forças? Isso tudo depende da responsabilidade do indivíduo que estiver à frente, no comando, na engenharia de todo o processo. Pode ser perigoso? Sim. Pode ser uma solução para as dores tóxicas? Sim, desde que tenhamos discernimento entre o bom e o mau, o certo e o errado, e entendamos bem o que significa cada uma dessas coisas, para que saibamos o melhor momento para aplicar cada uma delas com maior assertividade.

Os engenheiros meméticos são verdadeiros manipuladores de toxinas, administradores de dores emocionais, e precisam ser rápidos o bastante para neutralizar as consequências de memes perigosos dentro das organizações, bem como seus efeitos devastadores para as pessoas que ali estão, a fim de que isso não entre no código genético das empresas.

Portanto, nossos cérebros são máquinas de reprodução de ideias. Os genes estão para os corpos assim como os memes estão para os cérebros humanos. Os genes se encontram em uma molécula química, o DNA. Os memes, as ideias, não se encontram em molécula biológica nenhuma, uma vez que não existem moléculas culturais. A replicação do DNA tende a excluir os erros de cópia que porventura ocorram durante o processo de replicação da informação genética. Já as ideias tendem a ser, ao contrário, pouco resistentes a quaisquer acréscimos.

63

O médico Stephen Ross discute a hipótese de que algumas, ou muitas doenças, possam ser causadas por ideias, que os memes possam estar em cena no caso de certas manifestações mal-adaptativas. Por exemplo, ele argumenta que certas desordens alimentares podem ser contagiosas não por serem mediadas por qualquer toxina clássica ou micro-organismo, mas, como no caso da bulimia ou anorexia nervosa, por serem transmitidas pela informação de que outras pessoas, dentro das empresas todos os dias, são afetadas por essas doenças.

Fibromialgias, síndromes de fadiga crônica, síndrome de intestino irritável e alcoolismo, assim como doenças psicogênicas de massa ou histeria epidêmica, podem ser interpretadas em certos casos como memes psicossomáticos. Nesse contexto, os memes são analisados como agentes infecciosos que, como patógenos clássicos, possuem fatores de virulência, afetando hospedeiros particularmente vulneráveis.

Foi exatamente o que aconteceu com Aline, uma vendedora negra de 36 anos, que sofreu tanto com o preconceito e racismo de sua nova líder que, depois de quase 13 anos de empresa, desenvolveu Síndrome do Pânico. Um dia, na rua, a caminho de uma visita a um cliente, travou. Precisou ligar para o pai ir buscá-la. Sentia dores terríveis no corpo inteiro. Cada vez que isso acontecia, ela recebia falta e era descontado seu dia de trabalho.

Qualquer meme que faz uma pessoa se sentir notável, especial ou importante, ocupa uma posição vantajosa na evolução memética. Em contrapartida, memes associados ao perigo são aqueles aos quais ficamos mais atentos. Ao longo do desenvolvimento das tradições orais, nosso cérebro foi programado para intensificar os perigos e atribuir-lhes importância crucial. E líderes tóxicos conhecem bem os poderes de seus memes e fazem bom uso deles para manipular seus liderados. São os Engenheiros Meméticos do mal, inconsequentes, e que, na maioria das vezes, constroem exomemes tóxicos estrategicamente e de forma consciente.

Quando morremos, há duas coisas que podemos deixar para trás: nossos memes e nossos genes. Com a passagem de cada geração, a contribuição de seus genes fica dividida pela metade. E a despeito dos genes serem imortais, a coleção de genes que constitui cada um de nós irá desintegrar-se com o tempo. Porém, se você tiver uma boa ideia, inventar algo totalmente novo ou diferente, como fez Copérnico, Sócrates, entre outros, seus memes sobrevirão a seus genes assustadoramente. Portanto, deixe um legado, faça algo que ninguém tenha feito ainda. Ou simplesmente use a Memética de uma forma positiva para motivar suas equipes ou pessoas individualmente. Crie um jeito novo de fazer liderança no mundo. É esse o nosso papel. Mudar a vida das pessoas. E por que não garantir a sobrevivência de nossos memes também?

7

LIDERANÇA: UMA QUESTÃO DE GENÉTICA?

"O que se vê depende do que acontece no cérebro."

BERTRAND RUSSELL

Nosso DNA mora dentro do corpo e faz parte de nossa vida. Dentro das empresas também. É por isso que fazemos a analogia de que as empresas têm seu próprio DNA. Estamos falando de código genético, e qualquer semelhança não é mera coincidência. Imagine que corporação vem de corpo, e que corpo vem de ser humano. As empresas, assim como nós, são como organismos vivos, que precisam de saúde para ter longevidade.

A neurociência associada à gestão empresarial tem condições de explicar, através de estudos genéticos, como as pessoas atuam em relação a seu comportamento emocional e motivacional e busca reconhecer padrões e fazer previsões sobre as pessoas e grupos que compõem as sociedades e populações.

O DNA não se concentra em uma parte específica do corpo, ele é distribuído entre as células. E no corpo humano existem bilhões delas, cada uma trazendo uma cópia completa do DNA daquele corpo. Ele contém o material genético de um ser vivo, e é formado, basicamente, por quatro bases químicas, açúcares e fosfato. As bases – Adenina (A), Guanina (G), Citosina (C) e Timina (T) – formam pares entre si (A com T e C com G) e, junto com moléculas de açúcar e fosfato, se organizam na forma de dupla hélice, como se fosse uma escada retorcida, e como se cada "degrau" formasse um par, e os "suportes laterais" fossem formados pelos açúcares e pelo fosfato. Estima-se que o DNA humano contenha cerca de 3 bilhões de bases.

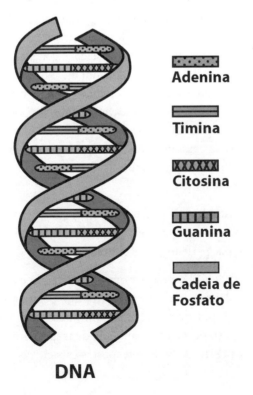

DNA

Um gene é definido pelos cientistas como qualquer porção do material cromossômico que dura potencialmente por um número suficiente de gerações para servir como unidade da seleção natural. Cada gene é formado por um par de cromossomos. Os seres humanos possuem 23 pares de cromossomos, e compartilham cerca de 99% de genes (não se engane de achar que todos os seres vivos têm 23 pares de cromossomos, porque isso não é verdade. O macaco tem 24 pares e o cavalo tem 32). Portanto, os genes são replicadores biológicos com alta fidelidade de cópia, que possuem o código químico pelo qual a vida se reproduz por muitos bilhões de anos.

Feitos de DNA, os genes contêm "instruções" para que suas células possam produzir certas proteínas. De acordo com estimativas do Projeto Genoma, seres humanos têm entre 20 mil e 25 mil genes. Mesmo aquelas pessoas muito diferentes entre si apresentam um código genético quase idêntico, e uma variação em menos de 1% dos genes é suficiente para explicar as diferentes características entre elas.

SNP – MAS O QUE É ISSO?

Polimorfismo de nucleotídeo único ou polimorfismo de nucleotídeo simples (em inglês Single Nucleotide Polymorphism - SNP) é uma variação na sequência de DNA que afeta somente uma base: ou Adenina (A), Timina (T), Citosina (C) ou Guanina (G) na sequência do genoma. Essas variações devem ocorrer em no mínimo 1% de uma determinada população para ser considerada como um SNP. Se, por outro lado, a frequência de uma variação for inferior a 1%, a mesma será considerada simplesmente uma mutação genética. Cerca de 90% das variações genéticas dos seres humanos vêm dos SNPs, e é por esse motivo que o ser humano é único. Existem mais de dez milhões de SNPs identificados até hoje. Acredita-se que o estudo aprofundado de mapas de SNPs poderá ajudar na identificação de vários genes associados a doenças complexas, tais como câncer, diabetes, doenças vasculares e algumas formas de doenças mentais. Essas associações são difíceis de determinar com métodos convencionais porque um único gene modificado pode trazer apenas uma pequena contribuição para a doença.

Os SNPs também são objetos de estudo em pesquisas para o desenvolvimento de drogas, para descoberta e mapeamento de genes, diagnóstico ou perfil de risco e até para encontrar o par perfeito, por exemplo.

Algo interessante de ser observado é que o genoma de cada indivíduo contém distintos padrões de SNPs, portanto, é possível que pessoas sejam agrupadas de acordo com tal perfil. E por que haveria algum interesse em agrupá-las? Porque perfis de SNPs são importantes na identificação de respostas a terapias. Existe uma correlação entre certos perfis de SNPs e respostas específicas a tratamentos.

Tudo isso nos leva a concluir que os genes são os imortais, definidos como entidades genéticas que chegam perto de merecer esse título. Nós, as máquinas de sobrevivência individuais no mundo, podemos esperar viver mais algumas décadas. Os genes no mundo, porém, têm uma expectativa de vida que deve ser medida em milhares e milhões de anos.

Gosto muito da analogia que Richard Dawkins, biólogo evolucionista britânico, faz em seu polêmico livro "O Gene Egoísta", quando fala que nós, indivíduos, somos passageiros. Para ele, os cromossomos também caem no esquecimento, como as cartas de um jogador logo depois de serem jogadas sobre a mesa. Entretanto, as cartas sobrevivem ao baralhamento. "Elas são os genes. Eles não são destruídos pela recombinação, simplesmente trocam de parceiros e continuam em frente; eles são os replicadores e nós suas máquinas de sobrevivência". Somos "hospedeiros", enquanto os genes são para sempre.

Ele explica que quando um indivíduo busca a todo preço proteger sua prole, no fundo o que está fazendo é defender as cópias de seus genes que estão representadas na própria pele. "O egoísmo no nível dos genes não pode ser extrapolado, como uma explicação para o egoísmo psicológico do ser humano".

Para os estudiosos, nenhum biólogo sério considera que os genes determinam o comportamento total, mas que o comportamento possui um componente genético fundamental. A interação entre natureza e cultura, entre gene e meio ambiente, é cada vez mais entendida como um processo em que nenhuma das partes determina e complementa o outro ou o todo, mas no qual a relação é de implicação múltipla no curso do tempo. A psicologia evolutiva desafia alguns importantes dogmas sociais e culturais por equacionar genes e comportamentos.

SNP DE LIDERANÇA

Uma pesquisa feita em 2012 por cientistas da University College London trouxe, pela primeira vez, uma referência ao cromossomo 8, em específico ao SNP rs4950 com o genótipo AA (Adenina e Adenina) que teria uma orientação para exercer a liderança. Mas como vamos saber quem tem essa feliz combinação de SNP?

Segundo a revista *Leadership Quaterly*, o gene, identificado como "rs4950", seria o responsável por determinar, em parte, se alguém será um bom líder ou não, de acordo com a pesquisa. Para encontrar a sequência genética foram analisadas amostras de DNA de cerca de 4 mil pessoas, que posteriormente foram comparadas com informações sobre o trabalho e as relações sociais dos indivíduos.

Os resultados demonstraram que 1/4 dos traços comportamentais típicos da liderança podem ser explicados pela genética. "A ideia convencional de que a liderança é uma habilidade que se aprende continua sendo em grande parte verdade, mas demonstramos que também influem as características genéticas", afirmou o cientista Jan Emmanuel De Neve, que liderou o estudo.

Ainda não se sabe, no entanto, como ocorre a interação desse gene com fatores externos, como o entorno no qual uma criança cresce. "Apesar de a liderança ser um talento que precisa ser desenvolvido, a genética pode jogar um papel relevante em prever que pessoa terá mais possibilidades de ser um líder", enfatizou o pesquisador.

A pesquisa apontou também que o SNP rs4950 possui variações nas combinações de seus alelos, o que altera a relação no perfil dos líderes. Em comparação com a média dos alelos presentes no gene rs4950, com mais um alelo A as chances de estar em um cargo de liderança aumentam em cerca de 50%.

A pesquisa mostrou ainda que em indivíduos com dois alelos A (Adenina-Adenina) as chances são de 40%, e quando esses dois alelos são ambos G (Guanina-Guanina) as chances são de apenas 30%. Esses indivíduos muito provavelmente nasceram para ser liderados. Muitas vezes não entendemos por que apenas algumas pessoas não desenvolvem suas lideranças de jeito nenhum, ou sequer têm vontade de assumir cargos de liderança. Algumas vezes a culpa pode sim ser da genética.

Todavia, e aqueles que apresentam os alelos A e G (Adenina-Guanina) no rs4950? Bem, eles representam cerca de 1/3 da população mundial. Tal grupo não apresenta diferenças significativas entre posições de liderança ou de liderados. Ou seja, são mornos, mas ainda podemos classificá-los como potenciais líderes caso o ambiente ajude e eles tenham força de vontade para se desenvolverem.

É claro que aqui fica evidente que a melhor combinação é a Adenina-Adenina. Os indivíduos que apresentarem essa condição genética muito provavelmente terão uma dominância natural sobre os outros. É claro que fatores como a personalidade do indivíduo, bem como o ambiente, vão influenciar e muito o desenvolvimento da liderança dessas pessoas. Portanto, isso não quer dizer que aqueles que não têm o SNP com a combinação AA não podem ser líderes. Significa que o indivíduo que tem o SNP rs4950 com AA e quer ser líder, digamos assim... é a pessoa certa no lugar certo. Já pensou se um dia isso fizer parte de um exame de seleção de candidatos para cargos de liderança?

NEUROLIDERANÇA APLICADA À GESTÃO

O pesquisador Daniel Piardi, Mestre em Neuromarketing pela Florida Christian University, e alguém que tenho orgulho de chamar de colega querido de classe, fez uma pesquisa revolucionária no Brasil, e foi o primeiro brasileiro a impressionar os norte-americanos com esse estudo, uma vez que eles nunca tinham visto algo similar já realizado em Neuroliderança aplicada à gestão.

Em sua pesquisa, Piardi explicou que a base científica do estudo da Neurociência aplicada à gestão é o mapeamento genético, em que encontramos no DNA as informações que compõem sua base química através da Adenina, Guanina, Citosina e Timina, e conforme a sequência desses componentes em determinados genes, podemos identificar diferentes formas de comportamentos nas pessoas. Ele ressaltou que outro fator que exerce influência no comportamento das pessoas é o ambiente e a cultura em que estão inseridas. "A relação existente entre o ambiente e as características genéticas nos permite realizar a análise do desenvolvimento de uma região e qual comportamento predomina na população de uma determinada região".

Com o objetivo de identificar a relação entre o perfil dos líderes, liderados e empreendedores, e as composições genéticas desses grupos, e identificar a relevância desses fatores para o desenvolvimento socioeconômico de uma sociedade, Daniel Piardi realizou um estudo piloto avaliando a composição genética dos grupos analisados, localizados na região da serra gaúcha brasileira, no estado do Rio Grande do Sul. Essa região, colonizada por imigrantes italianos e alemães, se tornou o segundo maior polo metalmecânico do Brasil e possui a presença de muitas empresas que se tornaram líderes nacionais e internacionais.

A grande questão era descobrir se a influência genética ou se o atributo da liderança é aprendido e desenvolvido, dado o posicionamento de determinado indivíduo como líder em uma organização.

O que imediatamente leva a uma reflexão: há empreendedores e líderes natos? E se há, qual a diferença entre um indivíduo líder, ou empreendedor, e um indivíduo liderado? Piardi salienta que já existia uma pesquisa anterior, realizada pelo pesquisador Jean Emmanuel de Neve pela UCL (University College Londres) com britânicos e americanos, que mapearam o gene responsável pela liderança (CHRNB3) e o marcador genético (SNP rs4950), e descobriram que pessoas com dupla Adenina no marcador genético possuem maior probabilidade de serem líderes (algo que citei anteriormente). "Com base nela, e ao analisar uma região com alto índice de empreendedores, identifiquei na pesquisa se a informação do gene da liderança tem relação com o fato de ser uma região empreendedora. Observei se os motivos de desenvolvimento têm relação com a genética dos líderes empresariais, ou com a Memética, ou mesmo com ambos".

Tal complexidade provém de fatores intrínsecos e extrínsecos, inatos e adquiridos, com participação da hereditariedade e do ambiente, tanto no que se refere a questões genéticas, memes, quanto nas decisões que encontram base no conjunto de conhecimentos e experiências adquiridas durante a vida.

Então, cabe a grande pergunta: qual a diferença genética entre empreendedores e não empreendedores tendo por base o SNP rs4950, e se a influência memética, pura ou conjunta com a genética, é fator determinante do comportamento humano e consequentemente contribui para o desenvolvimento socioeconômico de uma sociedade?

Antes do veredito, o pesquisador faz mais uma observação, destacando que também foram considerados os Índices de Desenvolvimento Humano (IDH) do Brasil, do Rio Grande do Sul e da Serra Gaúcha, e comparados com os índices das dez nações com maior IDH e também com o índice dos países de onde vieram os primeiros imigrantes, a fim de saber se estão relacionados aos dados pesquisados.

"Como a neurociência aplicada à gestão é uma área de estudo nova, que, entre outras coisas, estabelece que todas as decisões são tomadas em nível subconsciente, é importante entender o inconsciente das pessoas, suas emoções e experiências. A pesquisa foi pioneira no mundo nesse segmento de cruzar dados genéticos e culturais, tratando-se de um estudo piloto que comparou profissionais da região analisada, que atuam em organizações dos setores público e privado, com empreendedores", explicou o pesquisador.

Com base em diagnósticos, a conclusão do estudo mostrou que os líderes empresariais nem sempre carregam o gene da liderança, o que amplia o conceito até então adotado a partir dos estudos realizados na Inglaterra. De acordo com a pesquisa, o ambiente externo, e não apenas a herança genética, pode ser determinante na hora de galgar um posto de liderança ou de dar o pontapé inicial para o empreendedorismo. Dessa forma, a Genética tem relevância, porém a Memética é determinante.

EPIGENÉTICA

FILHO DE PEIXE, PEIXINHO É?

O debate já é antigo. Desde a década de 1940 a Epigenética é discutida e o debate é acalorado. A ideia é a de que o ambiente pode alterar a herança celular. Ou seja, Epigenética seria algo como uma herança não genética.

CAPÍTULO 7: LIDERANÇA: UMA QUESTÃO DE GENÉTICA?

A herança Epigenética explica muitos padrões de herança até agora inexplicáveis ou pouco entendidos, e, por isso, conceitos como expressividade, penetrância e norma de reação poderão ser totalmente reformulados em futuro próximo. Seria aquela velha ideia de que o ambiente pode alterar nossa herança celular. Mas será mesmo que uma mãe magra, que veio de uma família inteira de magros, casou-se com um homem magro porém desenvolveu o hábito do fast-food e ficou obesa de repente, pode vir a ter filhos obesos?

Por trás desse conceito pode estar a chave para descobrir a influência do ambiente e da nossa rotina na carga genética que passamos para frente. Na verdade, não é nem um nem outro que determina o comportamento. É a força de um sobre o outro que compõe as nossas ações. Um exemplo do poder da Epigenética é a epidemia de obesidade das crianças norte-americanas.

Em uma reportagem sobre o tema publicada na Revista *Galileu*, revelou-se que os péssimos hábitos alimentares dos americanos, famosos pelo elevado consumo de fast-food, são um problema. Contudo, estudos apontam que talvez o problema não seja apenas nutricional, mas também ligado à Epigenética. Acredita-se que os hábitos alimentares das gestantes, especialmente durante o primeiro trimestre gestacional, podem impactar significativamente no metabolismo do filho. Isso resulta da ligação de alguns compostos a determinados genes, impedindo sua expressão. Estudos apontam que alguns compostos ligados ao tabaco e a alimentos apresentam a capacidade de impossibilitar a expressão de genes.

Veja que interessante. Em 1992, quando a psiquiatra e professora da Escola de Medicina de Monte Sinai Rachel Yehuda abriu em Nova York uma clínica para o tratamento de sobreviventes do holocausto nazista, nem pensava em Epigenética. Em pouco tempo ela percebeu que muitos dos filhos das vítimas, nascidos anos depois do fim da II Grande Guerra, também apresentavam sintomas de estresse acima do comum, mesmo que suas vidas tivessem pouco dos horrores vividos por seus pais.

"No primeiro momento fiquei convencida de que crescer ouvindo as histórias dos pais havia sido a causa dessa anomalia", diz Rachel no documentário *The Ghost in Your Genes* (O fantasma nos seus genes), lançado pela BBC em 2006. Porém, as pesquisas de Jonathan Seckl, professor de medicina molecular da Universidade de Edimburgo, na Escócia, jogaram luz sobre outra hipótese.

Ele realizou experimentos com ratos. Os testes mostraram que fêmeas grávidas expostas a hormônios reguladores do estresse geravam filhotes com respostas alteradas a estímulos violentos. Na prática, filhotes de mães estressadas eram mais ansiosos. Para comprovar que a raiz desses efeitos estava nos genes e não na exposição dos ratinhos no útero da fêmea, Seckl prosseguiu seu trabalho com os filhos desses roedores que não foram submetidos diretamente aos hormônios.

O resultado foi a mesma resposta alterada. Os "netos" também apresentavam sinais de estresse. Para o pesquisador, a única explicação plausível é a de que os hormônios mexeram com o "interruptor" de alguns genes e que esse padrão foi transmitido pelo menos até a terceira geração de ratos.

Rachel Yehuda e Jonathan Seckl uniram-se, então, após os ataques terroristas de 11 de setembro de 2001 para estudar as consequências do evento traumático nos filhos de mulheres que estavam grávidas na época. A dupla descobriu um traço intrigante. As crianças apresentam um nível de cortisol (hormônio do estresse) no sangue mais alto do que a média da população. Daqui a alguns anos eles pretendem examinar os filhos dessas crianças e avaliar se o mesmo ocorrerá.

Cientistas já notaram que crianças nascidas de mulheres que presenciaram o 11 de Setembro demonstram mais chance de desenvolver estresse. E que filhos de fumantes têm maior probabilidade de apresentar obesidade. E filhos adotivos? Será que podem repassar para sua prole algumas características comportamentais da família com quem foram criados? O fato é que ainda não temos essas respostas com a clareza que gostaríamos de ter.

Tudo o que sabemos é que na prática isso pode significar que ficar muito tempo perto de alguma pessoa, ou conviver com ela durante muitos anos, pode causar algum tipo de Epigenética sim, querendo você ou não. Pode ser mais forte que seu corpo. Já ouviu falar que você é muito parecido com seu melhor amigo, ou com alguém que, fisicamente, nada tem a ver com você? Ou ainda, já se prometeu que nunca faria determinada coisa que alguém muito próximo a você vive fazendo? Cuidado!

O melhor conselho que alguém pode oferecer nesse caso é: se não quer se parecer com alguém cujas atitudes você reprova, fique longe dessa pessoa. Isso significa que aquela "desculpazinha" de que vou ficar perto para aprender "o que não fazer" nunca vai surtir efeito. Aliás, pode ser muito mais perigoso do que você imagina...

Capítulo 7: Liderança: Uma Questão de Genética?

 CURIOSIDADE

23ANDME

Já existe, nos Estados Unidos, com sede em Mountain View, uma empresa privada de genômica pessoal e biotecnologia chamada 23andme (www.23andme.com - conteúdo em inglês) que fornece testes genéticos para pessoas físicas comuns com rapidez e sem burocracia. Seu kit rápido para teste de genoma foi aclamado como "invenção do ano" pela revista Time em 2008.

Essa companhia foi fundada por Linda Avey, Paul Cusenza e Anne Wojcicki após reconhecerem a necessidade de uma maneira de organizar e estudar dados genéticos, a possibilidade de consumidores individuais usarem a informação e a necessidade de especialistas para interpretar os resultados.

O processo é muito simples e nada invasivo: você compra o kit de coleta de amostra de sua saliva pela internet. Recebe esse kit em seu endereço, coleta a saliva cuspindo num potinho enviado e preparado para isso (você precisa apenas ficar cerca de 30 minutos sem escovar os dentes, comer ou beber qualquer coisa), fecha e envia novamente para o laboratório. A remessa já está paga por eles.

Assim que o laboratório recebe seu kit, usa o código do kit para fazer seu cadastro (para evitar qualquer tipo de troca) no site. Entre seis e oito semanas depois você recebe um e-mail avisando que seu código genético foi aberto com sucesso e que todos os relatórios a seu respeito estão disponíveis (aponta propensão para desenvolver mais de 240 doenças, reação a drogas, vulnerabilidades, condições hereditárias, ancestralidade, entre outras muitas descobertas).

Sergey Brin, cofundador do Google, é casado com Anne Wojcicki, cofundadora da 23andMe. Em 2007 a empresa recebeu investimento de US$ 3,9 milhões do Google junto a Genentech, New Enterprise Associates e Mohr Davidow Ventures. Em 2012 mais US$50 milhões em capital de risco foram aplicados na empresa, o que possibilitou reduzir o preço de seu produto, inicialmente vendido por U$ 999, depois por US$ 299 e finalmente por US$ 199[1], com o objetivo de aumentar sua base de consumidores de 180 mil para um milhão.

Além do mercado norte-americano, a empresa atende ainda países como Dinamarca, Finlândia, Holanda, Suécia, Alemanha, França, Irlanda, entre outros. Infelizmente ainda não há previsão de chegada ao Brasil.

---

[1] Valor para produto adquirido nos Estados Unidos. Em outros países o valor é de US$ 99. Preço pesquisado ao término deste livro.

8

O HÁBITO DA EXCELÊNCIA

"A principal função do corpo é levar o cérebro para passear."

THOMAS EDISON

Aos 18 anos Mariana começou a trabalhar como professora de Inglês em uma pequena escola de bairro, no Rio de Janeiro. Não demorou muito para que sua performance em sala de aula fosse reconhecida pelos alunos e gerasse ciúmes nos colegas de escola, que a consideravam novata, inexperiente, sem didática, entre outros atributos faltantes. Era uma das professoras com melhor carga horária da escola, e esse dinheirinho, comparável a uma mesada de um jovem bem-nascido, era um extra que lhe proporcionava alguma independência financeira, embora ainda morasse na casa dos pais.

Ela era feliz. Uma jovem menina, linda, esbelta, cheia de sonhos, que se arrumava para ir trabalhar e amava o que fazia. Isso durou cerca de três anos. Até o dia em que ela pediu uma folga antecipada para fazer uma viagem de fim de semana. Na volta, tudo estava diferente. Para sua surpresa, perdera 80% de suas turmas, sob alegação de que "se tinha condições financeiras para viajar, não precisava de tantas turmas". Seu chefe era autoritário e não mediu as palavras para acusá-la, na frente dos pais dos alunos na saída da escola, de roubo de um controle remoto de um DVD. Ele fez a moça abrir a bolsa e revistou todos seus pertences antes de liberá-la para ir embora. Foi uma situação constrangedora e traumática.

Foram cinco anos de humilhações. Hoje, Mariana, aos 24 anos, recebe o equivalente a U$ 40 por mês para continuar lecionando na mesma escola. Tem fibromialgia e baixa autoestima. Não usa nem batom. Emagreceu sete quilos. Tem depressão. Toma dez comprimidos todas as noites: três são para dormir. "A depressão me desgastou de tal maneira que eu simplesmente perdi o gosto pela vida, estou apenas 'existindo', não vivendo. Me sinto sobrecarregada, parece que vivi uns 80 anos e só tenho 24. Perdi minha alegria, perdi tudo. Mas estou firme e de pé graças à minha fé em Deus e o pouco de alegria que me restou é minha coelhinha Brienne, que me arranca umas risadas quando vem brincar comigo. Mas eu não sou mais a mesma. Nem vou voltar a ser."

Talvez você se pergunte: mas o que ela continua fazendo lá, ainda? Apesar de todos os fatos e o tsunami que passou, Mariana continua na mesma escola enquanto procura outro trabalho. E continua sendo a melhor professora, apesar de todos os fatores externos desmotivadores. A performance dela em momento algum ficou abalada. "Eu sei separar muito bem as coisas. Continuei sendo uma boa professora como sempre. Fui ensinando e tendo a mesma paciência. Eu aprendi na faculdade de Psicologia que às vezes nós temos que representar papéis. Quando eu entro em sala de aula, de alguma forma dou um jeito de esconder a depressão, que graças a Deus não influencia na minha produtividade", desabafa.

LIDERANÇA TÓXICA

Apesar de Mariana ter todos os motivos do mundo para se desmotivar e começar a produzir mal em função do ambiente, ela continuou mantendo a excelência na execução das tarefas. Por incrível que pareça, histórias como a dela são mais comuns do que se imagina. Talvez você esteja pensando que muitas pessoas acabam dando o melhor de si para se "afundar" no trabalho, para provar ao chefe o quanto ele está errado, ou ainda como uma maneira compensatória de se esquecer do resto do mundo, mas não é bem isso o que acontece. Pessoas como ela, que não se deixam abalar pelos fatores externos, são pessoas cuja motivação intrínseca é muito maior que a motivação extrínseca. São aquelas que já transformaram a excelência em hábito. Mas isso existe? Sim.

INSATISFAÇÃO POSITIVA

Você já parou para analisar como algumas pessoas, mesmo produzindo mal, por motivos diversos, ainda assim estão acima da média? Malcolm Gladwell, autor de livros consagrados como "Blink – A Decisão num Piscar de Olhos" e "Ponto de Virada" é defensor da regra das 10 mil horas de dedicação que constroem uma carreira bem-sucedida, ou 98% de transpiração e o restante de inspiração, sabendo usar a seu favor as desvantagens e fraquezas de seu legado histórico e como aproveitar as oportunidades.

Uma das coisas que chamou minha atenção em seu livro "Fora de Série" é quando ele fala das desvantagens que são vantagens, e cita como exemplo uma quantidade extraordinária de empreendedores que têm dislexia, explicando que em alguns casos uma desvantagem pode tornar-se uma vantagem porque você busca compensá-la, por exemplo, desenvolvendo incríveis habilidades de comunicação verbal, aprendendo como delegar ou ser um bom líder.

Na obra ele contou sobre o fundador do Virgin Group, Richard Branson, que alegou que a razão de ser quem é deve-se a sua dislexia. 80% dos empreendedores disléxicos foram capitães de equipes esportivas na faculdade, enquanto apenas 27% dos empreendedores não disléxicos tiveram essa posição. Gladwell justifica que desde o começo da vida eles foram forçados a negociar. No livro, Gladwell descreve ainda um estudo famoso, dos anos 1920, no qual o pesquisador Lewis Terman avaliou 250 mil crianças do ensino fundamental da Califórnia e descobriu que 1.500 delas tinham QI de gênio. Pensando ter encontrado os líderes intelectuais do futuro, ele as acompanhou por toda a vida. Para sua decepção, constatou, 40 anos depois, que não havia localizado nenhum líder intelectual.

Mas o interessante revelado pelo autor é que há um princípio nas pesquisas especializadas segundo o qual para ser bom em algo que seja complexo cognitivamente você tem de investir cerca de 10 mil horas praticando. Gladwell explica que,

80

Capítulo 8: O Hábito da Excelência

de certa forma, isso é senso comum: você precisa trabalhar duro para ser bom em alguma coisa. Mas o que há de interessante é o número: 10 mil horas equivalem a dez anos de trabalho em algo durante quatro horas por dia. Isso sem imaginar que você tem talento para aquilo. Se tiver talento, imagine que você não se tornará bom depois deste tempo, você será excelente, e aí conseguirá um grande diferencial no mercado, o que na realidade poucos fazem.

E isso acontece por diversos motivos: ou porque não há líderes que consigam descobrir seus talentos, ou porque são indisciplinados para tanto, ou porque a autoestima não ajuda, falta de persistência, ambiente desfavorável, falta de apoio familiar, maximização de pontos fracos, punição exacerbada, desmotivação, entre outros. O papel do líder nesse processo é fundamental. Deixar passar um talento, ou "sufocar" um talento pode ser tão tóxico e destrutivo para o espírito quanto o assédio moral, uma vez que o nível de frustração do indivíduo pode ser capaz de levá-lo à depressão.

Gladwell diz ainda que é preciso haver, também, certo nível de renda familiar. Como essa condição é muito difícil, poucas pessoas usufruem dela. Um exemplo de alguém que alcança essas 10 mil horas é um médico especialista, mas como ele consegue? Com os terríveis, mas necessários, períodos de residência. Para ele, "é o número de pessoas que desejam acordar às 5 horas da manhã e trabalhar até as 20 horas. Porque para conseguir as quatro horas do que se chama 'prática deliberada', seria preciso trabalhar 12 horas todo dia. Você ainda tem de cuidar de todas as outras atividades que são necessárias para conseguir aquelas quatro horas de esforço brilhante. Uma vez que se percebe quão limitante é esse fator, acaba-se entendendo que o trabalho realmente criativo é o resultado ordinário de uma quantidade extraordinária de esforços depositados em algo", justifica.

Ou seja, é preciso estar disposto a fazer, refazer, inventar e reinventar. Sempre. Isto é o que Gladwell chama de "insatisfação positiva" com aquilo que se aprende. "Você tem de constantemente voltar e rasgar o que aprendeu e tentar reconstruí-lo de um modo mais interessante". Ele cita o exemplo de Tiger Woods, que depois de ter atingido a maior pontuação da história do golfe, mudou completamente sua tacada. Ele essencialmente começou tudo de novo e as pessoas ficaram chocadas. "É esse tipo maravilhoso de insatisfação útil que empurra os fora de série para frente". Mas nem todas as pessoas estão dispostas a pagar esse preço. Apenas aquelas que têm um nível de motivação intrínseca maior que a de motivação extrínseca, quando a motivação interior é maior do que a motivação que vem de fora.

Em geral as pessoas automotivadas só precisam estar no lugar certo para que as coisas funcionem, e você, como líder, seja eficaz. Para não ser tóxico, basta que você

81

descubra como não as desmotivar, o próprio trabalho agirá como grande motivador. A questão é que na maior parte das vezes as pessoas não estão nos lugares certos. E então, sabe o que acontece? Ficamos quebrando a cabeça o tempo todo com ações motivacionais de fora para dentro para tentar descobrir o que fazer para que elas saiam de suas zonas de conforto, usando mecanismos de recompensa e punição. Você tem pessoas criativas em tarefas criativas e pessoas metódicas em tarefas repetitivas? As pessoas certas nos lugares certos. Isso vai fazer toda a diferença.

TAREFAS CHATAS	Recompensa extrínseca	Salário como motivador
TAREFAS DESAFIADORAS	Recompensa intrínseca	Autonomia, propósito e excelência

Poucas vezes nos preocupamos em responder à pergunta: será que cada membro da equipe tem um desafio à altura de suas competências? Desafios importantes geram maior produtividade e aumentam o desempenho. O índice de engajamento de cada pessoa será proporcional à competência que ela tem para desenvolver determinado desafio.

DESAFIO MUITO MAIOR QUE A CAPACIDADE	Gera ansiedade
DESAFIO MUITO MENOR QUE A COMPETÊNCIA	Desestimula

CAPÍTULO 8: O HÁBITO DA EXCELÊNCIA

1. Desafio alto + competência alta = Excelência

2. Desafio alto + competência baixa = Ansiedade

3. Desafio baixo + competência baixa = Mediocridade

4. Desafio Baixo + competência alta = Desestímulo

É simples. E serve para que possamos entender que a origem da toxicidade pode estar justamente aqui, quando não medimos a relação do desafio/competência de cada um. É aqui que entra a força dos hábitos angulares, que podem ser grandes aliados em todo esse processo.

Cada vez que você precisa pensar, seu cérebro rouba muita energia do corpo. O hábito surge para economizarmos energia, é uma forma do cérebro trabalhar menos pois ele já sabe o que precisa ser feito. É quase um movimento automático. Já está lá, gravado na memória e executado pelo seu reptiliano. Por isso é que temos uma tendência tão grande a desenvolvermos hábitos, principalmente aqueles que nos convêm.

HÁBITOS ANGULARES

Cada hábito tem uma deixa diferente e oferece uma recompensa única. Hábitos angulares dizem que o sucesso não depende de acertar cada mínimo detalhe, mas baseia-se em identificar poucas prioridades centrais e transformá-las em poderosas alavancas. É como você começar a fazer exercícios duas vezes por semana ou deixar de comer carne vermelha, por exemplo. Isso faz mudar outros padrões automaticamente em sua vida. É possível que compre roupas esportivas, que perca peso e que sua pele e cabelos agradeçam depois de algum tempo. Pura consequência.

Estudos documentaram que famílias que têm o hábito de jantar juntas parecem educar crianças com melhor aptidão para as lições de casa, melhores notas, maior controle emocional e mais confiança. Arrumar a cama toda manhã é correlacionado com produtividade melhor, maior sensação de bem-estar e maior aptidão de se manter dentro do orçamento. Isso não significa que jantar em família vá melhorar o boletim, ou arrumar a cama vá melhorar o orçamento. Porém, de alguma forma, essas mudanças iniciais incendeiam reações em cadeia que ajudam outros bons hábitos a se firmarem.

Os hábitos angulares proporcionam as pequenas vitórias. Pequenas vitórias são a aplicação constante de uma pequena vantagem. São a parte de como os hábitos angulares geram mudanças disseminadas. Elas alimentam mudanças transformadoras, elevando vantagens minúsculas a padrões que convencem as pessoas de que conquistas maiores estão dentro de seu alcance.

Dezenas de estudos mostram que a força de vontade é o hábito angular mais importante de todos para o sucesso individual. Força de vontade não é só uma habilidade. É um músculo, como os músculos dos braços e pernas. E ela fica cansada quando faz mais esforço, por isso sobra menos força para outras coisas.

Cultivar hábitos angulares pode gerar mudanças disseminadas. É o famoso 1% todo dia, sabe? Encontrá-los, todavia, não é uma tarefa tão simples. Mas vale a busca, uma vez que eles propiciam as pequenas vitórias, ajudando nossos outros hábitos a prosperarem, criando novas estruturas e estabelecendo culturas em que a mudança se torna algo contagioso ou contagiante. Faça isso por você. Faça isso por sua equipe. Você é quem vai decidir. Uma coisa, entretanto, é certa: o resultado acontece em efeito cascata.

PEQUENAS GRANDES COISAS

No livro "O Poder do Hábito", Charles Duhigg relata bem o quanto a sensibilidade de um líder interfere nos resultados de um liderado. E isso acontece para o bem ou para o mal.

O nadador norte-americano Michael Phelps, por exemplo, não foi um fenômeno da natação simplesmente por ganhar 28 medalhas olímpicas e outras 34 em mundiais, como nós imaginamos quando o assistimos numa competição pela televisão. Ele alcançou tudo isso por meio de sua capacidade de surpreender o mundo em performances inacreditáveis, superando recordes quase impossíveis e diminuindo em segundos marcas que ninguém conseguia melhorar.

Considerado um dos maiores atletas de todos os tempos, Phelps já quebrou 39 recordes mundiais e conquistou o maior número de medalhas de ouro olímpicas em uma única edição, feito realizado nos Jogos de Pequim, na China, em agosto de 2008, quando conquistou oito medalhas. Ao obter sua 19ª medalha olímpica nos Jogos de Londres, em 2012, tornou-se o atleta mais medalhado da história dos Jogos Olímpicos.

Mas essa é a história que todo mundo conhece. O que aconteceu até a primeira medalha, eu diria, é o que realmente importa. Aos sete anos de idade Phelps era um menino, ao que tudo indica, hiperativo. Deixava mãe e professores malucos, por isso foi para a natação. Bob Bowman, um treinador de natação local, vendo o tronco comprido, as pernas meio curtas e mãos grandes, percebeu que ele tinha as características ideais para ser um campeão.

CAPÍTULO 8: O HÁBITO DA EXCELÊNCIA

O que dificultava o trabalho do técnico era o fato de Phelps ser um garoto emotivo. Seu sistema límbico atrapalhava e ele tinha dificuldades de se acalmar antes das provas. O menino passou por situações de alto estresse, como separação dos pais, e muitos de nós, como líderes, muitas vezes perdemos um pouco a paciência com seres muito emotivos dentro do trabalho. Mas o fato é que o menino era talentoso. E esses dão o dobro de trabalho e tomam muito mais de nossa energia. Não desista deles!

Bowman comprou um livro de exercícios de relaxamento e pediu para que a mãe de Phelps lesse todas as noites para ele. A ideia era que ele tencionasse e relaxasse cada parte do corpo antes de dormir. O técnico realmente acreditava que o segredo para se formar um campeão era criar as rotinas certas. E ele sabia que o menino tinha uma capacidade para a obsessão na medida certa.

Ele, contudo, ainda queria mais, queria dar a Phelps algo que o distinguiria de outros competidores: hábitos que fizessem dele o nadador mentalmente mais forte da piscina. E isso não tinha nada a ver com controlar a vida pessoal do menino e sim com a criação de alguns hábitos que não estavam propriamente ligados à natação mas que tinham tudo a ver com criar a mentalidade correta para aquilo.

Bowman criou uma série de comportamentos para que Phelps usasse para se acalmar antes de cada prova, sabendo que isso faria toda a diferença dentro da piscina. Quando o garoto ainda era adolescente o treinador criou uma "fita de vídeo" que ele deveria assistir religiosamente todos os dias antes de dormir e quando acordasse. A fita era um exercício de projeção mental no qual Phelps se imaginava pulando dos blocos e nadando impecavelmente na piscina, detalhe a detalhe, sentindo inclusive sua respiração, até o momento da chegada. E ele fazia isso inúmeras vezes, nos mínimos detalhes, até que soubesse cada segundo de cor.

Durante os treinos o técnico apenas pedia para que Phelps nadasse em velocidade de competição e gritava: "Coloque a fita!". E funcionava, dadas as inúmeras vezes que ele tinha feito aquilo mecanicamente. Já tinha ido para o reptiliano, ele não precisava usar nem o sistema límbico e nem o córtex pré-frontal, o que resultava em uma economia imensa de energia, uma sobra que ele podia utilizar para nadar mais rápido e aniquilar os adversários. Cada vez que um atleta precisa pensar, ele suga energia de outra parte do corpo para mandar para o córtex pré-frontal. E se, por algum motivo, isso mexer com o emocional dele, passará antes pelo sistema límbico, e aí pode ser um desastre anunciado. Veja a importância do treino e, principalmente, de transformar tudo isso num hábito.

Uma vez estabelecidas as poucas rotinas centrais na vida de Phelps, todos os outros hábitos, entre eles dieta, sono, alongamento, se ajustaram por si próprios, como consequência. Hábitos angulares que se transformaram em pequenas vitórias.

Bowman, seu técnico, descobriu que era melhor se concentrar nesses pequenos momentos de sucesso e transformá-los em gatilhos mentais. "Fizemos deles uma rotina. Há uma série de coisas que fazemos antes de cada prova que são projetadas para dar ao Michael um senso de vitória crescente", declarou em uma entrevista.

"Se você perguntasse ao Michael o que está passando dentro da cabeça dele antes de cada prova, ele diria que na verdade não está pensando em nada. Só está seguindo o programa. Porém, não é bem assim. É mais como se seus hábitos estivessem assumindo o controle. Quando chega a hora da prova ele já passou a metade do plano e foi vitorioso em cada estágio. Todos os trechos aconteceram conforme planejado. As voltas do aquecimento foram exatamente como ele visualizou. Seus fones de ouvido estão tocando exatamente o que ele esperava. A prova de verdade é só mais um passo padrão que começou mais cedo naquele dia e não conteve nada além de vitórias. Vencer é uma extensão natural".

Não basta você preparar sua equipe apenas fisicamente para a execução das tarefas. A empresa tem toda uma biologia, assim como nossos corpos. É preciso alinhá-los para termos resultados efetivos, e preparar nossas equipes para situações adversas também. Deixe que o dia a dia flua automaticamente. Quanto menos eles dependerem de nós para tomarem boas decisões, mais tempo teremos para sermos líderes melhores. Não dê respostas, ensine-os a pensar. Transforme isso num hábito.

NADANDO NO ESCURO

Naquele 13 de agosto de 2008, quando Phelps acordou, seus hábitos angulares não mudaram apesar de ser um dia de duas provas olímpicas: ele tomou seu café normal e fez tudo o que tinha de fazer.

Começou com os alongamentos rotineiros quase três horas antes da primeira prova. Em seguida, entrou na piscina e fez sua série de aquecimento com exercícios de braçadas, pernadas e sprints que levou, como sempre, exatos 45 minutos.

Logo depois, saiu da piscina, colocou seus fones de ouvido e começou a ouvir as músicas que ouvia sempre antes de cada prova. E ali ficou, esperando.

Poucos minutos antes do início da prova Phelps estava de pé atrás do seu bloco de largada, esperando ser chamado, como sempre fazia, tudo dentro da normalidade.

CAPÍTULO 8: O HÁBITO DA EXCELÊNCIA

Quando o locutor chamou o seu nome, ele subiu no bloco, desceu, balançou o braço três vezes, como faz desde que tinha 12 anos, subiu no bloco de novo, assumiu sua postura e, ao ouvir o disparo, lá foi ele.

Mas algo que não estava no script aconteceu. Assim que caiu na água percebeu que algo estava errado. Havia umidade dentro de seus óculos e ele não sabia dizer se aquilo vinha de baixo ou de cima, ele só torcia mesmo era para não aumentar. Na segunda virada de piscina tudo começou a ficar embaçado. Na terceira virada e na volta final, os óculos estavam cheios d'água e ele já não enxergava mais nada: nem o fundo da piscina, nem o T preto assinalando a parede que se aproximava, nem quantas braçadas restavam. Para qualquer outro nadador, perder a visão numa final olímpica seria motivo de pânico, mas Phelps estava calmo. Tudo, naquele dia, aconteceu de acordo com o plano. A infiltração nos óculos era um desvio pequeno, mas para o qual ele estava preparado. Você deve estar se perguntando: como assim?

Por achar que ele deveria estar pronto para surpresas, Bowman já o tinha feito treinar em uma piscina no Michigan no escuro. E ele já tinha ensaiado mentalmente como reagiria a um defeito nos óculos também, olha só o que é neuroestratégia... Na última volta ele começou a estimar quantas braçadas a reta final exigiria e começou a contar; pelas contas dele seriam entre 19 e 21. Relaxou completamente enquanto nadava com força total (nesse caso, o sistema límbico dele estava relaxado, o reptiliano no automático sabendo o que tinha de fazer. O único esforço a mais que ele fez foi estimar a quantidade de braçadas, usando rapidamente o córtex pré-frontal. A economia de energia que ele teve em tal situação, comparativamente a qualquer outro competidor, já o colocam muito à frente dos demais). Depois de 18 braçadas ele começou a prever a parede e a ouvir os gritos da multidão, mas estava totalmente cego e não tinha a menor ideia do que aquilo significava: se era para ele ou para outro nadador.

Vinte braçadas e nada. Então ele deu mais uma e encostou na parede. Quando tirou os óculos e olhou no placar estava escrito "recorde mundial" ao lado de seu nome. Incrível!

CURIOSIDADE

SENSO DE AUTONOMIA

O simples ato de dar aos trabalhadores um senso de autonomia – uma sensação de que se está no controle, de ter autoridade legítima para tomar decisões – pode aumentar radicalmente o grau de energia e foco que eles dedicam ao emprego. Um estudo de 2010, realizado em uma fábrica de Ohio, examinou funcionários da linha de montagem que ganharam autonomia para tomar pequenas decisões sobre seus horários e o ambiente de trabalho. Eles desenharam seus uniformes e tinham autoridade sobre os turnos de trabalho. Só isso, nada mais mudou, todos os outros processos e escalas de pagamentos permaneceram iguais. Sessenta dias depois, a produtividade na fábrica aumentou 20%. Os funcionários reduziram os intervalos e estavam cometendo menos erros. Dar a eles o senso de controle melhorou em muito o grau de autodisciplina dos funcionários.

Na Starbucks não foi diferente. Hoje a empresa foca em dar maior autoridade aos funcionários. Pediu-se a eles que reformulassem a disposição das máquinas de cafés e caixas registradoras, que decidissem como os clientes deveriam ser cumprimentados e onde as mercadorias deveriam ficar expostas. A rotatividade diminuiu e a satisfação dos clientes aumentou.

9

NEUROMOTIVAÇÃO: ISSO É POSSÍVEL?

"Nosso cérebro é o melhor brinquedo já criado: nele se encontram todos os segredos, inclusive o da felicidade."

CHARLES CHAPLIN

A vida toda você busca fazer seu melhor para chegar à excelência, e dedicamos o capítulo anterior inteiro para o tema. O engraçado é que quanto maior a qualidade na execução de seu trabalho, mais invisível você fica aos olhos de seus líderes. Já parou para pensar nisso? E com seus liderados não funciona diferente. O efeito acontece em cadeia.

Quando falamos de excelência há um paradoxo que poderia ser longamente discutido. Investimos nosso principal orçamento de treinamento em quem? Nos funcionários meia-boca. Para que eles se tornem um pouco melhores. E quanto aos muito bons? Quando é que vamos investir para que eles se tornem excelentes? E não estou falando só de recursos financeiros, estou falando de tempo também, viu?

O maior inimigo do excelente é e sempre será o muito bom. E esse é um dos principais motivos de frustração que acometem nossos melhores talentos. Eles vão embora porque não os enxergamos. E sabe por que fazemos isso? Porque eles estão desempenhando muito bem suas tarefas. E geralmente reclamam que só existem para você quando ocorre algum problema. Seria essa uma verdade?

Outra frustração muito frequente e motivo de grande reclamação que apareceu em minha pesquisa é sobre a "bipolaridade" dos líderes. Não estamos falando aqui de uma bipolaridade patológica, mas de algo chamado incoerência mesmo. Gabriela, por exemplo, adora seu líder, disse que tem paixão por ele. Todavia, tem dias que ele chega no trabalho "surtado" e ninguém sabe o que esperar dele. Falar uma coisa e fazer outra, ou ter duas personalidades distintas podem levar mesmo a equipe a não saber o que esperar de você. Isso é péssimo. Gera desconfiança no sentido real da palavra. "Como vou confiar em alguém que nunca sei como vai reagir a determinado estímulo?"

A relação não fica transparente. E transparência e confiança são as premissas para todo relacionamento entre líder e liderado. Isso acaba com a motivação de qualquer equipe de trabalho. Pode não ser nocivo um dia aqui, outro ali. Mas, a médio e longo prazo, gera toxinas graves para o psicológico das pessoas, criando feridas que demoram a cicatrizar. De cada 90 enfermidades causadas por líderes, 50 são produzidas por culpa das próprias lideranças, e as outras 40, porém, por ignorância, sem intenção de fazê-lo.

Veja o caso de Cristina, uma fisioterapeuta bem-sucedida que aos 29 anos já ganhava um salário na casa de cinco dígitos em um hospital de referência internacional. Ela sofria calada as imposições injustas, pressões e promessas que nunca foram cumpridas por lideranças autocráticas que estavam no comando da companhia há 30 anos. Com cinco anos de empresa, em um momento de muita angústia, a jovem passou a desenvolver um quadro de Paralisia Facial Idiopática – PFI –, no qual os músculos do rosto ficam paralisados sem causa física definida. O curioso é que esse era um dos principais tratamentos atendidos por ela no hospital. Veja aqui a projeção que ela fez e o papel do neurônio espelho. "Meu corpo expressou essa prisão que eu não podia expressar. A PFI tem várias hipóteses diagnósticas, mas a única em que eu me encaixava era o estresse emocional", revela.

Ela perdeu grande parte da movimentação de todo o lado esquerdo do rosto, restando contrações fracas de apenas alguns músculos. Isso dificultava a fala, a alimentação, ressecava os olhos e causava reclusão devido ao extremo constrangimento social.

"Eu estava muito angustiada devido às condições de trabalho. Havia uma discrepância enorme entre profissionais da mesma classe, principalmente do ponto de vista remuneração x meritocracia, e existia uma promessa formal da matriz de uma equiparação em toda a rede de hospitais. Quando ela oficialmente ocorreu, a discrepância só aumentou. Isso gerou um sentimento de pena e solidariedade dos colegas, mas que foi dilacerante".

Veja aqui que Cristina não estava brigando pelas condições dela, mas sim pela discrepância que acontecia dentro do hospital e promessas não cumpridas. Ou seja, injustiça. Ela solicitou licença sem remuneração por dois anos para se recuperar, e em seguida pediu demissão.

UMA NOVA MOTIVAÇÃO

É o momento de reinventarmos a motivação, porque não saber motivar sua equipe é hoje um dos principais causadores de toxinas no ambiente de trabalho. Pessoas desmotivadas deixam de produzir bem, sentem-se desvalorizadas e acabam indo buscar atenção em outro lugar.

Com Fernanda, uma das mais talentosas gerentes de projetos de uma multinacional de Campinas, não foi muito diferente. Cansada de ouvir sua líder dizer que tudo o que entregava para ela andava sozinho, ela se sentia completamente abandonada e sem feedback, apesar de saber que o fato de receber os melhores projetos da empresa já era um feedback positivo.

"Acontecia que eu estava sempre sufocada de tanto trabalho, sem tempo para nada, sozinha, sem ter com quem dividir as coisas e minha chefe nunca tinha tempo para mim porque estava sempre ensinando os outros a fazerem as coisas que eu já sabia. Eu acabava trabalhando por cinco e não achava justo isso. Quem não sabia fazer, tinha 1/3 do meu trabalho e eu acabava pagando a conta de todo mundo".

CAPÍTULO 9: NEUROMOTIVAÇÃO: ISSO É POSSÍVEL?

A angústia de Fernanda não é algo raro de acontecer. O fato é que fazemos gestão de expectativas o tempo todo. E tudo o que Fernanda estava fazendo era liberar cortisol, aumentando sua carga de estresse violentamente. Ela esperava, ao conversar com sua líder e expor seus sentimentos, um pouco de compreensão. Porém, a reação foi contrária. "Você deveria ficar feliz por eu confiar cegamente em você. Vejo esta conversa como falta de gratidão de sua parte". Ou seja, de um lado, a expectativa era de reconhecimento, e do outro, gratidão.

Em pouco tempo Fernanda foi embora, e até hoje aquela líder não se conforma como ela pôde ter deixado escapar tamanha oportunidade.

Marcus Buckingham, uma das autoridades mundiais em produtividade, gerenciamento e liderança, afirma que se quisermos que as pessoas cresçam devemos apostar e investir em seus pontos fortes. É por isso que existem bons líderes e líderes medianos no mercado. E qual a ligação entre funcionários engajados, produtividade, lucro, satisfação do cliente e taxa de turnover? Buckingham dá a dica: boas equipes têm sempre um grande gerente. E a duração da permanência de um profissional em uma empresa depende muito da qualidade de sua liderança.

Ele explica que a diferença entre grandes gerentes e outros medianos é que os grandes focam nas fortalezas, enquanto os pequenos trabalham nas fraquezas, identificando os pontos fracos dos funcionários e buscando falhas para serem remediadas. Além de acabar com a autoestima individual, o líder mediano mantém o foco justamente no fracasso, o que acontece na maioria das empresas do mundo.

Buckingham constatou em sua pesquisa, iniciada com uma sondagem de 80 mil gerentes pela Gallup Organization e seguida de estudos minuciosos com entrevistas junto aos líderes de maior desempenho do mundo, que apesar de haver tantos estilos de gestão quanto o número de gerentes, há uma qualidade que diferencia os realmente grandes: descobrir o que é peculiar a cada pessoa e tirar proveito disso. Ele compara a um jogo de xadrez, afirmando que um gerente típico joga damas, enquanto o grande gerente joga xadrez.

Ao contrário do que se pensa, as pessoas não crescem mais apostando em suas áreas de fraqueza, e sim apostando em seus pontos fortes. É exatamente nestes últimos que residem as grandes chances de melhoria profissional e onde estão as oportunidades de crescer. É exatamente onde você deve investir seu tempo e dinheiro. Como líder, você colabora melhor com sua equipe de trabalho quando oferece suas capacidades mais destacadas. Excelentes times enfatizam e capitalizam nos pontos fortes de cada membro. Grandes profissionais trazem o que possuem de melhor, sendo essa a contribuição mais efetiva que podem oferecer para o crescimento e a produtividade do grupo. "Em vez de punir funcionários por suas fraquezas, por que não premiá-los por suas forças?", questiona.

Especialistas em criatividade e professores da Harvard Business School há muito vêm discutindo sobre o que fazer para que os trabalhadores se tornem pessoas felizes, dedicadas e produtivas, e explicam o porquê de deixarmos para trás muitas atividades lucrativas para assumir outras que até remuneram menos, mas que nos oferecem um sentido mais nítido.

Além de uma remuneração justa, as pessoas gostam de saber que estão contribuindo para alguma coisa valiosa, e necessitam entender quais são as intenções estratégicas da organização e como suas contribuições individuais se encaixam no todo.

Portanto, a melhor estratégia, quando se fala de remuneração, é acertá-la e esquecer o assunto. Organizações eficazes remuneram os funcionários em quantias e sob formas que lhes permitem quase esquecer o assunto remuneração e concentrar-se no trabalho em si. Para tanto, é primordial assegurar justiça interna e externa, pagar acima da média e apresentar medidas de desempenho que sejam difíceis de manipular.

O antigo modelo motivacional de recompensa e punição já começa a apresentar sinais decadentes. Ficou comprovado que agregar certos tipos de recompensas extrínsecas a tarefas inerentemente interessantes pode, de modo geral, refrear a motivação e baixar o desempenho.

Ao diminuir a motivação intrínseca, as recompensas podem, em um efeito dominó, derrubar o desempenho, a criatividade, e até mesmo um comportamento estável. Elas são viciantes, e em pouco tempo serão insuficientes, com efeitos perturbadores, semelhantes a alguns vícios perigosos.

A premiação imediata ofusca a aprendizagem de longo prazo. É mister que o indivíduo tenha um salário bom o bastante para não deixar que o dinheiro atrapalhe a motivação e o desempenho dele. E que seja a pessoa certa no lugar certo. Pessoas certas nos lugares certos são automotivadas. Bons gestores só precisam descobrir como não desmotivar as pessoas.

MOTIVAÇÃO 3.0

Daniel Pink, autor do conceito Motivação 3.0, explica que nos primórdios da existência humana a premissa do comportamento humano era simples e verdadeira: sobrevivência. O homem caçava e perambulava em busca de alimento e depois se escondia para não ser pego. Esse sistema operacional, baseado no homem como ser biológico em busca da sobrevivência, é o que ele chama de Motivação 1.0.

CAPÍTULO 9: NEUROMOTIVAÇÃO: ISSO É POSSÍVEL?

À medida que o homem foi evoluindo e formando sociedades, o sistema baseado exclusivamente no impulso mostrou-se inadequado. A Motivação 2.0 presumia que os humanos também reagiam a recompensas e punições em seu meio ambiente. O adestramento desse segundo impulso foi fundamental para o progresso econômico mundial.

Chegou a Revolução Industrial, e nos anos 1900, Frederick Taylor inventou o que chamou de "gestão científica", uma abordagem na qual os trabalhadores eram como peças de um mecanismo complicado. Caso fizessem o trabalho da maneira certa e no momento certo, a máquina funcionaria normalmente. E, para assegurar que isso acontecesse, bastaria recompensar o comportamento desejado e punir o indesejado. Era perfeito para Motivação 2.0, na qual o caminho para melhorar o desempenho, aumentar a produtividade e estimular a excelência é recompensando o bom e punindo o mau.

Por volta de 1950, com as atividades econômicas ficando mais complexas e seus integrantes precisando possuir habilidades mais sofisticadas, a Motivação 2.0 começou a encontrar resistências. Então surge Abraham Maslow e apresenta ao mundo o campo da Psicologia Humanística, que colocava em xeque a ideia de que o comportamento humano era tão somente a busca mecânica de estímulos positivos e fuga dos estímulos negativos, assim como fazem os ratinhos de laboratório.

Douglas McGregor, professor de Administração do Massachusetts Institute of Technology (MIT), importou algumas das ideias de Maslow para o mundo dos negócios. Ele acreditava que as pessoas tinham impulsos mais elevados, que poderiam beneficiar os negócios se os gestores e líderes empresariais os respeitassem. Foi graças a ele que a gestão de muitas empresas evoluiu, e surge então a Motivação 2.1.

Algo simples de monitorar e fácil de se fazer cumprir. Em virtude dessas características a Motivação 2.1 permaneceu intacta até os dez primeiros anos do corrente século. Mas esse sistema operacional enguiça e vem se mostrando incompatível com muitos aspectos dos negócios da atualidade.

Você ainda vai encontrar gestores que dirão que o modelo atende muito bem a alguns propósitos. Porém, segundo Pink, os pequenos defeitos se devem a três categorias: como organizamos o que fazemos, como pensamos sobre o que fazemos e como fazemos o que fazemos. Ou seja, ao recompensar uma atividade, você terá mais dela. Ao puni-la, você terá menos dela.

Sabemos que o salário não é a principal motivação da maioria das pessoas, mas receber abaixo da média pode ser extremamente desmotivador. Se as recompensas básicas de alguém não são adequadas ou justas, o foco da pessoa será direcionado para a injustiça das circunstâncias e a ansiedade da situação. Haverá uma carga imensa de adrenalina e energia direcionada para fora da atividade funcional, e você não contará nem com a previsibilidade da motivação extrínseca e nem com a estranheza da motivação intrínseca. O resultado da motivação será um desastre, ainda que você contrate o melhor palestrante motivacional do mundo para tentar resolver milagrosamente seu problema.

Recompensas tangíveis podem até funcionar como atrativo de curto prazo, mas no longo prazo tendem a exercer um efeito substancialmente negativo sobre a motivação intrínseca. Tente recompensar uma criança com aumento de 10% na mesada cada vez que ela tirar um dez no boletim. No início, isso será motivador. Depois de um tempo, terá efeitos contrários. Talvez ela nem se sinta estimulada a tirar um dez por considerar pouco atrativo o troféu. Pode ser até que ela estude menos por causa disso. É exatamente o que acontece em muitas campanhas de incentivo. E ficamos sem entender.

O mesmo acontece com metas. Pink relata em seu livro "Motivação 3.0" que, segundo uma equipe de professores pesquisadores de grandes universidades, as metas, assim como os motivadores extrínsecos, estreitam nosso foco, razão pela qual podem ser eficazes, pois concentram o raciocínio. Porém, quando uma meta extrínseca é o principal, especialmente aquela de curto prazo, mensurável, e cujo cumprimento resulta em compensação, isso pode restringir nossa visão quanto às dimensões de nosso comportamento. É preciso ficar de olho, uma vez que há evidências substanciais indicativas de que, além de motivar o esforço construtivo, o estabelecimento de metas pode induzir ao comportamento antiético.

Os pesquisadores ilustram esse fenômeno com exemplos reais. A Sears foi um deles. Impôs uma cota de venda ao pessoal da oficina de manutenção e os funcionários reagiram superfaturando os clientes e fazendo consertos desnecessários. O grande problema em fazer da recompensa extrínseca o único destino que importa é que alguns escolherão o caminho mais rápido, mesmo que isso signifique pegar a pior estrada. É importante deixar claro que não estou querendo dizer que metas e recompensas são corruptoras. No entanto, quando falamos de Motivação 2.0, que ainda é um modelo muito utilizado na gestão, precisamos saber que metas são mais nocivas sim.

As recompensas são apenas viciantes. Uma vez oferecidas fazem as pessoas ansiarem por elas sempre que uma situação semelhante aparecer. E muito em breve já não serão mais suficientes. Logo serão percebidas menos como bônus e mais como algo rotineiro, forçando você a oferecer prêmios maiores para alcançar o mesmo efeito. Neurocientistas já comprovaram que a química cerebral verificada nessa parte específica do cérebro é igual às que acontecem com usuários de drogas.

Por outro lado, se recompensas concretas forem oferecidas às pessoas de modo inesperado depois de concluída a tarefa, é menos provável que sejam vivenciadas como a razão para a realização da tarefa, e menos provável que prejudiquem a motivação intrínseca. Mas repetidos bônus do tipo "agora que" podem rapidamente se transformar em direitos adquiridos do tipo "se, então", o que pode, em última instância, detonar o desempenho.

A grande questão é que os viciados querem o alívio imediato, sem se importar se aquilo vai lhe causar algum mal, e os trapaceiros querem o ganho rápido, sem querer saber o que lhe acontecerá amanhã. A conclusão é a de que a premiação imediata ofusca a aprendizagem de longo prazo. E pode ser tóxica também. Muito cuidado!

Então, como usar as recompensas para diminuir as toxinas em minha equipe? Pink aconselha:

▶ Se a tarefa for rotineira procure diversificá-la, torná-la menos repetitiva, ou ligá-la a um propósito maior; então, em vez de tentativas de controle, concentre-se em criar um ambiente motivacional saudável, de longo prazo, justo na remuneração, que estimule autonomia, excelência e propósito. Sempre que possível evite as recompensas "se, então". Utilize as recompensas inesperadas, não contingenciais, do tipo "agora que". Não se esqueça de que elas serão mais eficazes se vierem acompanhadas de um elogio e feedback, e não de coisas que as pessoas podem tocar e gastar, e se oferecerem informações úteis em vez de de tentativas de controle.

▶ Caso você não possa aumentar a diversificação da tarefa, torná-la menos rotineira ou ligá-la a um propósito maior, utilize recompensas, mesmo as do tipo "se, então", mas assegure-se de apresentar uma lógica para a necessidade da tarefa e reconhecer que a tarefa é maçante.

O SIGNIFICADO DO TRABALHO

Dan Ariely, economista comportamental mundialmente aclamado, professor emérito da Duke University e também professor do MIT Media Lab (Massachusetts Institute of Technology), foi taxativo ao defender a ideia de que o valor do trabalho das pessoas está diretamente relacionado ao significado que ele tem na vida delas. "Você pode oferecer significado, aumentar o significado ou ainda diminuir o significado", ressalta.

Em uma palestra realizada em abril de 2011 em um dos Fóruns Mundiais da HSM, o professor ilustrou essa busca com o exemplo de um aluno que trabalhava em Wall Street. Ele estava desenvolvendo uma apresentação em Power Point para uma nova fusão. Trabalhou durante duas semanas até tarde todos os dias, depois mandou-a para o chefe na véspera da apresentação. Recebeu os parabéns, mas em seguida ficou sabendo que a fusão foi cancelada. "De uma perspectiva objetiva, deu tudo certo, ele estava gostando do trabalho, o chefe valorizou a execução da tarefa, mas ele produziu algo que se tornou totalmente inútil. Ficou desmotivado e se sentiu mal e chateado. Não queria nem continuar num projeto novo. Ele estava procurando um reforço", justifica.

Para Ariely, o significado de viver não pode ser trabalhar por alguns anos para nada. Ele explica que a maneira como as pessoas se autodefinem, e o significado do trabalho para elas, é fundamental e deve ser valorizada. "Você valoriza o papel do significado na vida das pessoas?", questiona. "Isso influencia diretamente nos resultados".

Ariely e sua equipe não pararam por aí. Em um experimento com sua equipe, reuniram algumas pessoas para "brincarem" com Legos. Eles perguntavam aos participantes: "Quer construir um bonequinho para ganhar U$ 3?" Em seguida, perguntavam se a pessoa faria outro por U$ 2,70. Todos disseram que sim. Então, traziam a seguinte questão ao participante: "Quando você terminar o experimento, vou desmontar todos os Legos e devolver para a caixa. Quer continuar mesmo assim?" Ele conta que, aos poucos, as pessoas foram desistindo. Enquanto eles montavam o segundo bonequinho, viam que alguém estava desmontando o primeiro, e a noção de desmotivação começava a aumentar. Algo como "você monta e eu destruo".

E o que acontece com as pessoas que trabalham em tais condições? Ariely mostrou que em uma condição com significado, as pessoas construíram onze bonecos na primeira, e sete na segunda rodada. Num segundo experimento, disseram e pediram para prever quantos bonequinhos a pessoa construiria na segunda condição. Na previsão dos estudiosos, essa diferença seria de apenas uma unidade, mas acabou sendo muito maior.

O professor explica que você pode reconhecer o fato de que o significado é importante, mas ele ainda é muito subestimado. Ele ressalta que as pessoas sempre acham que ele é menor do que é na realidade. "Além do pagamento, as pessoas que não gostam tanto assim de brincar com Lego, vão construir menos, e aqueles que adoram Lego construíram muito mais unidades do que os outros". Com a manipulação da destruição do trabalho das pessoas diante de seus olhos, conseguiram destruir a alegria e o prazer das pessoas, mesmo as que adoram Legos.

Para ele, quando falamos sobre significados no trabalho, muitas vezes imaginamos coisas grandiosas, mas estamos falando de significado em coisas de escala menor.

"Se você quer desmotivar seu funcionário, triture o trabalho dele. Essa é a condição ideal. Ignore o que eles fazem, sem dar qualquer reconhecimento", aconselha, alertando que muitas vezes há líderes que fazem o pior: destroem o significado do trabalho de seus colaboradores.

Ariely afirma que a motivação natural das pessoas vem do orgulho do que fazem. "O desafio é perceber o que motiva as pessoas e de que maneira podemos configurar isso dentro das empresas", conclui.

O MODELO SCARF

David Rock traz uma grande contribuição para o desenvolvimento da Neuroliderança com a criação do Modelo SCARF, que está baseado no entendimento do funcionamento do cérebro, possibilitando maximizar a eficácia e a eficiência das funções típicas do ato de liderar.

Ele leva em consideração que aconselhamento e empatia são emocionais demais e não parecem surtir o efeito necessário para atingir as mudanças organizacionais necessárias. Por outro lado, incentivos do tipo "bastão e cenoura" também não funcionam.

Rock acredita que a neurociência já descobriu que o cérebro somente fará essas mudanças quando estiver em estado de atenção plena. Esse estado requer serenidade e concentração. Quando ameaçadas, as pessoas ficam mais suscetíveis ao estado de não atenção. A atenção passa a ser desviada pela ameaça, e elas não conseguem se mover facilmente em direção à autodescoberta.

Estudos realizados pelo Dr. Rock sobre a natureza social do cérebro trazem cinco qualidades que permitem tanto a funcionários como s executivos minimizar a resposta à ameaça e facilitar a resposta à recompensa: status, segurança, autonomia, conexões e justiça. Em inglês, SCARF (Status, Certainty, Autonomy, Retadedness e Fairness). David Rock afirma que o desafio da nova liderança deve ser permitir diminuir a resposta à ameaça e facilitar a resposta à recompensa.

O modelo SCARF fornece uma maneira de trazer consciência para essas interações potencialmente frágeis. Ajuda a alertar sobre as preocupações fundamentais das outras pessoas e mostra como calibrar palavras e ações para se atingir melhores resultados.

Um líder sintonizado com o Modelo SCARF prioriza a redução de incertezas. O modelo oferece aos líderes maneiras mais sutis e com melhor relação custo-benefício para ampliar a definição de recompensa. Fazendo isso, os princípios SCARF fornecem uma compreensão mais granular do estado de engajamento, para que os funcionários apresentem melhor desempenho.

⇨ **Status** - quando as pessoas percebem que podem estar sendo comparadas às outras de maneira desfavorável, o mecanismo de resposta à ameaça entra em cena, liberando cortisol e outros hormônios relacionados ao estresse. Já o alto status está associado à longevidade e saúde, mesmo quando fatores como renda e educação são controlados. Em síntese: o status favorece a sobrevivência do indivíduo.

⇨ **Segurança** - a incerteza é registrada como um erro, algo que deve ser corrigido para que se possa sentir confortável novamente. Não saber o que vai acontecer em seguida requer mais energia neural e pode ser debilitante, diminuindo a memória, minando o desempenho e afastando as pessoas no momento. Já situações novas e desafiadoras produzem resposta suave à ameaça, aumentando os níveis de dopamina e adrenalina em quantidade suficiente para despertar a curiosidade e estimular o indivíduo a resolver problemas.

⇨ **Autonomia** - para aumentar a autonomia das pessoas é preciso dar liberdade para que elas façam seu trabalho da forma que for mais produtiva para elas. Permitir aos funcionários que decidam quais serão suas tarefas e como poderão ser realizadas provoca uma resposta menos ameaçadora e menos estressante, em vez de forçar a execução de instruções ou tarefas previamente definidas.

⇨ **Conexões** - ao encontrarmos pessoas novas, nosso cérebro automaticamente faz distinções entre amigos e inimigos. Quando a percepção é de alguém diferente, isso gera um desconforto, que leva a um sentimento de ameaça. No cérebro, a habilidade de sentir confiança e empatia por outros é determinada pela percepção de fazer parte de um mesmo grupo social. Para que o cérebro passe a reconhecer estranhos como amigos são necessárias repetidas interações sociais, o que demanda tempo.

⇨ **Justiça** - a percepção de que algo foi injusto vai diretamente para o sistema límbico do indivíduo, minando a confiança. A necessidade cognitiva de justiça é tão forte que muitas pessoas estão dispostas a morrer por algumas causas. Em organizações nas quais os líderes têm seus preferidos na equipe e concedem privilégios, estes aumentam a resposta à ameaça dos demais funcionários.

O engajamento pode ser induzido quando as pessoas que trabalham em prol de um objetivo sentem que estão sendo recompensadas por seus esforços, sob um nível administrável de ameaças, com o cérebro gerando recompensas em diversas dimensões.

O planejamento estratégico de cima para baixo costuma ser prejudicial às reações relacionadas com o método SCARF. Concentrar as decisões nos líderes não leva em consideração a resposta à ameaça dos funcionários.

Finalmente, o modelo SCARF ajuda a entender por que a inteligência, sozinha, não é suficiente para se fazer um líder. Cientistas sugerem que alta inteligência está frequentemente relacionada a baixo autoconhecimento. As redes neurais envolvidas na retenção da informação, planejamento e resolução cognitiva de problemas estão nas porções laterais do cérebro. As regiões do meio abrigam autoconhecimento, habilidades soft (soft skills) e empatia. Essas regiões estão inversamente relacionadas.

Certamente o maior desafio que os líderes terão de encontrar é proporcionar um ambiente que promova status, segurança, autonomia, conexões e justiça, um exercício enorme de metacognição para se chegar ao chamado líder alfa, mais centrado no afeto, sendo ele quase um gestor de sentimentos. E o que faz um líder alfa? É aquele que busca compreender o processo de percepção de seus liderados.

A metacognição, também conhecida como teoria da mente, é um conceito que veio da Psicologia e nas ciências cognitivas faz referência à capacidade que os seres humanos têm de atribuir pensamentos e intenções a outras pessoas ou entidades. Tem a ver com sua plena capacidade de compreender e refletir sobre o estado mental dela mesma e do outro.

O sucesso ou não do Modelo SCARF depende praticamente da capacidade do líder de reconhecer os fatores que vão desencadear as reações de fuga e de recompensa em cada uma dessas cinco dimensões, reduzindo as ameaças e aumentando o sentimento de recompensa, estimulando assim posturas progressivas.

Como a metacognição é um exercício de autoconhecimento, o modelo SCARF pode perfeitamente ser autoaplicado num primeiro momento. É importante lembrar que o modelo reforça a importância da convivência em grupo, retirando a pressão do centro reptiliano, reconfortando o sistema límbico, ajudando na produção de oxitocina e facilitando a concentração no córtex para novidades e solução de problemas complexos.

PSICOLOGIA POSITIVA

Durante os últimos 30 anos, renomados cientistas fizeram pesquisas no mundo inteiro explorando a autodeterminação e a motivação intrínseca em experimentos de laboratório e estudos de campo que abrangem diversas áreas. Todos eles apontaram para a mesma conclusão: os seres humanos têm um impulso interno inato para serem autônomos, autodeterminados e ligados a seus semelhantes. Quando esse impulso é liberado, as pessoas levam uma vida mais rica e plena.

Foi assim que o movimento da Psicologia Positiva reorientou o estudo da ciência psicológica para longe de seu foco anterior sobre doenças e transtornos e na direção do bem-estar e da funcionalidade. Sob a liderança de Martin Seligman, da University da Pennsylvania, a Psicologia Positiva vem criando legiões de novos estudiosos e deixando marcas profundas sobre a forma de pensar o comportamento humano por parte de cientistas, economistas e terapeutas.

Barbara Fredrickson, uma pesquisadora da Universidade de Michigan, recebeu no ano 2000 um prêmio da John Templeton Foundation por seu trabalho sobre a função das emoções positivas. Em seu estudo, ela defendeu que emoções positivas como alegria, otimismo e esperança, fortalecem os recursos intelectuais, físicos e sociais dos quais as pessoas podem lançar mão quando uma oportunidade ou uma ameaça se apresentam em suas vidas. O estudo também mostrou que, ao contrário do que ocorre com as emoções negativas, o cultivo das emoções positivas promove uma disposição mental expansiva, tolerante e criativa, deixando as pessoas abertas a novas ideias e experiências. É por esse motivo que muitas empresas no mundo têm traçado suas estratégias de gestão de pessoas baseadas nos princípios da Psicologia Positiva. Todas elas estão entendendo que a promoção da felicidade no ambiente de trabalho pode, além de atrair e reter talentos, transformar-se numa poderosa arma de vantagem competitiva.

E foi novamente o visionário McGregor quem juntou tudo isso lá atrás e trouxe uma combinação interessante para o contexto do trabalho. Aproveitando-se de sua compreensão da psique humana e de sua experiência como líder, começou então a repensar as convenções da administração moderna. Ele acreditava que o problema da liderança era muito mais relacionado às suas premissas do que à execução.

Os líderes da época acreditavam que seus funcionários não gostavam do trabalho e o evitariam se pudessem. Temiam assumir responsabilidades, ansiavam por segurança e careciam imensamente de orientação. Em função disso, essas pessoas precisavam ser coagidas, controladas, dirigidas e ameaçadas com punição para dedicar o esforço requerido à realização dos objetivos das empresas.

Para McGregor, o interesse pelo trabalho é algo tão natural quanto brincar ou descansar, a criatividade e a inventividade acham-se amplamente distribuídas pela população e, em determinadas condições, as pessoas aceitarão e até buscarão responsabilidades. Ou seja, o oposto.

Ele desenvolveu duas diferentes abordagens à gerência, cada uma baseada numa premissa do comportamento humano. A primeira, que chamou de Teoria X, partia do pressuposto de que as pessoas evitam o esforço, trabalham apenas pelo dinheiro e pela segurança e, portanto, precisam ser controladas. Já a segunda, que chamou de Teoria Y, presumia que o trabalho era algo tão natural para as pessoas quanto a diversão e o descanso, que iniciativa e criatividade estão por toda a parte e que, se as pessoas estiverem comprometidas, buscarão responsabilidades. Para ele, a Teoria Y era a mais eficaz. E é até hoje.

Todavia, qual o melhor caminho, então, para transformar os trabalhadores da Teoria Y em profissionais de alto desempenho? A ciência nos aponta um caminho com três elementos essenciais: autonomia (desejo de dirigir nossa própria vida), excelência (necessidade de se tornar cada vez melhor em algo relevante) e propósito (anseio de fazer o que fazemos em nome de algo superior a nós).

Não há mais como negarmos que vivemos um novo tempo. E ainda que no Brasil a legislação trabalhista nos deixe um pouco "algemados" em relação a alguns procedimentos, não é desculpa para não sermos criativos o bastante para fazermos a diferença. Independentemente do tipo do negócio no qual você seja líder, não há mais espaço para descontos por atraso, relógios de ponto e raciocínio ultrapassado da era industrial. Se você ainda é resistente a essa ideia, ou tem certeza que em sua equipe isso jamais funcionaria, faça o teste. Brinque disso. Lance o desafio por apenas uma semana e veja o que acontece!

Segundo Daniel Pink, no livro *Motivação 3.0*, entre "Cenouras e Chicotes" há sete falhas capitais. Confira:

1. Extinguem a motivação intrínseca

2. Prejudicam o desempenho

3. Embotam a criatividade

4. Afetam o bom desempenho

5. Estimulam a trapaça, os atalhos e o comportamento antiético

6. Tornam-se viciantes

7. Alimentam o raciocínio de curto prazo.

ROSEN – FAZENDO A COISA CERTA

Veja o exemplo de Harris Rosen, um hoteleiro independente de Orlando, na Flórida, que construiu a maior rede de hotéis do estado graças às inteligentes adaptações de estratégias que ele fez, principalmente em momentos de crise. A necessidade moveu a criatividade de maneira diferenciada de seus concorrentes. Depois de muito sofrimento ele foi considerado o Frank Sinatra dos magnatas hoteleiros por fazer as coisas de seu jeito ("*My Way*").

LIDERANÇA TÓXICA

O Rosen Hotels and Resorts paga a mensalidade da faculdade dos filhos dos colaboradores com três anos de empresa e a mensalidade da faculdade do colaborador com cinco anos de empresa. E diz: "fazemos isso porque é a coisa certa a fazer".

Não sejamos ingênuos, ninguém trabalha pela meta da empresa. Todos nós trabalhamos pelos nossos sonhos. Muito provavelmente Rosen não começou a fazer isso pelos funcionários. E os funcionários não melhoraram o desempenho por causa da meta de Rosen. Ainda assim, cada um deu o melhor de si. E este é o momento mágico e raro: quando a empresa descobre como alinhar suas metas aos sonhos de seus funcionários. Bingo!

10

EMOÇÕES CONTAGIOSAS E CONTAGIANTES

"Eu não apenas uso todo o cérebro que tenho, mas todos os que consigo pegar emprestados."

WOODROW WILSON

Nada como uma boa gargalhada para mudar não só a feição de quem ri, mas o espírito das pessoas que estão em volta também. Onde quer que você esteja, são os impulsos biológicos que dirigem suas emoções.

Daniel Goleman ficou famoso depois que seu livro "Inteligência Emocional" tornou-se best-seller e suas ideias começaram a se propagar mundo afora. Você certamente se lembra o quanto isso revolucionou o conceito de competência e como influencia até hoje o processo de recrutamento e seleção nas empresas. Afinal de contas, se antes contratávamos levando em consideração as habilidades técnicas e demitíamos em função de comportamentos, a conta não fechava, ou não fecha até hoje.

Poucos sabem, no entanto, que ele foi um dos precursores da neurociência social, que trouxe uma compreensão científica mais clara da dinâmica neural dos relacionamentos humanos.

Um dos primeiros neurocientistas sociais da história, John Cacioppo, em suas pesquisas iniciais já revelava ligações entre o envolvimento em um relacionamento problemático e elevações dos hormônios do estresse a níveis que danificam os genes responsáveis pelo controle das células que combatem os vírus.

Segundo Goleman, uma peça que faltava nessa engrenagem dizia respeito aos caminhos neurais que poderiam transformar problemas de relacionamento em tais consequências biológicas, um dos focos da neurociência social.

Para ele, a neurociência afetiva removeu a cortina sobre como nossos cérebros lidam com a emoção. Já a neurociência social revelou o poder de uma ligação virtual de cérebro para cérebro que age como um condutor para emoções durante nossas interações. O conjunto de ambas tem oferecido insights reveladores para entendermos melhor o poder da inteligência emocional na liderança.

Neurocientistas e psicólogos se juntam em uma parceria histórica para pesquisas nesse novo campo, utilizando a Ressonância Magnética Funcional (Rmf), anteriormente apenas utilizada para realização de diagnósticos clínicos hospitalares. Talvez você já tenha lido ou ouvido falar sobre isso. No campo do Neuromarketing, em especial, tem sido muito utilizado em todo o mundo, e vem desbancando o resultado de pesquisas de mercado comuns pela precisão científica incontestável de suas análises de resultados.

A Ressonância permite um retrato especialmente detalhado do cérebro, gerando o equivalente a um vídeo que ativa algumas imagens com mais vigor, dependendo da emoção sentida pelo indivíduo. Goleman, então, define que os caminhos adotados pelo cérebro social são os únicos em sua sensibilidade ao mundo como um todo. Sempre que ocorre uma interação face a face, voz a voz ou pele com pele, nossos cérebros sociais se harmonizam.

Ele explica que as interações sociais são tão fortes que chegam a moldar o cérebro por meio da neuroplasticidade através de experiências que se repetem e esculpem a forma, o tamanho e o número de neurônios e suas ligações sinápticas, que são o ponto de encontro entre os neurônios.

Direcionando repetidamente o cérebro em um determinado registro, nossos principais relacionamentos podem, aos poucos, moldar alguns circuitos neurais. Mágoas crônicas ou relacionamentos positivos com pessoas com as quais nos relacionamos diariamente ao longo de anos podem moldar nosso cérebro.

Isso revela o quanto nossos relacionamentos, principalmente as experiências ruins, impactam sobre nossas vidas, às vezes por um longo período de tempo; daí, os traumas. As trocas mais potentes ocorrem com as pessoas com as quais passamos a maior parte do tempo, por isso elas influenciam tanto nossas vidas.

Goleman chama a atenção para que sejamos sábios, que nos demos conta de que não apenas o humor, mas também nossa biologia, são direcionados e moldados por outras pessoas em nossa vida, o que por sua vez exige que avaliemos de que maneira afetamos as emoções e as biologias das outras pessoas, já que, de fato, podemos avaliar um relacionamento em termos do impacto de uma pessoa sobre nós e do nosso sobre ela.

Ele chama atenção para que coloquemos mais significado e responsabilidade em torno de nossos relacionamentos, reavaliando a forma como vivemos e a facilidade surpreendente com que nossos cérebros interagem, espalhando emoções como se fossem vírus. Vírus das mentes. Já falei sobre eles no capítulo de Memética, lembra?

 CURIOSIDADE

ANALGÉSICO NATURAL

Dar uma boa gargalhada libera substâncias químicas que agem como analgésico natural reduzindo a dor, indica uma pesquisa da Universidade de Oxford, na Grã-Bretanha. Para testar a hipótese, os pesquisadores mediram as reações de voluntários à dor colocando uma sacola de gelo sobre o braço para medir quanto tempo eles aguentavam.

Depois, eles foram divididos em dois grupos. O primeiro assistiu a um vídeo de comédia de 15 minutos, enquanto o outro assistiu a uma filmagem que os pesquisadores consideraram entediante, como programas de golfinhos.

> Quando foram, novamente, submetidos à dor, os que tinham dado gargalhadas foram capazes de suportar até 10% mais dor que antes de rir, indicou a pesquisa. Já os que assistiram a programas entediantes foram menos capazes de suportar dor que antes de assistir ao filme.

A IMPORTÂNCIA DO HUMOR DO LÍDER

Não existe nada pior do que alguém perguntar para os outros como está seu humor hoje antes de se aproximar de você. Quem depende do humor de um líder para dar continuidade para o trabalho está visivelmente perdido. O humor e o comportamento do líder determinam o humor e o comportamento de todos os outros. Aqui o limiar é tênue entre o contagioso e o contagiante.

"Um chefe rabugento e implacável cria uma organização tóxica repleta de funcionários com desempenho inferior, que ignoram oportunidades, e líderes inspiradores e inclusivos geram seguidores para quem qualquer desafio é superável. O elo final na corrente é o desempenho: lucro ou prejuízo", afirma Goleman. Ou seja, sua equipe sempre será seu espelho, concorde você com isso ou não.

As pesquisas realizadas em Harvard mostraram que altos níveis de inteligência emocional criam clima no qual a partilha de informações, confiança, tomada de riscos saudável e aprendizado florescem. Níveis baixos de inteligência emocional criam clima de medo e ansiedade. E aqui vem a seguinte questão: como é que funcionários tensos e amedrontados podem ser produtivos? Suas organizações podem até apresentar bons resultados no curto prazo, mas dificilmente eles terão longevidade. Esse é o ponto.

Portanto, se o humor de um líder e os comportamentos resultantes dele afetam tanto o sucesso de uma empresa, então o primeiro passo a se pensar é na liderança emocional. A primeira tarefa de um líder deve ser a de se certificar não apenas de estar regularmente bem-humorado, otimista, com a energia boa, mas de que as pessoas a sua volta se sintam e ajam da mesma forma, na mesma frequência, propagando essa energia também para os demais, de uma maneira contagiante. Ou seja, o líder emocional começa gerindo a si mesmo e suas próprias emoções e comportamentos, para então sim poder assumir outros desafios.

Dizer que é uma tarefa fácil seria covardia, pois está entre as tarefas mais difíceis que um ser humano pode abraçar. A boa notícia é que, se vemos tantos líderes maravilhosos e exemplares, trata-se de algo perfeitamente possível. Aqui é importante ressaltar que toda essa energia precisa ser verdadeira e vir de fato de dentro de você, caso contrário os efeitos serão devastadores. Todo mundo perceberá um sorriso falso ou ainda se você estiver forçando uma situação ou um sentimento que não seria natural de seu espírito. Honestidade, sinceridade e transparência acima de tudo.

É muito mais do que se mostrar confiante todos os dias. É ser equilibrado, é passar paz de espírito para que as pessoas possam criar laços de confiança com você. Isso não significa que você não tenha o direito de ficar triste ou de ter um dia ruim. Afinal, você é um ser humano também. E isso acontece. Mas não pode e não deve ser o padrão. O estado emocional de um líder, definitivamente, determina o desempenho de sua equipe. Existem casos raros em que um líder agressivo, excessivamente autocrático, produz resultados excelentes, muito mais por conta da excelência dos executores, do que da liderança em si. É o hábito da excelência. Lembrou?

LIXO TÓXICO

Quando uma pessoa despeja sob nós seu lixo tóxico, ativa nossos circuitos que provocam essas mesmas emoções angustiantes. As emoções contagiam. Adquirimos emoções negativas da mesma forma que contraímos uma infecção viral por rinovírus, por exemplo, e esse contágio pode provocar o equivalente emocional de um resfriado de verdade. Talvez você já tenha passado por isso.

Goleman explica que existe um subtexto emocional em toda e qualquer interação, o que vai gerar a chamada economia emocional: os ganhos e perdas interiores que vivenciamos com uma determinada pessoa, em uma determinada conversa. E, às vezes, a conversa nem é sua, mas você passou por ali e respirou a fumaça daquele lixo tóxico, o que já foi suficiente, dependendo do dia, para mexer com seu emocional, .

São essas as experiências cotidianas que nos fazem deixar o cérebro praticamente em eterno estado de alerta. Essa maior vigilância aumenta nossa atenção para as dicas emocionais transmitidas por outras pessoas. Isso faz aumentar o contágio.

Essa resposta é provocada pela ação da amígdala cerebral, que gera a reação de luta, fuga ou inércia diante do perigo. Como já vimos, o medo é a emoção que mais estimula a amígdala. Quando ativada pelo alarme, o circuito da amígdala ativa pontos-chave do cérebro, orientando pensamentos, atenção e percepção para o que provocou o medo. Automaticamente fica-se mais atento à expressão facial das pessoas que estão ao redor, em busca de sorrisos ou sinais de desaprovação para que se possa interpretar melhor os sinais de perigo.

A maior vigilância gerada pela amígdala aumenta a atenção para as dicas emocionais transmitidas por outras pessoas. Esse foco intensificado evoca em nós o sentimento do outro, aumentando o contágio. Dessa forma os momentos de apreensão deixam o indivíduo mais suscetível às emoções de outra pessoa.

CAPÍTULO 10: EMOÇÕES CONTAGIOSAS E CONTAGIANTES

A amígdala funciona ainda como um radar do cérebro, chamando a atenção para o que pode ser novo, surpreendente ou importante, algo que necessita investigação. Embora a importância da amígdala não seja novidade para a neurociência, sua função social como parte do sistema cerebral de contágio emocional só foi revelada recentemente.

Dean Buonomano, professor de Neurobiologia e Psicologia do Brain Research Institute da Universidade da Califórnia, traz a seguinte questão no livro "O Cérebro Imperfeito": por que o medo exerce uma influência tão poderosa?

Na história renascentista, Maquiavel já aconselhava os príncipes de que era melhor ser temido do que ser amado, uma vez que o medo fabricado fornecia uma poderosa ferramenta para controlar as grandes massas, garantir a lealdade e justificar guerras.

Para Buonomano, a resposta está na capacidade do medo de sobrepor-se à razão. Ele explica que boa parte de nosso circuito do medo foi herdado de animais sem muita parte frontal, com pouco córtex pré-frontal, responsável pelas funções executivas, incluindo tomadas de decisão, atenção, comando de atos e intenções. Nossas ações parecem representar um projeto em equipe: envolvendo as áreas cerebrais mais antigas como a amígdala e os módulos frontais mais novos. Juntas, essas áreas podem chegar a algum consenso em relação ao compromisso apropriado entre emoção e razão.

Porém, Buonomano observa que esse equilíbrio depende do contexto e, em alguns momentos, pode se inclinar bastante na direção das emoções, visto que já sabemos que o número de conexões que saem da amígdala em direção às áreas corticais é maior do que a quantidade das conexões vindas do córtex que chegam até a amígdala.

Não resta a menor dúvida de que em muitos casos, ainda em nossos tempos, os medos sejam amplificados e distorcidos a ponto de serem completamente irracionais.

Márcia, 28 anos, foi uma das minhas entrevistadas e a história dela, pela crueldade envolvida, merece ser analisada. Secretária executiva, formada, há cinco anos trabalhando na empresa. No momento de nossa entrevista, o fato já estava fazendo um ano e um mês. A vida dela começou a mudar quando, um ano antes, sua nova líder entrou na empresa. Mulher séria, 45 anos, doutora com titulação. No início, um tratamento hostil, que foi se transformando em humilhações frequentes. "Ela me xingava de burra, incompetente, imprestável e dizia que eu não servia para nada. Eu sentia o coração batendo rápido, achava que ia ter um ataque cardíaco, minha respiração ficava difícil, as mãos formigando, e eu me defecava toda ao me aproximar da minha chefe, a ponto de ter que ir embora para casa. Eu tinha angústias e medo, muito medo, o tempo todo. Muitas vezes me senti como uma criança que queria sair correndo para casa, me trancar e chorar no quarto".

Márcia precisou fazer fisioterapia para voltar a andar. Ela perdeu temporariamente o movimento das pernas, perdeu também muito peso, em função de falta de apetite e muitas diarreias. Perdeu a autoestima, a produtividade e a vontade de viver. Tentou suicídio diversas vezes, passou um tempo internada num hospital psiquiátrico. Depois de sair do hospital começou lentamente a recuperar a vontade de ter uma vida normal. Mas era preciso voltar ao trabalho. "Não foi um processo fácil, tinha dias em que eu acordava disposta a ir adiante e pedir as contas mas voltava da porta da rua e ia me deitar, passei longos dias até ter coragem, foi um dia de cada vez. Num dia eu me levantava, no outro tomava banho, no outro comia, no outro penteava meus cabelos, até que fui à empresa para pedir demissão".

Ainda sob tratamento médico, ela tem dificuldade de memória e não foi atrás de outro trabalho por medo de passar por tudo isso de novo. "Minha ex-chefe acredita que pessoas que são ameaçadas são pessoas fáceis de controlar e de fazerem tudo aquilo que ela quer".

Uma das situações mais estressantes que um indivíduo pode passar é ter um líder abusivo, obcecado por poder. Sem contar as marcas que tudo isso deixou na carreira de uma jovem que estava iniciando no mercado de trabalho. Que tipo de referência de valores essa líder planta dentro da empresa em que trabalha?

A longo prazo, isso pode acabar com o liderado sob o ponto de vista físico e emocional. Em pouco tempo, vai se refletir em sua avaliação de desempenho. E em sua carreira também.

NEURÔNIO-ESPELHO

"O macaco vê, o macaco faz". É o gatilho do neurônio-espelho, que, ativado, copia o que os outros estão fazendo. Em julho de 1996, Sabeer Bhatia e Jack Smith lançaram um novo serviço de e-mail chamado Hotmail. Na época, a maioria das pessoas usava internet discada e a mobilidade de provedores não era uma realidade, ou seja, você ficava preso a um computador. O Hotmail trazia uma nova proposta, permitindo acessar sua caixa de e-mails de qualquer computador, em qualquer lugar do mundo. O 4 de Julho, dia da independência dos EUA, foi escolhido para o lançamento do serviço, que ainda por cima era grátis.

Cada e-mail enviado de uma conta do Hotmail era como um plug para a marca em crescimento. Bem embaixo havia uma mensagem dizendo: "Obtenha seu e-mail privado e grátis no www.hotmail.com". Em pouco mais de um ano, o Hotmail registrou mais de 8,5 milhões de assinantes. Logo em seguida, a Microsoft comprou o serviço por US$ 400 milhões.

Capítulo 10: Emoções Contagiosas e Contagiantes

A Apple faz a mesma coisa, projetando produtos que anunciam a si mesmos e mudando o comportamento das pessoas. E o que você me diz de imitar um velho caipira? Num primeiro momento, uma péssima ideia, mas Ken Craig, 86 anos, por insistência da filha, gravou um vídeo para ensinar a uns parentes que moravam longe um pequeno truque para limpar espigas de milho. O vídeo foi visto por mais de cinco milhões de pessoas e muito provavelmente o truque foi imitado por muitas delas.

Uma variedade diferente de células cerebrais, os neurônios-espelho são capazes de sentir tanto os movimentos que a outra pessoa está prestes a fazer quanto seus sentimentos, preparando-nos instantaneamente para imitar tais movimentos e sentimentos. Isso explica porque basta uma pessoa bocejar para que todas as outras ao redor comecem a bocejar também. Mas não é só o bocejo que é contagioso. São os neurônios-espelho em ação. Eles podem ser contagiantes também, como a risada. Quantas vezes você riu só por causa da risada de alguém?

Neurônios-espelho são aqueles que se ativam quando uma ação está sendo realizada e quando a mesma ação está sendo observada, não necessariamente fazendo o mesmo movimento. Por exemplo, quando seu time faz um gol e você comemora levantando os braços. Muitas vezes ele acontece involuntariamente, sem percebermos. Se as pessoas começarem a falar mais baixo com você, é natural que você diminua o tom de voz, e o inverso será igualmente verdadeiro.

É importante destacar que a ação dos neurônios-espelho não precisa acontecer apenas durante um período de observação física. Pode acontecer também durante uma leitura. Você já se pegou sorrindo na frente de um computador? Ou bocejando na frente da palavra bocejo? Peguei você!

Mesmo que você seja uma pessoa tímida e reservada, se entrar em uma sala onde todas as pessoas sorriem para você, em algum momento você acabará sorrindo também. E isso acontece sim com os comportamentos nas empresas também. Para o bem e para o mal. É o contagiante e o contagioso.

Nunca vou me esquecer do ocorrido durante um treinamento certa vez na chácara de uma empresa. Estávamos almoçando informalmente. O prato do dia era frango a passarinho. Todo mundo comendo os franguinhos e foi então que eu observei que todos os funcionários, sem exceção, não deixavam sequer um pedacinho de carne sobrando. Eles quase comiam o osso junto antes de se servirem de outro pedaço de frango. Comecei a me sentir uma estranha no ninho porque, confesso, até aquele dia eu nunca tinha "aproveitado" tanto cada pedaço de frango. Imitar o comportamento deles foi automático para mim. Meus neurônios-espelho naquele mesmo momento começaram a trabalhar.

O mais interessante foi descobrir o porquê daquele comportamento. Eles me contaram que desde que a empresa começou a abrir os números para eles, as lideranças começaram a mostrar o quanto economizar nos detalhes impactava no salário de cada um. Veja a importância do líder em todo esse processo de evangelização. Simplesmente extraordinário. Uma empresa com um DNA fortíssimo. E que não nasceu assim.

Os neurônios-espelho, portanto, são os grandes responsáveis pelo processo da empatia humana, enviando sinais para o sistema límbico do cérebro, responsável pelas nossas emoções e área que nos ajuda a entrar em sintonia com os sentimentos das outras pessoas.

A IMPORTÂNCIA DO AUTOCONTROLE

Goleman defende que as pessoas que estão no controle de seus sentimentos e impulsos são capazes de criar um ambiente de confiança e justiça. Em um ambiente assim, a politicagem e as rivalidades são reduzidas e a produtividade é aumentada. Pessoas talentosas não têm vontade de ir embora, e o autocontrole é contagiante. Ninguém quer ser o nervosinho num ambiente onde o líder é calmo. Menos mau humor na cúpula é menos mau humor em toda a empresa. Afinal, o exemplo sempre vem de cima. Exibições extremas de emoção negativa nunca serviram de exemplo para lideranças.

O autocontrole deixa de ser uma virtude pessoal da liderança e passa a ser uma força organizacional. Portanto, assuma o controle daquilo que você pode e não permita que as coisas que você não controla o desgovernem!

COMPORTAMENTO CONTAGIOSO

Sabemos que as emoções são contagiosas. Uma pesquisa feita por James Fowler, da Universidade da Califórnia, em San Diego, e Nicholas Christakis, de Harvard, mostrou que a felicidade é contagiante, por exemplo. Se você tem um amigo que é feliz, a probabilidade de você ser mais feliz aumenta em 25%.

Sabemos também que os comportamentos podem ser contagiosos. Christakis e Fowler determinaram que se você tem amigos com excesso de peso, você terá mais propensão a ter sobrepeso. Se você parar de fumar, seus amigos são mais propensos a parar de fumar. Rose McDermott, da Universidade de Brown, descobriu que o divórcio é contagioso. Ela concluiu que, se você tem um amigo que é divorciado, você tem 33% mais de chances de fazer o mesmo. Já pensou?

CAPÍTULO 10: EMOÇÕES CONTAGIOSAS E CONTAGIANTES

Jack Zenger e Joseph Folkman, CEO e presidente da Zenger / Folkman, uma consultoria de desenvolvimento de liderança, escreveram juntos um artigo com o título "Fazer-se Indispensável" para a Harvard Business Review, em que compartilham a pesquisa que fizeram, cuja ideia era descobrir como tal "contágio social" afeta líderes. Nós já sabemos que uma boa liderança cria funcionários engajados e que os líderes influenciam uma variedade de resultados, como rotatividade de pessoal, satisfação do cliente, vendas, receita, produtividade e assim por diante. Mas se você é um bom líder, você faz as pessoas ao redor mais propensas a se tornarem bons líderes também? E quais comportamentos são mais facilmente "contagiosos"?

Para responder a essa pergunta, foram examinadas avaliações 360° de gestores de alto nível e de seus subordinados diretos que eram gerentes de nível médio.

Especificamente, foram testados 51 comportamentos, encontrando-se correlações significativas em mais de 30 deles. Dentro dos comportamentos que pareceram contagiosos, havia alguns que pareciam ainda mais contagiosos do que outros. Os comportamentos que tiveram as maiores correlações entre os gestores e seus subordinados diretos foram agrupados em torno dos seguintes temas, listados em ordem de mais contagiosos para menos contagiosos:

- ▶ Autodesenvolvimento e dos outros
- ▶ Habilidades técnicas
- ▶ Habilidades de estratégia
- ▶ Análise e cooperação
- ▶ Integridade e honestidade
- ▶ Perspectiva global
- ▶ Determinação
- ▶ Resultados
- ▶ Foco

Também foi examinado o desempenho geral. Os relatórios diretos apontaram que a seleção tem um papel nesses resultados, como no velho ditado que diz "jogadores A contratam outros jogadores A, mas os jogadores B contratam jogadores C". A conclusão foi de que o comportamento de liderança é contagioso: bons líderes inspiram melhores comportamentos de liderança entre seus liderados, enquanto os líderes maus fazem o oposto.

115

COMPORTAMENTO CONTAGIANTE

O texto foi publicado na revista *Você S/A* de fevereiro de 1999, mas na verdade já vem do livro *Trabalhando com a Inteligência Emocional*, de Daniel Goleman, publicado pela Editora Objetiva.

Goleman conta que era um final de um dia úmido, longo e cansativo no Walt Disney World. Um ônibus lotado de pais e crianças começara o trajeto de 20 minutos de volta para o hotel. As crianças (e seus pais) estavam muito agitadas e irritadiças, cenário bastante comum, aliás, após um dia de muito estresse positivo.

Foi então que o motorista do ônibus teve a presença de espírito de começar a cantar uma música do filme *A Pequena Sereia* (aquela "Parte do Seu Mundo", que fala sobre as coisas bonitas do mundo e que tem um tom calmante e envolvente...). Aos poucos, todos foram se tranquilizando, prestando atenção.

Uma menininha começou a cantar; e então logo ativou o neurônio-espelho das várias outras crianças, que se juntaram a ela e fizeram um coro. No final do percurso, todos estavam cantando *Círculo sem Fim*, de *O Rei Leão*.

Resultado: a viagem de ônibus que poderia ter sido infernal transformou-se num passeio agradável, prolongando a magia do parque e envolvendo ainda mais as crianças.

Aquele motorista de ônibus sabia muito bem o que estava fazendo. Goleman afirma que, na verdade, motoristas cantores fazem parte de uma estratégia intencional para ajudar a manter a tranquilidade dos passageiros. Essa estratégia aproveita de forma inteligente o contágio emocional.

Para melhor ou pior, fazemos todos parte dos conjuntos de ferramentas emocionais uns dos outros. Estamos sempre acionando os estados emocionais das pessoas, da mesma maneira que fazem conosco. Esse fato constitui um forte argumento contra a expressão desinibida de sentimentos tóxicos no trabalho. Eles envenenam o poço. No sentido oposto, os sentimentos positivos sobre uma companhia se baseiam, em grande parte, em como as pessoas que representam a empresa nos fazem sentir. Estas últimas, em especial, são contagiantes.

11

A QUÍMICA POR TRÁS DAS EMOÇÕES

"É verdade, nós sabemos que somos algo mais do que apenas neurônios disparando; ou, pelo menos, é isso que pensamos ser, enquanto os neurônios estão disparando."

PATRICIA CHURCHLAND

"A CULPA É DOS HORMÔNIOS".

Essa frase não é minha, é do Professor Pedro Camargo, um dos maiores mestres que já conheci em Biologia do Comportamento Humano. Tive o prazer de ser aluna dele e de aprender sobre a influência dos hormônios na biologia do comportamento de compra. Em um de seus livros, "Eu Compro – mas a culpa é dos hormônios", ele explica melhor como funciona esse processo, que a seguir vamos falar de maneira mais direcionada para liderança.

Apesar de já ter falado algo sobre neurotransmissores, ainda não parei para explicar realmente o que são e para que servem. Então, vamos lá!

Neurotransmissor é uma substância química produzida no neurônio. É responsabilidade dele conduzir e transmitir uma informação de um neurônio a outro, como se fosse um e-mail para comunicação entre eles. Essa comunicação entre os neurônios se chama sinapse. Elas podem ficar mais fracas ou mais fortes dependendo da experiência do indivíduo. Joseph LeDoux, professor de Neurociências em Nova York, já dizia: "Você é suas sinapses, e elas são o que você é". Por isso que quando você tem diversas ideias ou pensa muito sobre determinado assunto, seu cérebro está produzindo uma série de sinapses simultaneamente, e muitas vezes você fica bastante excitado por causa disso. E aqui vale uma curiosidade: o armazenamento de memória se baseia no fortalecimento ou enfraquecimento de sinapses.

Mas por que os neurônios precisam de uma comunicação entre eles, se um está ao lado do outro? Não seria melhor uma conversa direta, sem intermediários? O fato é que os neurônios abominam o silêncio. Um neurônio que nunca dispara, está mudo. Ou seja, eles têm tudo a ver com comunicação.

O Dr. Mario Peres, médico neurologista, que escreve para o site cefaleias.com. br, explica que os neurônios funcionam através de disparos elétricos. Então, para transmitir um impulso elétrico em uma informação química, para que as células consigam "conversar", o neurônio produz e utiliza os neurotransmissores. "Os neurotransmissores são como combustíveis para o cérebro realizar determinadas funções. Em um carro é preciso ter água, diferentes tipos de óleo, gasolina, lubrificantes. No cérebro é a mesma coisa: existem vários neurotransmissores e também outras substâncias que agem também como neurotransmissores, por exemplo os aminoácidos, peptídeos e até mesmo gases como o óxido nítrico e o gás carbônico".

Ele cita os neurotransmissores clássicos: acetilcolina, as catecolaminas (dopamina, adrenalina e noradrenalina) e a artista principal, a serotonina. Os aminoácidos podem ser excitatórios, que aceleram determinadas funções do cérebro (o maior exemplo é o glutamato), ou os que fazem o contrário, os inibitórios, como o GABA - Gamma-Amino Butyric Acid (ácido gama amino butírico), que diminuem a atividade de alguns sistemas. O Dr. Peres explica que é ideal que ocorra um equilíbrio entre os aminoácidos, principalmente entre o GABA e o glutamato, para que haja um correto grau de excitabilidade, de disparo dos neurônios, para não disparar demais nem de menos.

Os três principais neurotransmissores que estão mais associados ao estado afetivo das pessoas são a serotonina, a noradrenalina e a dopamina. E também os hormônios cortisol e oxitocina. Vamos entender melhor cada um deles?

⇨ **Noradrenalina ou norepinefrina** - é uma substância química ativadora, produzida na glândula adrenal, que funciona como um hormônio. Aumenta os batimentos cardíacos e a pressão arterial, recruta a glicose guardada no corpo para ser utilizada, prepara o músculo para agir rapidamente e aumenta sua contratura, eleva o estado de alerta e também está ligada a problemas de sono. Esse neurotransmissor é o responsável pela resposta de defesa do organismo, o que chamamos de luta e fuga. Quando o organismo percebe uma ameaça, ele produz a noradrenalina para preparar o corpo para a "guerra", a fim de lutar contra a ameaça ou fugir dela. É um neurotransmissor e hormônio ligado ao estresse, ao grupo de alerta, por isso é de extrema importância para o sistema de dor. Ela é liberada em resposta a estimulantes como o café e anfetaminas em situações de estresse e crises de ansiedade.

⇨ **Dopamina** - assim como a noradrenalina, é produzida na glândula adrenal e tem diversas funções no cérebro, incluindo o comportamento, atividade motora, automatismos, motivação, recompensa, produção de leite, regulação do sono, humor, ansiedade, atenção, aprendizado. A dopamina é o produto químico que negocia o prazer no cérebro. É liberada durante situações prazerosas e estimula a busca de uma atividade ou ocupação agradável. Isso significa que o alimento, o sexo e diversas drogas são igualmente estimulantes da liberação da dopamina no cérebro.

A pessoa que produz pouca dopamina tem dificuldades de seguir por um determinado caminho por muito tempo. É aquele que morre de tédio frente a uma rotina sem muitas novidades.

Quando há uma deficiência de dopamina no cérebro os movimentos podem tornar-se atrasados e descoordenados (sua ausência provoca a doença de Parkinson). Em excesso, o cérebro ordena que o corpo faça movimentos desnecessários, como tiques repetitivos.

120

A dopamina nos lóbulos frontais do cérebro controla a circulação da informação de outras áreas cerebrais. As desordens da dopamina nesta região diminuem funções neurocognitivas, especialmente memória, atenção e resolução de problemas. As concentrações reduzidas da dopamina no córtice pré-frontal contribuem para o Transtorno de Deficit de Atenção (TDA ou TDHA). Este assunto é melhor explorado no final deste capítulo.

Para estimular a produção e a liberação saudáveis de dopamina, recomenda-se o consumo de alimentos ricos em tirosina, como derivados do leite, abacate, abóbora, amêndoa, feijão, nozes, carnes, ovos e outros; evitar o consumo de cafeína e fazer exercícios físicos regularmente.

⇨ **Serotonina** - a serotonina pode ser um neurotransmissor excitatório ou inibitório, dependendo do receptor a que se liga. Ela vem sendo utilizada no senso comum como sinônimo de felicidade. E, de fato, é uma substância implicada em depressão e felicidade, ansiedade e tranquilidade e em outras diversas áreas do comportamento, como agressividade, raiva, irritabilidade. Participa também de outras funções importantes no organismo, como apetite, controle de temperatura, sono, náusea e vômitos, sexualidade e, claro, é muito importante no sistema de dor.

A falta de serotonina no organismo pode resultar em carência de emoção racional, sentimentos de irritabilidade e menos-valia, crises de choro, alterações do sono e uma série de outros problemas emocionais e, embora seja apenas um entre centenas de outros neurotransmissores do cérebro, atualmente a serotonina é considerada um dos mais importantes entre eles. Os níveis de serotonina determinam se a pessoa está deprimida, propensa à violência, irritada, impulsiva ou gulosa.

Veja que interessante. Assim como a serotonina pode elevar o humor e produzir uma sensação de bem-estar, sua falta no cérebro ou anormalidades em seu metabolismo têm sido relacionadas a condições neuropsíquicas sérias, como o Mal de Parkinson, distonia neuromuscular, Mal de Huntington, tremor familiar, síndrome das pernas inquietas, problemas com o sono, entre outros, sem contar problemas psiquiátricos como depressão, ansiedade, agressividade, comportamento compulsivo, problemas afetivos, que também têm sido associados ao mau funcionamento do sistema serotoninérgico.

Alguns testes realizados em pacientes gravemente deprimidos, assim como em pacientes suicidas, constataram baixíssimos níveis da serotonina no líquido espinhal dessas pessoas, o que leva a crer que hoje em dia é mais correto entender que o paciente deprimido não é somente uma pessoa triste, inclusive, alguns deprimidos nem são tristes, mas que o deprimido seja uma pessoa com um transtorno da afetividade, concomitante ou proporcionado por uma alteração nos neurotransmissores e neuroreceptores.

BIOQUÍMICA CEREBRAL

O transtorno afetivo mais típico e a segunda maior causa de afastamento do trabalho é a depressão, com todo seu quadro clínico conhecido, e são muitos os fatores que contribuem para sua causa - entre eles destaca-se cada vez mais a importância da bioquímica cerebral. Os quadros ansiosos do tipo pânico, fobias, somatizações ou mesmo a ansiedade generalizada são problemas afetivos muito frequentes, e já se aceita que todos eles tenham como base psíquica as alterações da afetividade. Os antidepressivos são drogas alternativas que aumentam o tônus psíquico melhorando o humor e, consequentemente, o desempenho da pessoa de maneira global. Acredita-se que o efeito antidepressivo se dê às custas de um aumento da disponibilidade de neurotransmissores no sistema nervoso central, notadamente da serotonina, da noradrenalina ou norepinefrina e da dopamina. Ao bloquearem receptores 5HT2 da serotonina, os antidepressivos também funcionam como drogas antienxaqueca.

De modo geral, a serotonina regula o humor, o sono, a atividade sexual, o apetite, o ritmo circadiano, as funções neuroendócrinas, temperatura corporal, sensibilidade à dor, atividade motora e funções cognitivas. Para se ter uma noção da influência bioquímica sobre o estado afetivo das pessoas, basta lembrar dos efeitos da cocaína, por exemplo. Trata-se de um produto químico atuando sobre o cérebro e capaz de produzir grande sensação de alegria, ou seja, proporciona um estado emocional através de uma alteração química. Outros produtos químicos, ou a falta deles, também podem proporcionar alterações emocionais.

A serotonina pode ser encontrada em uma variedade de alimentos, tais como abacaxi, banana, ameixas, nozes, peru, presunto, leite e queijo. Ela também é encontrada em muitas plantas, vegetais, frutas, cogumelos. Muitos remédios são voltados para repor a serotonina no cérebro, e com ação favorável em diversas doenças. A classe dos antidepressivos é repleta de medicamentos com ação na serotonina.

A seguir, você pode entender um pouco melhor a relação que existe entre os neurotransmissores e como eles influenciam nossos sentimentos.

Capítulo 11: A Química por trás das Emoções

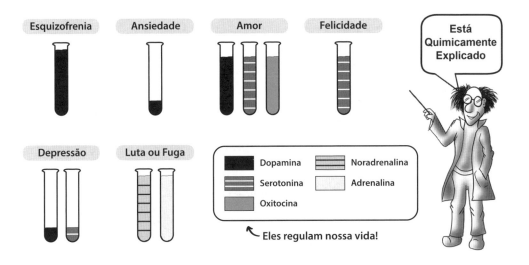

→ **Cortisol** - o cortisol é um hormônio produzido pelas glândulas suprarrenais, que estão localizadas acima dos rins. O cortisol serve para ajudar o organismo a controlar o estresse, reduzir inflamações, contribuir para o funcionamento do sistema imune e manter os níveis de açúcar no sangue constantes, assim como a pressão arterial.

Os níveis de cortisol no sangue variam durante o dia porque estão relacionados com a atividade diária e a serotonina. O cortisol alto no sangue pode originar aumento de peso, dificuldade na aprendizagem, lapsos de memória, aumento da sede e da frequência em urinar, diminuição da libido, menstruação irregular. Sintomas esses bastante comuns dentro de grandes empresas. Nem precisa ir muito longe para encontrá-los.

O tratamento para o cortisol alto pode ser feito com remédios prescritos pelo médico, mas o consumo do inhame constitui um ótimo tratamento caseiro. Outras formas de controlar naturalmente os níveis de cortisol no sangue é fazendo exercícios físicos regularmente, ter uma alimentação saudável aumentando o consumo de vitamina C e diminuindo o consumo de cafeína. Este último, quase impossível dentro do ambiente corporativo. Na figura abaixo você pode ver uma matriz das principais emoções dos seres humanos com seus níveis de excitação e de estresse.

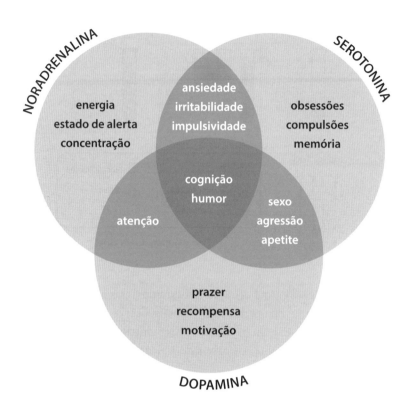

Lembrando apenas que o estresse é definido como uma reação do organismo que acontece quando surge a necessidade de uma adaptação a um evento ou situação importante. Estresse positivo é aquele que coloca as pessoas em estado de alerta, produzindo adrenalina. Já o estresse negativo acontece quando a pessoa esgota sua capacidade de adaptação e o corpo passa a sofrer as consequências.

Do lado oposto do cortisol, veja que está escrito DHEA (do inglês dehydroepiandrosterone), que é um hormônio esteroide produzido a partir do colesterol pelas glândulas adrenais, testículos, ovários, tecido adiposo, cérebro e pele. O DHEA serve como matéria-prima para a fabricação de todos os outros hormônios importantes secretados pela glândula suprarrenal.

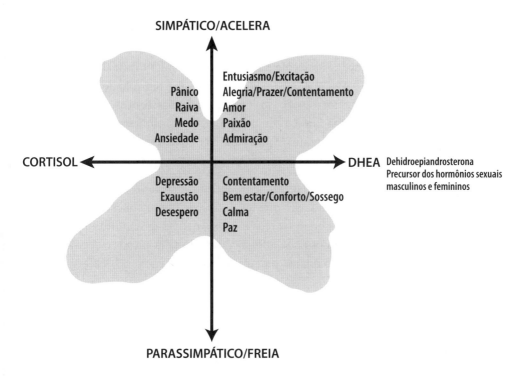

OXITOCINA

Vale citar ainda a oxitocina, um hormônio produzido pelo hipotálamo e que ajuda na criação de laços sociais e relacionamentos duradouros. Ela é responsável por aquela sensação gostosa que você tem ao abraçar uma pessoa querida que não via há muito tempo. Aumenta a fidelidade, confiança e empatia entre as pessoas. É também conhecida como o hormônio do amor, por aumentar sua concentração no corpo em quase 40% depois de um orgasmo.

É a oxitocina que gera as contrações musculares uterinas durante o parto e a ejeção de leite durante a amamentação.

"NÃO FUI EU"

Pedro Camargo explica que é o cérebro límbico-reptiliano que toma decisões por nós. Portanto, as decisões são tomadas antes de termos consciência disso. E são muitas as variáveis que contribuem para o processo: os níveis de neurotransmissores, os níveis hormonais, tanto masculinos quanto femininos, o ciclo circadiano, a arquitetura cerebral, a genética do indivíduo, a fase do ciclo menstrual em que a mulher se encontra no momento da decisão, o nível de oxitocina e todos os processos orgânicos.

"Nosso organismo reage ao ambiente e ao desequilíbrio interno tomando decisões automáticas muitas vezes sem que saibamos. Homeostasia é o resultado do trabalho do organismo em tentar manter o corpo em equilíbrio e, para isso, nosso cérebro toma decisões", enfatiza o professor. Em seu conjunto, os neurotransmissores atuam como equilibradores sobre os pensamentos, ações e decisões que tomamos todos os dias, por isso eles têm uma importância tão grande no processo de tomada de decisão.

A falta ou o excesso de qualquer um deles pode influenciar totalmente o rumo de uma atitude sua. E aqui pode ser que encontremos uma explicação científica do porquê de alguns líderes serem tóxicos e outros não. O desequilíbrio entre os neurotransmissores e hormônios pode influenciar muito cada atitude e decisão sua, tanto no ambiente de trabalho quanto na vida pessoal.

 CURIOSIDADE

COMPULSÃO POR DOCES

Além de tudo o que já foi falado sobre a serotonina, é interessante saber que ela também é a responsável por regular a saciedade alimentar. Assim, soube-se que níveis baixos de serotonina, particularmente na estrutura cerebral do hipotálamo (responsável pela ligação entre o sistema nervoso e o sistema endócrino), desencadeiam uma sensação de necessidade de alimentos específicos, particularmente doces e carboidratos, além do mal-estar emocional. Assim como outros doces, o chocolate parece aumentar o nível de serotonina no hipotálamo, levando ao desaparecimento ou à atenuação da necessidade de comer açúcar e do mal-estar.

Por causa disso acredita-se que os chocólatras sejam pessoas que vez por outra apresentam níveis baixos de serotonina e consequente mal-estar que desaparece com a ingestão do chocolate.

Alguns medicamentos antidepressivos restabelecem as taxas normais de serotonina fazendo a pessoa atingir mais facilmente a saciedade e conseguir maior controle sobre a ingestão de açúcares, por isso vêm sendo usados para emagrecer (o que os médicos chamam de off label). Porém, outros têm efeito contrário, resultando em aumento do peso. Difícil é saber qual seria o ideal para cada caso, sem mexer com toda a estrutura psicológica das pessoas. Quer saber? Talvez seja mais prazeroso mesmo comer um chocolatinho...

DHEA - POLÊMICA E PROIBIÇÃO

Ele é conhecido como o hormônio da juventude e muitos são os estudos que sugerem que, quanto menor o nível de DHEA da pessoa, maior o risco de morte por doenças relacionadas com o envelhecimento. Outros estudos também indicam que baixos níveis de DHEA seriam responsáveis por muitas doenças degenerativas e pelo envelhecimento acelerado, uma vez que ele é inversamente proporcional ao cortisol. Considerou-se o envolvimento do hormônio em diversos problemas de saúde, entre eles o Mal de Alzheimer, doenças autoimunes, distúrbios provocados pelo estresse, entre outros.

O fato é que, se você for perguntar para o seu médico, ele vai lhe dizer que não existem estudos que comprovem nada ainda sobre DHEA. Mas há controvérsias. Em um estudo realizado por Elizabeth Barrett-Connor, famosa pesquisadora da área hormonal, médica, professora e chefe do departamento de medicina preventiva da Universidade da Califórnia, em San Diego, foram monitorados os níveis de DHEA em 242 homens, de 50 a 79 anos de idade, durante 12 anos. O estudo revelou forte correlação entre os maiores níveis de DHEA e o menor risco de morte decorrente de todas as causas. Entre os indivíduos que sobreviveram, o nível de DHEA era três vezes maior do que entre os que morreram.

E esse não foi o único estudo feito até agora. Há centenas deles publicados relatando os benefícios comprovados para o sistema imunológico, humor, ajuda aos dependentes químicos, fertilidade, doenças autoimunes, aumento da rigidez arterial e doenças cardiovasculares.

Apesar das evidências, o uso deste hormônio não faz parte do rol de tratamentos para as doenças citadas acima e nem como prevenção das mesmas. Apenas em alguns casos de menopausa precoce e insuficiência da glândula suprarrenal ele é reposto protocolarmente. A reposição desse hormônio, quando necessária, deve ser feita por médico com experiência no assunto, depois de seus níveis serem mensurados no sangue.

É de fundamental importância o equilíbrio com o hormônio cortisol para que o DHEA traga todos os benefícios citados. Pessoas com fadiga crônica e com níveis baixos de cortisol podem ter seu quadro agravado. Também é muito importante que sejam analisados outros hormônios como os da tireoide e outros esteroides como testosterona, estradiol, progesterona e DHT. A função hepática e a função renal também devem ser averiguadas. Devem ser excluídos cânceres em atividade seguindo os protocolos ginecológicos e urológicos vigentes. Avaliação prévia do cardiologista também deve ser realizada.

Apesar de nos EUA e Europa o DHEA ser vendido e encontrado em qualquer lugar como suplemento e sem qualquer fiscalização, no Brasil a venda e o uso ainda são proibidos.

MELATONINA

Nem tanto quanto o DHEA, mas, ainda assim, polêmica, a melatonina é motivo de discussões acaloradas entre os profissionais de saúde. A melatonina é uma substância presente no organismo humano e que está diretamente relacionada aos nossos ciclos de sono, por isso sua produção acontece no início do período noturno, quando o sol se põe. É ela quem diz para o corpo que a noite já chegou, já que é reguladora do ritmo biológico. A secreção de melatonina é maior durante os meses de inverno, já que nesse período as noites são mais longas. Sua síntese é bastante evidente durante a infância e diminui à medida que envelhecemos.

A melatonina atua em diversos processos fisiológicos do organismo. O hormônio é um grande auxiliar do sistema imune, operando sobre os linfócitos e citocinas. O consumo de melatonina estimula a sonolência, mesmo durante o dia, em pessoas saudáveis. A resposta mais plausível para esse efeito está no fato da melatonina reduzir a temperatura corporal, o que induz o sono, graças à sua atividade vasodilatadora.

Pesquisas mostram que o uso da melatonina em crianças que possuem problemas neurológicos e sofrem de insônia melhora a qualidade do sono e aumenta sua duração. O mesmo benefício foi observado em crianças saudáveis e que apresentam insônia crônica.

A melatonina também é indicada para o tratamento do jet lag (distúrbios do ciclo circadiano causado por viagens de avião que atravessam um ou mais fusos horários) e para proporcionar uma melhor adaptação aos trabalhadores que executam suas atividades no período noturno (o desequilíbrio do ritmo circadiano nesse caso é crônico e muito mais prejudicial à saúde).

O uso da melatonina é mais vantajoso comparado aos efeitos dos hipnóticos comuns (drogas que induzem o sono e sua manutenção). O consumo da melatonina sintética, isto é, seu uso como suplemento, tem se popularizado especialmente pelo fato de muitos estudos comprovarem seus benefícios contra várias doenças.

Também pode ser ingerida na forma de suplemento alimentar. É facilmente encontrada nos Estados Unidos e não há nenhum tipo de burocracia para a compra. No Brasil, durante muito tempo, sua venda ficou proibida. Recentemente, a Anvisa liberou a comercialização da melatonina em medicamentos manipulados e mediante receita médica. Ainda assim, vale uma ressalva: antes de comprar, ou pedir para alguém importar para você, consulte seu médico. Pode haver situações de contraindicação.

HUMOR, DECISÕES E NEUROTRANSMISSORES

Pedro Camargo afirma que tomamos decisões, importantes ou banais, baseados em nosso humor, uma vez que os hormônios produzem um efeito enorme sobre ele. "Nossa incoerência é orgânica. É seu organismo quem determina como você irá se comportar".

Ele afirma que somos nosso organismo e nosso cérebro, mas fica impossível dizer quem os controla, porque eles têm mais conhecimento de nossas necessidades biológicas do que nosso consciente pode perceber. E aconselha verificarmos com um médico neurologista nossos níveis de neurotransmissores, como a dopamina e serotonina, que estão relacionados ao prazer e recompensa. "Saiba que existem forças internas agindo sobre seu comportamento e que muitas vezes você não as controla e não as entende também".

Estudos mostram, por exemplo, que há um aumento de 40% em nosso humor quando somos expostos a fragrâncias prazerosas, por exemplo. Mais humor, mais dopamina.

"Algumas forças por trás do nosso comportamento falam bem mais alto do que a razão. Nem sempre nossa decisão está ligada à melhor alternativa, porque as leis que regem o comportamento não são puramente matemáticas, mas sim biológicas".

BARRIGA QUE MANDA NA CABEÇA

Você já ouviu falar que uma pessoa está enfezada? Pois literalmente estar enfezada é estar cheia de fezes. Ao contrário do que se imagina, a serotonina não está presente apenas no cérebro. Aproximadamente 90% de toda a quantidade de serotonina do corpo está, na verdade, guardada nos intestinos, que são conhecidos como segundo cérebro do corpo humano. E o que estão fazendo lá? Esperando para roubar energia dos alimentos que você come.

Uma pessoa cheia de fezes está com baixa produção de serotonina. Logo, está mal-humorada. Quanto mais serotonina se tem, melhor você se sente.

A ciência já sabe que os neurônios da barriga podem interagir, inconscientemente, com o cérebro de cima, afetando seu comportamento, suas emoções e inclusive o seu caráter, mas ainda é uma incógnita para os cientistas descobrir de que forma os neurônios abdominais agem sobre o cérebro.

É uma via de mão dupla. Os sinais enviados pelo sistema digestivo chegam ao cérebro por meio do nervo vago, que também leva para a barriga os sinais emitidos pelo cérebro. O que ninguém consegue entender ainda é como o cérebro, tão poderoso, pode obedecer às ordens da barriga, quando na verdade deveria ser apenas o contrário. Pois é... mais um mistério para os neurocientistas desvendarem... Barriga manda na cabeça. Vai dizer que você nunca teve dor de barriga quando ficou ansioso?

LIDERANÇA, DEFICIT DE ATENÇÃO E HIPERATIVIDADE

O Deficit de Atenção não é apenas uma característica de pessoas desatentas e hiperativas. Trata-se de uma doença neurológica (Transtorno de Deficit de Atenção e Hiperatividade - TDA ou TDAH), diagnosticada geralmente em crianças tidas como pimentinhas, hiperativas, impulsivas, bagunceiras, irrequietas, distraídas ou que vivem no mundo da lua. É bastante comum que essas características permaneçam com o indivíduo na fase adulta, mesmo quando tratadas ao longo da vida.

Acredita-se que genes possam desempenhar um importante papel no deficit de atenção e hiperatividade. As questões ambientais, como a exposição a cigarros ou álcool, enquanto no útero, também podem ser importantes fatores desencadeadores do transtorno.

Existem ainda teorias de que os neurotransmissores no cérebro estejam funcionando mal, como a dopamina, noradrenalina e serotonina, principalmente na região do córtex pré-frontal. Por isso são prescritos remédios como o metilfenidato (Ritalina ou Concerta) com ação positiva no TDAH para aqueles que apresentam os sintomas. O grande perigo é utilizar esses medicamentos indiscriminadamente apenas como "sossega leão" para crianças se acalmarem e darem menos trabalho para pais e professores. Isso é um crime contra a criatividade e desenvolvimento da personalidade. No Brasil, o uso de Ritalina cresceu 775% em dez anos.

O tratamento na fase adulta não difere muito das medicações usadas para as crianças. Contudo, é preciso ter certeza de que o diagnóstico está correto. O tratamento medicamentoso deve ser reservado para os casos nos quais aconteça algum prejuízo, alguma dificuldade na vida do paciente. Várias linhas de psicoterapia também são frequentemente indicadas.

Uma característica marcante do Transtorno do Deficit de Atenção é sua alta taxa de associação com outras doenças. Em adultos são comuns os transtornos ansiosos, depressivos, abuso de drogas, transtornos do apetite e do sono. A depressão bipolar

CAPÍTULO 11: A QUÍMICA POR TRÁS DAS EMOÇÕES

pode estar também associada ao TDAH. No adulto, os sintomas do deficit de atenção e hiperatividade se manifestam de maneira diferente, de forma bem mais sutil. Isso pode tornar mais difícil de reconhecer e diagnosticar o TDAH adulto. Entre os sintomas mais comuns em adultos com deficit de atenção incluem-se o esquecimento excessivo, desatenção, bem como uma incapacidade de se sentar quieto, por estar constantemente se mexendo.

Dentro das empresas essa é uma característica muito comum, o que não significa que todas as pessoas com tal perfil sejam portadoras de TDAH. Em entrevista exclusiva para este livro, Fernando Pianaro, autor do livro "Acupuntura Organizacional", que é alguém acostumado a trabalhar com casos de líderes portadores desse transtorno, chama a atenção para alguns pontos sintomáticos específicos, principalmente quando esse líder acumula a função de gestor nas organizações.

Pianaro alerta para o cuidado com a distração extrema. "Trata-se de um ponto delicado. É preciso um exercício enorme de foco para que esse líder não perca o rumo e o respeito da equipe". Ele relacionou também o nível de toxicidade com a falta de prazer na execução da tarefa, que pode ser um dos fatores da distração gerada por falta de interesse ou vontade de execução.

Saber ouvir passa a ser um exercício que requer muito treino para esse líder TDAH. "O líder precisa saber ouvir. Essa é uma característica básica de um líder gestor". Entretanto, Pianaro destaca que há dinâmicas para desenvolver tal habilidade, e o coaching também é uma excelente forma de se trabalhar isso. "É preciso levar em consideração os sistemas de representação. Se o líder for auditivo, por exemplo, ele terá muito mais facilidade do que um visual ou sinestésico". Pianaro chama a atenção ainda para o uso de ferramentas que auxiliem no reconhecimento do perfil dos funcionários, principalmente os líderes TDAH. "Se ele não for dominante e paciente, por exemplo, o trabalho que se faz com ele para neutralizar os pontos fracos e maximizar os pontos fortes será bem diferente do que se faz com aquele que é analítico. Apesar de a desorganização ser uma característica de um TDAH, se ele for analítico dificilmente esse sintoma aparecerá".

Quando o líder TDAH não tem consciência de seu transtorno, é possível que ele pense que todas as pessoas que estão à sua volta, principalmente sua equipe, são muito lentas e incompetentes. Ou ainda, em alguns momentos, que ele está certo e o mundo está errado. E suas atitudes em relação a esses fatos, quando há uma descompensação emocional, podem despertar a semente da toxicidade no ambiente. Aumentam-se as cobranças, o clima organizacional começa a ficar um pouco mais tenso e pesado, e para perder o controle da situação não precisa muita coisa.

O fato é que as empresas também são culpadas em casos desse tipo, porque não fazem uma avaliação prévia do perfil das pessoas. Não há como esperar que todo TDAH tenha consciência de suas limitações. "As empresas precisam começar a se preocupar com isso", alerta Pianaro. E a questão que fica é: será que o TDAH de hoje não é uma evolução da pressão e do volume de informação das empresas também?

12

AS EMOÇÕES E O SISTEMA IMUNOLÓGICO

"Nada neste mundo é bom ou ruim. É o pensamento que torna as coisas boas ou ruins."

WILLIAM SHAKESPEARE

Fortes emoções negativas como raiva, tristeza, frustração e desespero, podem ser particularmente tóxicas para o corpo humano e afetar a habilidade do sistema imunológico em protegê-lo.

Quando a dor emocional é bem tratada, frequentemente está acompanhada pela disposição de retornar a situações que podem até ser dolorosas, mas que valem ser encaradas de frente, ainda que existam sentimentos de satisfação e orgulho quando, por exemplo, alguém vê a dor como o preço necessário para atingir uma meta de longo prazo. .

Ela vira um problema quando diminui o senso de esperança das pessoas. Parte da desconexão que faz sentir essa falta de esperança é o que Daniel Goleman chama de "sequestro mental", no qual a amígdala provoca reações emocionais antes que o cérebro tenha qualquer chance de pegar um sinal ou avaliá-lo. Ainda que tais sequestros muitas vezes se manifestem como reações emocionais explosivas (de fácil arrependimento), também soam como alarme para o cérebro, ativando o sistema cardiovascular e produzindo noradrenalina, que engrandece os circuitos sensoriais, aumentando a pressão sanguínea e fazendo com que a pessoa fique com um olhar assustado.

Dor que é mal manipulada tem mais chance de levar à tristeza. Pessoas que não têm suas dores tratadas evitarão situações futuras que as façam lembrar do incidente anterior. Pessoas com sobrecargas desses sentimentos não podem cumprir suas tarefas e responsabilidades do cotidiano de forma satisfatória, muito menos com excelência.

Sandra Levy, professora adjunta de psiquiatria e medicina da Universidade de Pittsburgh e Diretora de Medicina Comportamental em Oncologia do Instituto do Câncer de Pittsburgh, realizou pesquisas associando emoções e o tratamento do câncer. Com base não só nos estudos que realizou sobre mulheres com câncer de mama, mas também na análise de dezenas de outros estudos publicados durante um período de trinta anos, ela concluiu que o tempo de vida está associado ao espírito de luta.

Levy explica que o consenso diz que os índices mais baixos de sobrevivência ao câncer estão associados com depressão ou impotência, e os índices mais altos ao enfrentamento da doença. Ela afirma que a sensação de impotência e a falta de coragem podem ser alteradas através de técnicas psicológicas e outras estratégias como o relaxamento, que podem atuar mais diretamente sobre os efeitos lesivos dos hormônios do estresse, proporcionando simultaneamente a sensação de controle sobre sua vida e seus pensamentos.

Se o relaxamento pode ser um grande aliado para a cura, o inverso é totalmente verdadeiro. Ou seja, o estresse pode ser altamente destrutivo e associar-se a inúmeras outras doenças, preexistentes ou não. Portanto, tudo o que mais precisamos dentro das empresas, entre líderes e liderados, para que tenhamos saúde, é paz de espírito. E isso nada tem a ver com zona de conforto, antes que algumas pessoas façam confusão.

Muitos estudos mostram que o relaxamento e técnicas afins podem ser muito úteis no combate aos efeitos tóxicos do estresse prolongado sobre o sistema imunológico. Um sistema imunológico desregulado pode deixar seu corpo vulnerável a resfriados, alergias, diabetes, lúpus, entre outras doenças mais graves, nas quais o corpo ataca a si próprio.

Foi o que aconteceu com Angélica, que adoeceu repentinamente em três dias com um diagnóstico de pneumonia. Tudo ia bem na vida pessoal e profissional. Ela e o marido formavam um jovem casal na faixa de 25 anos, ainda sem filhos. A ideia era sair de São Paulo, capital, para morar numa cidade mais calma, diminuir o estresse, e aumentar a família dentro de cinco ou seis anos, aproximadamente. Estavam dispostos a sacrificar a renda familiar no início da mudança, caso um dos dois conseguisse uma transferência para uma cidade menor, uma vez que sabiam que seria quase impossível os dois serem transferidos para a mesma cidade ao mesmo tempo.

E quem chegou em casa feliz com a notícia foi o marido dela. Seria transferido dentro de 60 dias para São José dos Campos, cerca de 120km de São Paulo, uma proposta até melhor do que eles estavam esperando. No dia seguinte, Angélica, num ato de felicidade, foi direto compartilhar a alegria com seu líder, mentor, confidente, amigo, conselheiro e coach (assim ela o definiu em entrevista). "Ele sabia o quanto eu estava esperando por essa oportunidade, mas eu nunca imaginava que ele fosse reagir daquela forma com a notícia. Ele fechou o semblante, me disse coisas horríveis... falou que finalmente eu viraria dona de casa, brincar de casinha e engravidar, viver numa cidade do interior e ter uma vida medíocre. Disse que eu estava trocando uma carreira em uma multinacional por um capricho de meu marido. Não acreditei no que estava acontecendo. Saí daquela sala desnorteada, sem rumo. Era como se ele fosse outra pessoa, e não aquele que me contratou e me ensinou tudo, aquele que esteve presente em todos os momentos de minha vida nos últimos seis anos. Ele era meu modelo de líder, minha inspiração. Tiraram meu chão".

Naquele dia Angélica chegou em casa nervosa e com uma tosse seca. E os dias seguintes foram de muita tensão na empresa. Ela passava o dia fugindo dele pelos corredores, até que caiu de cama e foi para o hospital. Ficou 15 dias internada, com pneumonia de causa aparentemente desconhecida. Mais tarde, depois de uma investigação mais precisa, chegou-se à conclusão de que a doença foi real, porém originada por razões emocionais.

No último dia de trabalho, já recuperada, Angélica foi chamada pelo líder para se despedir. Ela pediu desculpas, mas disse que já não tinham mais nada a dizer um

CAPÍTULO 12: AS EMOÇÕES E O SISTEMA IMUNOLÓGICO

ao outro. Então ele se sentou com ela e perguntou o que estava acontecendo. Disse que soube que ela esteve doente e queria saber se tinha melhorado.

"Mas eu fiquei doente por sua causa. Nunca esperava que você um dia tivesse a capacidade de mudar desse jeito e me falasse as coisas que me falou quando fui lhe agradecer por tudo e pedir minha demissão". Agora foi ele quem ficou transtornado. Por incrível que pareça, a ficha ainda não tinha caído. Ele não havia feito qualquer relação da doença com o fato, e nem sequer tinha percebido o estrago que havia feito.

"Angélica, por pavor, me perdoe. Eu fiquei muito abalado com sua saída, e triste também. Acho que não percebi o quão rude foi a minha reação. Eu nunca tive a intenção de magoá-la. Tudo o que eu desejo é que você seja muito e muito feliz. Eu não queria ter feito nada daquilo. Estou realmente envergonhado". Eis aí um exemplo de toxina de alto nível que passou despercebida pelo líder e foi totalmente absorvida pela liderada.

Uma série de estudos feita por um psicólogo chamado James Pennebaker, da Universidade Metodista do Sul, nos Estados Unidos, mostrou que as pessoas que confiavam experiências traumáticas a um diário dispunham de uma função imunológica melhor que as demais.

Junto a Janice Kiecolt-Glaser, resolveram fazer um experimento. Pediram que 25 alunos relatassem por escrito os detalhes de suas experiências mais difíceis e descrevessem os sentimentos que elas despertaram. Um grupo de controle com o mesmo número de pessoas escreveu apenas sobre tópicos superficiais. Os exames de sangue mostraram uma função imunológica muito superior naqueles que falaram de suas emoções, os quais também fizeram menos visitas ao médico, e não houve melhoria alguma entre os participantes do grupo de controle.

Depois de seis meses do experimento, os que falaram de suas emoções ainda mostravam os efeitos positivos em suas saúdes.

Isso explica o porquê de muitas pessoas que são criadas em um mesmo ambiente e apresentam os mesmos genes, não necessariamente apresentarem as mesmas doenças ao mesmo tempo, mesmo que sejam gêmeos idênticos.

Portanto, externar as emoções pode ser um início bastante interessante. Da mesma forma que os piores clientes das empresas são os que nunca falam e simplesmente não voltam, nossos piores liderados são aqueles que guardam seus sentimentos e criam tumores dentro de si. De nada adianta descobrirmos a doença em fase avançada; precisamos fazer exames periódicos, por isso, conversar com frequência e criar um ambiente saudável deixando as pessoas falarem para saber o que está acontecendo com cada indivíduo da equipe é sempre tão importante.

LIDERANÇA TÓXICA

Edward Hallowell conta no livro "Momentos Humanos: Como encontrar significação e amor em seu dia a dia", como criamos momentos humanos no trabalho. Na obra ele afirma que o momento humano tem dois pré-requisitos: a presença física das pessoas e sua atenção emocional e intelectual. Ele afirma que os níveis de cura podem ocorrer durante interações tão íntimas que se estendem à química dos cérebros. Ele afirma que o conhecimento atual sobre a química da reação do cérebro ao contato humano mostra que o contato positivo reduz os níveis sanguíneos dos hormônios de estresse epinefrina (adrenalina), norepinefrina (noradrenalina) e cortisol. E vai além. Diz ainda que as pessoas podem produzir os hormônios oxitocina e vasopressina, que promovem confiança e conexão. Reforça ainda que o contato entre as pessoas estimula dois importantes neurotransmissores: a dopamina, que aumenta a atenção e o prazer, e a serotonina, que reduz o medo e a preocupação.

Isso significa que quando as pessoas estão sofrendo fisiologicamente, fazer um esforço para ajudá-las a canalizar mais energia diminui o medo e o estresse delas, permitindo que seus organismos comecem a funcionar bem novamente.

Quando estamos frente a frente com a fúria ou o choro de alguém, os manipuladores de toxinas, no caso nós, os líderes, muitas vezes na tentativa de ajudar, tendemos a enfrentar a dor, como uma resposta do organismo ao estresse. Ainda que ajudar ao próximo possa aflorar seu senso de realização, esse pico de adrenalina, a médio e longo prazos, vai enfraquecendo o sistema imunológico.

É o que acontece frequentemente com aqueles que tratam das dores das pessoas, como terapeutas, assistentes sociais, enfermeiros, entre outros, que apesar de treinados, muitas vezes acabam doentes em função da absorção das toxinas dos ambientes por onde passam.

O interessante aqui é entender que um líder pode ser manipulador e causador de dores emocionais ao mesmo tempo. Em algum momento ele pode ficar tão infectado com as dores dos outros que acaba se tornando tóxico, e vai contaminando outras pessoas com essas dores, assim como os médicos, que pelo contato com pacientes com doenças infectocontagiosas acabam passando o vírus para outros pacientes, muitas vezes involuntariamente. Até já falei sobre isso lá no início.

Todas essas questões estão atreladas à forma como as moléculas fazem a ligação entre corpo e mente. E, por mais que você pense que não há relação alguma no processo, vamos entender o porquê dessa correlação. No livro "Paz, Amor e Cura", Bernie Siegel explica de uma maneira simplificada que o corpo e a mente são duas formas de expressão da mesma informação. As moléculas que conduzem essas informações de um plano ao outro são chamadas de peptídeos, e são elas que possibilitam que a mente traduza uma percepção, raciocínio ou sentimento em mensagens transmitidas

138

pelo cérebro para as secreções hormonais, chegando até o plano da atividade celular do corpo, e depois sua volta à mente e ao cérebro, num ciclo contínuo de feedback.

Siegel ressalta que o ponto-chave do ciclo, o lugar onde corpo e mente se encontram e se transformam um no outro por causa da ação de peptídeos é a área límbico-hipotalâmica do cérebro, onde os cientistas descobriram grandes concentrações de receptores aglomerados no que chamam de "áreas quentes". Os peptídeos se encaixam nesses receptores como chaves em suas fechaduras e ativam a dinâmica das células onde os receptores se situam.

O autor não se dá por satisfeito com a explicação. Ele afirma que não é só no cérebro que existem áreas quentes com receptores de peptídeos. Outras áreas ricas são os tecidos de revestimento dos intestinos e do estômago (já ouviu falar de emoções viscerais?). Isso explica novamente o porquê de muitas vezes termos dores no estômago ou diarreias quando ficamos extremamente nervosos.

Ainda que antigamente se pensasse que a comunicação entre o cérebro e o corpo fosse uma via de mão única, pesquisas recentes tanto anatômicas quanto bioquímicas não deixam mais dúvidas de que agora trata-se de uma via de mão dupla. Já há imunologistas que defendem que, na presença de invasores como vírus e bactérias, por exemplo, os transmissores de peptídeos produzidos pelo sistema imunológico funcionam como uma espécie de sexto sentido, avisando o cérebro de que há algo errado com o corpo antes de caírem realmente doentes.

 CURIOSIDADE

DNA E OS SENTIMENTOS

Estudos científicos mostram que nosso DNA é diretamente influenciado por nossos sentimentos. Alguns experimentos revolucionários de grande impacto foram realizados pelo Instituto da Matemática do Coração, na Califórnia. Esses estudos mostraram que nossas emoções afetam nosso DNA e que a natureza do efeito depende da natureza da emoção sentida.

Em resumo: O DNA muda de forma de acordo com nossos sentimentos. Por exemplo, quando sentimos gratidão, amor, compaixão, apreço, o DNA responde relaxando e desenrolando suas faixas, com seu comprimento se alongando e nosso sistema imunológico sendo fortalecido.

continua

continuação

> Quando sentimos ódio, inveja, medo, frustração, stress, etc, nosso DNA responde contraindo-se/tornando-se mais curto/apertando-se, com nossa reação imune sendo atrofiada e muitos códigos de DNA sendo desligados.
>
> Ambos os efeitos são reversíveis se mudarmos para um estado de sentimento diferente. De qualquer forma, é fantástico possuirmos o poder de mudar a maneira como nosso DNA trabalha, por meio de nossas emoções e pensamentos. Afinal, não dói nada cultivar sentimentos de amor e gratidão.
>
> (O estudo pertinente foi publicado sob o título proibitivo de "Local and Non-Local Effects of Coherent Heart Frequencies on Conformational Changes of DNA" ["Efeitos Locais e Não locais de Frequências Cardíacas Coerentes sobre Mudanças na Conformação de DNA"]).

GERENCIANDO EMOÇÕES

Dr. Travis Bradberry, coautor do best-seller "Emotional Intelligence 2.0", e também cofundador da TalentSmart, uma das empresas líderes do mundo em fornecimento de testes e treinamentos em inteligência emocional, servindo a mais de 75% das empresas da *Fortune 500*, enfatiza que vários estudos mostram que trabalhar para um mau chefe aumenta as chances de se ter um ataque cardíaco em até 50%.

Uma pesquisa feita pelo site Gallup identificou que 60% dos funcionários públicos dos EUA são infelizes por causa de maus chefes. Em outro estudo, 69% dos trabalhadores do país compararam chefes detentores de muito poder a crianças pequenas com muito poder.

Bradberry comenta que a maioria dos gestores não fica surpresa com essas estatísticas. Um estudo mostrou que 64% dos gerentes admitem que precisam trabalhar em suas habilidades de liderança. Quando perguntados sobre a área em que deveriam concentrar seus esforços, a maioria esmagadora afirma que "nos resultados numéricos"; porém, o motivo mais frequente para suas demissões é a falta de habilidades em lidar com pessoas. Curioso, não?

CAPÍTULO 12: AS EMOÇÕES E O SISTEMA IMUNOLÓGICO

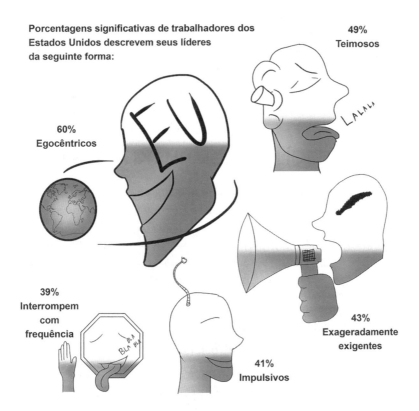

A Talent Smart, empresa de consultoria em inteligência emocional, conduziu uma pesquisa com mais de um milhão de pessoas e descobriu que 90% das pessoas que apresentam os níveis mais altos de performance são extremamente eficientes em gerenciar suas emoções em momentos de estresse para manter a calma e o controle. Um de seus maiores talentos é a capacidade de neutralizar pessoas tóxicas - até aquelas a quem eles respondem. E essa não é uma tarefa fácil. Exige alto nível de inteligência emocional, habilidade na qual funcionários valiosos confiam. A melhor opção quando se tem um mau chefe é procurar outra oportunidade de trabalho, que nem sempre é possível.

"Pessoas bem-sucedidas sabem como tirar o melhor de uma situação ruim. Um mau gerente não consegue dissuadi-las de seus objetivos porque elas entendem que sucesso é simplesmente o reflexo de quão bem você consegue jogar com as cartas que recebeu". Quando a "mão" é um chefe horrível, pessoas de sucesso identificam o tipo de gestor para quem estão trabalhando e então usam essa informação para neutralizar seu mau comportamento.

CHEFES INJUSTOS PROVOCAM PRESSÃO ALTA

Pesquisa publicada pelo site da BBC no Brasil revelou um estudo no qual chefes vistos por seus subalternos como intratáveis não apenas tornam sua vida um inferno, como também podem ser uma verdadeira ameaça à sua saúde.

Uma equipe do Buckinghamshire Chilterns University College, da Grã-Bretanha, realizou testes com 28 mulheres auxiliares de enfermagem. Elas são supervisionadas por enfermeiras e, por vezes, assumem o papel de suas chefes, embora estejam num escalão abaixo na hierarquia do trabalho.

Nessa pesquisa, cada uma delas teve de responder a um questionário, dizendo, por exemplo, se a supervisora a tratava com justiça ou se encorajava o diálogo antes de tomar decisões. O que você acha que aconteceu?

Os pesquisadores registraram então a pressão arterial de todas elas a cada 30 minutos por 12 horas ao longo de três dias de trabalho. Das 28 auxiliares, 13 tinham como superiores duas pessoas - uma delas vista como mais justa que a outra.

As outras 15 ou eram chefiadas por uma só enfermeira, ou por duas cujas maneiras de trabalhar eram vistas como igualmente justas. Neste segundo grupo, o fato de trabalhar com uma chefe ou a outra produziu diferenças mínimas no nível de pressão do sangue.

Já no primeiro grupo, porém, a pressão arterial aumentou consideravelmente entre as auxiliares que trabalhavam sob comando da chefe considerada injusta. O aumento médio registrado foi de 15mm na coluna de mercúrio na sístole e de 7mm na diástole.

Segundo o estudo, um acréscimo de pressão da ordem de 10mm na sístole e 5mm na coluna de mercúrio na diástole eleva em 16% os riscos de doenças coronárias e em 38% a probabilidade de derrame.

Os cientistas sustentam que os resultados são uma evidência clara de que um chefe visto como injusto pode causar estresse e, consequentemente, abalar a saúde e o bem-estar de seus empregados. Os pesquisadores concluíram que as doenças cardiovasculares afetariam menos gente se todos estivessem mais felizes com seus chefes.

CURIOSIDADE

ESTRESSE CRÔNICO

Estudos têm mostrado que provocar ansiedade repetidamente gera estresse crônico, o que provoca grandes danos às estruturas neurais, conexões e funções do córtex pré-frontal, onde está a sede do planejamento, da função executiva do cérebro que ajuda a regular as emoções, e das áreas mais primitivas, o sistema reptiliano, que gera os comportamentos instintivos. Pedro Camargo explica que quando se fica estressado o sistema imunitário produz substâncias químicas inflamatórias que tinham razão de ser e existir na história evolucionária. "O organismo, ao reagir ao estresse, libera citocinas inflamatórias, isto é, proteínas que regulam o sistema imunitário preparando o indivíduo para atacar".

O professor comenta que tal processamento orgânico inato e inconsciente era adaptativo e funcionava porque acelerava a cicatrização de ferimentos e por isso era, e ainda é importante, no curto prazo e para a recuperação de lesões. Todavia, se for ativada durante um longo período, como acontece frequentemente nas empresas por causa de situações crônicas de medo e até antevisão de rejeição (como uma demissão, por exemplo), o nível acelerado de inflamação vai acarretar doenças sérias não só nos colaboradores, mas na empresa também.

Camargo ensina que existem dois tipos de inflamação: a aguda e a crônica. A primeira é uma resposta do organismo aos danos causados, um mecanismo de defesa, e acaba sendo um benefício para o corpo. Já a inflamação crônica é algo permanente e prejudicial. "A inflamação transitória, que se dava lá na savana, quando surgiu nossa espécie, há pelo menos 180.000 anos, em resposta aos ferimentos, era ótima para a sobrevivência de nossos ancestrais, mas a inflamação duradoura, como é a que vivemos hoje em resposta ao excesso de reação emocional, que vai desde quando se acorda até o final do dia, durante sete dias por semana, é a causa de muitos afastamentos laborais, queda de produtividade e mal-estar físico. Estresse é para nos fazer agir em uma situação, e não para ser permanente".

Portanto, é necessário prestar muita atenção antes de pressionar demais seus colaboradores. Pense que o comportamento é algo físico-químico e que seu liderado é um organismo, um ente biológico. "Pare de infernizar insistentemente seus colaboradores. Isso não funciona", finaliza Pedro Camargo.

13
PEQUENOS EMPREENDEDORES PODEM SER TÓXICOS?

"O cérebro não serve apenas para pensar: é um órgão do qual depende nossa sobrevivência."

ALBERT SZENT-GYÖRGYI

"Minha empresa ainda é pequena, sou empreendedor".

Essa é uma frase clássica que escuto todos os dias. "Liderança ainda não é uma prioridade. Por que deveria ser? Por que eu tenho que me preocupar com isso hoje?"

Ainda que você seja uma MEI (Microempreendedor Individual), a menos que você trabalhe sozinho tem uma equipe de trabalho. Duas pessoas, três pessoas já fazem de você um líder, mesmo que sua equipe seja toda terceirizada ou trabalhe home office. Para ser tóxico você não precisa estar numa empresa grande, nem fisicamente presente, basta que suas atitudes correspondam a tudo aquilo que já vimos em capítulos anteriores. Saber se auto liderar também é uma premissa para alguém que pretende crescer como empresário. Não se esqueça que cobrar-se em demasia pode ser um princípio de autointoxicação, principalmente para aquele que ainda está vivendo um momento de "euquipe". E isso faz com que sua empresa já comece contagiosa.

Talvez um dos motivos que o tenha feito empresário tenha sido a vontade de se livrar de uma empresa ou de um líder contagioso. É mister não repetir o mesmo erro.

Se você ainda está iniciando, pensa numa startup, ou sua empresa é pequena por diversos motivos, vou lhe dizer uma coisa: você tem uma tremenda vantagem em relação às maiores. Não vá pensando que menos pessoas dão menos trabalho, porque isso não é verdade. Mas porque empresas menores, em geral, conseguem ter mais velocidade e menos burocracia em relação às maiores, e isso confere aos líderes mais rapidez em suas ações, sobrando, teoricamente, mais tempo para o gerenciamento de pessoas. Os mais respeitados gurus do management dizem que o "ideal" é que o gestor tenha no máximo entre 10 e 12 pessoas para ser um bom líder e que dedique 80% de seu tempo fazendo gestão de pessoas e 20% pensando na estratégia da empresa. Porém, na atual conjuntura, quem é que consegue fazer isso?

O que não significa que amanhã não possamos chegar lá, certo? Quanto maior a velocidade, maior a confiança, menor o custo e maior o lucro. O inverso também é verdadeiro. Menos velocidade significa menos confiança, custos mais altos e lucro reduzido. O autor dessa fórmula foi Stephen M. R. Covey no livro "O Poder da Confiança"; ele é filho de Stephen Covey, aquele que escreveu o best-seller "Os Sete Hábitos das Pessoas Altamente Eficazes". Recomendo a leitura dos dois. A confiança libera oxitocina, aquele hormônio da confiança, responsável também pela fidelização.

Você vai me dizer: eu tenho uma empresa inteira para pensar e administrar, não tenho tempo para ficar cuidando de "picuinhas" o tempo todo. E você tem lá suas razões mesmo, não vou questionar aqui todo seu esforço e dificuldades diárias. Talvez você ainda não tenha tamanho para contratar alguém só para cuidar do aspecto humano por você, mas eu tenho obrigação de alertá-lo de que pelo menos 70% das raízes dos sintomas de baixa produtividade residem na pouca ou nenhuma habilidade do gerente ou empresário em dirigir pessoas. A grande questão é que muitos empresários nasceram com o dom do empreendedorismo, têm ideias sensacionais, criam startups e fazem fortunas. Alguns só fundando e vendendo empresas, ou investindo em novos empreendimentos que surgem o tempo todo. Isso aumenta o perigo de você ser tóxico e a velocidade da proliferação das toxinas também. Veja que existe um risco enorme aqui a ser administrado. E ele aumenta ainda mais em empresas familiares.

O que faz hoje uma empresa ser grande ou pequena? É o tamanho físico? A quantidade de funcionários? As coisas vêm mudando tanto que o que mais importa e nunca vai mudar é o valor do desempenho e a qualidade dos "cérebros pensantes" que você conseguir reter. Ou seja, seu capital intelectual. Não ache que isso é bobagem. Muitos empresários que pensaram assim falharam, ou tiveram prejuízos.

Em abril de 2012, quando foi vendida para o Facebook por US$ 1 bilhão, incluindo dinheiro e ações, a startup Instagram tinha apenas uma dúzia de funcionários. Zuckerberg, fundador do Facebook, afirmou na ocasião que há anos sua empresa estava direcionando esforços na construção de uma boa experiência no compartilhamento de fotos entre amigos e familiares. Olha o tempo que ele ganhou comprando o Instagram. Bobagem mesmo é você achar que essa não poderia ter sido sua empresa. Ou não acreditar que sua empresa poderá ser a próxima.

COMO O ESTILO DE GESTÃO PODE INTOXICAR UMA EMPRESA

Imagine duas empresas com a mesma natureza de negócio. A empresa A tem uma estimativa de crescimento de 25% ao ano, um desvio padrão de 7%, sendo o ponto máximo de 44% e o mínimo de 20%; já a B cresce 48% ao ano, com um desvio padrão de 323%, variando de 1288% a - 397%. Tudo bem até aqui?

Se você tivesse dinheiro para investir em apenas uma delas, qual das duas escolheria?

Esse exercício foi proposto por Jim Collins em uma aula ministrada por ele aqui no Brasil em 2010. Para Collins, as empresas A e B apresentam dois resultados bem diferentes. "A questão não é só vencer, é vencer de longe". Ele explicou que muitas vezes a tendência é acelerar, mesmo com condições difíceis e obstáculos no caminho. E o pensamento é de ficar no negativo agora, mas compensar no próximo ano". Você concorda com isso? Dorme mal, aumenta os níveis de cortisol no sangue, chega na

Capítulo 13: Pequenos Empreendedores Podem Ser Tóxicos?

empresa uma pilha de nervos, exigindo, dando ordens, muitas vezes intoxicando todo mundo antes de dizer "bom dia".

O professor questiona: por que aqueles que têm a disciplina de segurar o crescimento se saem melhor? Por que a empresa A vai ter um sucesso tão maior que a outra? Ele afirma que muitos ficarão sujeitos a tentações de não ficar só no 20% quando tudo está a seu favor, porque não têm noção do risco que isso representa. "Por que é melhor ser a empresa A do que a B? Por que é perigoso se deixar levar por este vento favorável?".

O professor explicou que é sempre muito difícil prever o que vai acontecer. A empresa A fica à frente só porque controlou o crescimento? Se tivesse escolhido a empresa B, por que estaria se aproximando da linha da morte? "Quando enfrentamos um ritmo muito incerto de crescimento, ainda assim deve-se fazer o planejamento estratégico para minimizar a incerteza sobre os resultados", ponderou. "Criando uniformidade no ritmo de crescimento, qual o impacto disso sobre sua cultura ou empresa em um mundo totalmente incoerente? As pessoas se sentem mais seguras com isso?".

Ele explicou que uma das razões pelas quais o planejamento é necessário gira em torno do controle sobre a empresa, já que tende à descentralização (controle de gestão, controle financeiro e de recursos humanos). "Se não planejar isso antes do crescimento, e não alocar suas reservas, você acaba numa enrascada". Entendeu agora o que acontece e no quanto isso influencia tudo o que você faz?

O professor afirmou ainda que mesmo o mercado estando em crescimento assustador isso não significa que você precisa crescer muito rápido. "Há uma média de crescimento que precisamos manter, independentemente das vacas gordas ou magras. Criamos confiança de que somos mestres de nossos próprios destinos". Diferente da empresa B, em que o ambiente prevaleceu, entre altos e baixos. Se você fizer isso por muito tempo sempre vai ter o mínimo e vai saber que escolheu fazer assim. "Você vira dono de seu destino. Essa confiança de que nós governamos nosso próprio barco fica incorporada a prática. Deixa de ser uma crença". Ele ressalta que a maioria das histórias de sucesso "da noite para o dia" resulta de 20 anos de empenho.

Para Collins, o problema não está na ambição, mas está em pisar muito no acelerador na hora errada. "É mais provável que uma empresa morra por excesso de oportunidades do que pela falta delas". Para o professor é necessário pessoas disciplinadas, com raciocínio disciplinado e só depois ações disciplinadas.

Ou seja, um ambiente equilibrado para que a saúde da empresa possa prevalecer. "Decisões ruins tomadas com boas intenções continuam sendo decisões ruins", ressalta.

FILOSOFIA INOVADORA

Já vimos que o cultivo das emoções positivas deixa as pessoas abertas a novas ideias e experiências. É por tal motivo que muitas empresas no mundo estão revendo cada vez mais suas estratégias.

Márcio Fernandes, presidente da Elektro, distribuidora de energia, que foi eleito o Líder Mais Admirado do País pela revista *Você S/A* em 2014, explica em seu primeiro livro "Felicidade dá Lucro" como funciona sua Filosofia Inovadora de Gestão, que valoriza as pessoas e torna os negócios mais sustentáveis. Ex-empacotador, o executivo mais bem avaliado do Brasil pelos próprios funcionários (ele teve 99% de satisfação), defende que é possível aumentar a lucratividade de uma empresa sem cortes. Você deve estar se perguntando: como?

"Criando um ambiente de eficiência, com oportunidades reais de crescimento para seus profissionais", responde. Nessa filosofia todos realmente podem "sonhar" e "realizar", basta Acreditar, Praticar, Melhorar e Compartilhar.

Durante sua atual gestão a Elektro foi eleita por seis vezes a Melhor Empresa para Trabalhar no Brasil e por duas vezes da América Latina pelas pesquisas Great Place to Work e Você S/A. Conduziu em menos de dois anos um time com aproximadamente 4 mil pessoas ao ápice da eficiência operacional, reduzindo em 22% (mais de R$ 100 milhões) os custos operacionais, ao mesmo tempo melhorando em mais de 15% a qualidade dos serviços.

Parece que no Brasil algumas empresas já estão evoluindo e começaram a entender que promover felicidade no ambiente de trabalho pode, além de atrair e reter talentos, transformar-se numa poderosa arma de vantagem competitiva.

Pare de achar que isso é gasto de dinheiro. Pense no quanto custa e no quanto vale. O que Márcio Fernandes fez na Elektro, qualquer líder poderia ter feito em qualquer outra empresa, independentemente do tamanho dela.

QUANTO CUSTA E QUANTO VALE?

Milena tem uma pequena empresa com duas funcionárias. Ela fatura R$ 135 mil ao ano. A empresa completou sete anos em 2016. Em entrevista informal, ela me contou que sempre procurava gratificar as duas funcionárias no fim de cada ano com um bônus de cerca R$ 500,00. "Era o que eu podia dar e elas ficavam muito felizes. Sempre escrevi um cartão agradecendo pelo ano que tivemos e ressaltando o quanto elas eram importantes para mim".

A crise do país impactou a empresa de Milena e ela faturou quase 40% a menos em 2016. "Eu não sabia o que fazer. Estava no negativo e não tinha caixa para dar bônus nesse ano e não queria que elas se sentissem desmotivadas ou desprestigiadas por isso. Elas sabiam da situação, mas por outro lado nunca mereceram tanto. Foi o ano em que mais trabalharam. Na verdade, elas mereciam o bônus em dobro".

Milena fez um cartão agradecendo pelo ano que tiveram e colocou, envergonhada, R$ 100 para cada uma delas. Qual não foi sua surpresa quando as funcionárias, emocionadas com o cartão e muito preocupadas com o caixa da empresa, chegaram até a cogitar a possibilidade de devolver o dinheiro. "Escutei delas que o mais importante foi minha atitude, o reconhecimento, e a certeza de que teríamos mais um ano juntas. Nunca me arrependi por ter sido o tempo todo transparente".

Outro dia um empresário me questionou se não era melhor passar em branco do que fazer o que Milena fez. Ele disse: "Eu preferia não dar nada do que dar R$ 100. Teria vergonha disso". E, de fato, isso muitas vezes acontece. Tem gente que prefere não dar nada a presentear com algo simbólico, principalmente se for em dinheiro. E o inverso também é verdadeiro. Tem gente que prefere não ganhar nada do que ganhar uma mixaria.

Aqui é preciso analisar caso a caso. Dar um bônus de R$ 100 para quem ganha mais de R$ 1.500 realmente fica complicado. Nesse caso é melhor dar outra coisa no mesmo valor. Tem muitos presentinhos legais que você poderia comprar com R$ 100. E se for R$ 20 ou menos? Compre um bombom, faça um saquinho personalizado com balas. Acredite, você não vai agradar a todos, mas isso não pode ser o impeditivo. Todo mundo gosta de ser lembrado, de ganhar um carinho. Mesmo aqueles mais rabugentos. O simples fato de eles passarem o presente "para frente", já sinaliza que eles se importam com presentes.

Sabe o que teria acontecido se Milena não tivesse dado nada para elas, nem sequer um cartãozinho e tivesse colocado a culpa na crise? Elas estariam tremendamente decepcionadas, mesmo sabendo que a empresa não tinha caixa para o bônus. O que as pessoas esperam é consideração, é o reconhecimento da importância delas no processo. É o sentimento de pertencimento: "Eu existo", "Alguém pensou em mim". E as empresas pequenas conseguem fazer isso muito melhor do que as grandes. Não têm desculpa para não fazer.

LÁ VEM A GENÉTICA

Pesquisas na Universidade de Princeton, nos Estados Unidos, conseguiram identificar um gene empreendedor: Nr2b, presente em apenas cerca de 3% da população.

São empreendedores natos, ou seja, pessoas que nasceram com a capacidade de identificar oportunidades e encontrar saídas mais rapidamente do que as outras.

Num teste de laboratório feito pela Universidade, os camundongos que tinham esse gene duplicado acharam a saída de um labirinto muito mais rápido do que os animais sem a presença do Nr2b.

A grande questão é que ninguém pode ser genial em tudo. Geralmente quem tem o dom do empreendedorismo não tem a paciência da gestão de pessoas. É empreendedor por natureza, mas em mais de 50% dos casos está longe de ser um bom líder. É uma questão de modelo cerebral, ambiente, ou de genética. Ou você acha que nasceu com os genes Nr2b e o Rs4950 (Capítulo 7) juntos? Seria mais fácil ganhar na loteria, mas não é impossível.

Collins alerta que embora nenhum líder possa construir sozinho uma empresa de sucesso, o líder errado com poder suficiente pode, praticamente sozinho, derrubar uma empresa. Esse, certamente, é um dos motivos pelos quais tantas empresas morrem em tão pouco tempo de vida no Brasil. Elas não conseguem fazer a gestão do bem mais precioso justamente no momento em que mais precisam: quando estão começando a crescer. Sentem que o crescimento está ali, nas mãos, investem um pouquinho mais, e de repente, quebram. Você já viu esse filme?

INTELIGENTES OU ESFORÇADAS: QUE TIPO DE PESSOAS VOCÊ QUER CRIAR?

Cerca de 400 crianças foram divididas pela pesquisadora Carol Dweck em dois grupos. A tarefa era resolver um teste de matemática bem simples. Todos eles se saíram muito bem, porque o teste era fácil.

Metade do grupo recebeu o seguinte elogio:

"Parabéns, você deve ser muito inteligente"

E a outra metade escutou:

"Parabéns, você deve ter se esforçado muito por isso"

Logo em seguida, as mesmas crianças tiveram a opção de escolher entre mais dois testes: um mais difícil e outro mais fácil. Ambos bastante parecidos com o que elas tinham acabado de responder. Sabe o que aconteceu?

As crianças que foram recompensadas pela sua inteligência escolheram o teste mais fácil. Enquanto a maioria das crianças recompensadas pelo seu esforço escolheram o mais difícil.

CAPÍTULO 13: PEQUENOS EMPREENDEDORES PODEM SER TÓXICOS?

Ao dizer para alguém que é inteligente, essa pessoa vai querer se parecer como tal, para não frustrar expectativas. Sendo assim, vai fazer de tudo para evitar cometer erros, mesmo que isso signifique ficar em sua zona de conforto. Se ela errar, ficará tão frustrada por descobrir que não era tão inteligente que talvez queira ainda camuflar esse erro de alguma forma. Isso pode até parecer perigoso, porque o medo de errar pode inibir o aprendizado e o desenvolvimento de uma pessoa. E isso é tóxico também. Ainda que a intenção seja a melhor do mundo.

Quando o elogio reconhece o esforço, o cérebro reconhece a mentalidade de crescimento e nasce a vontade de saber que é possível e vale a pena um pouco a mais de esforço para atingir o objetivo traçado.

Outro cientista chamado Jason Moser também fez um experimento na Universidade de Michigan mapeando o cérebro de diversas pessoas enquanto faziam um teste, errando e acertando diversas questões.

No que ficou conhecido como "Experimento Moser" ele conseguiu mapear exatamente o que acontece no cérebro quando uma pessoa passa por uma frustração ou comete um erro.

Quem você acha que aprende mais rápido? Quem erra como todo mundo, porém presta atenção no erro e aprende com ele.

Quem aprende mais lentamente, quando aprende? Aqueles que ficam negando o erro ou buscando culpados, encarando o erro como uma ameaça.

Isso significa que o simples fato de acreditar que o potencial de alguém pode ser maior do que o erro que essa pessoa acabou de cometer pode mudar todo um resultado futuro. Gostaria muito de poder falar isso para alguns gestores que ainda punem funcionários pelos erros e criam um clima de medo dentro de suas empresas. O medo, como já vimos, desperta o mecanismo de luta e fuga do indivíduo, mexendo com o sistema límbico. E a resposta que ele vai dar para tudo isso será cheia de emoção e nada inteligente. Ruim para ambos, porque o medo sempre vai se sobrepor à razão.

Mais importante até do que elogiar por um bom resultado alcançado (nunca deixe de fazer isso), é reconhecer o esforço que foi feito, ainda que a meta não tenha sido alcançada. Isso ajuda a manter o laço de crescimento positivo e equilíbrio para as próximas ações. É algo que pode fazer toda a diferença para você e sua empresa!

DEIXE DE FAZER

Algumas pessoas gostam de fazer listas de tarefas e confesso que para mim isso realmente funciona. Quando fazemos anotações, filtramos as informações,

153

organizamos mentalmente as coisas. Seu cérebro decide quais partes da informação vai deixar para mais tarde baseado na quantidade de trabalho que você teve. Então, quanto mais você manipular mentalmente um pedaço de informação, melhores as chances de lembrá-la. É por isso que, às vezes, é fácil de lembrar do que está em sua lista, mesmo que não esteja olhando para ela.

Muitos empresários e empresárias ficam tão ocupados o dia todo, que à noite estão exaustos e ainda ficam pensando em tudo o que não deu tempo de fazer naquele dia. Para a maioria, porém, o desafio do trabalho não é manter-se ocupado por horas ou dias, mas principalmente garantir que os grandes projetos sejam feitos, o que torna o trabalho gratificante e libera dopamina, trazendo prazer, recompensa e motivação.

Aprendi com Jim Collins, um dos mais respeitados gurus de management do mundo, que as pessoas que construíram as empresas "feitas para vencer", no entanto, usaram tanto as listas de "coisas para fazer" quanto as listas de "coisas para deixar de fazer". Eles demonstraram uma admirável disciplina para pôr de lado todo tipo de bobagem sem nenhuma importância.

O cérebro não aceita a negação. É como dizer para alguém: "Não coma chocolate". Na mesma hora essa pessoa vai pensar em chocolate. Lembra do exemplo dos fumantes do Capítulo 4? Então, fazer uma lista do que "não fazer" pode lembrar você de muitas coisas importantes.

A grande dúvida é: a partir do momento em que você sabe quais as verdadeiras prioridades, você possui a disciplina para fazer o que é certo? E, igualmente importante, para deixar de fazer as coisas erradas? Lembre-se de que foco é muitas vezes decidir o que não vai fazer. Certamente sobrará mais tempo para você ser um líder melhor.

NA PRÁTICA, O QUE VOCÊ PODE FAZER?

1. Não fique tentando imitar o Google. Sua empresa não é o Google e nenhuma outra. Cada empresa tem um código genético e o que funciona muito bem para uma pode não funcionar para outra. É como remédio, cada empresa tem um organismo, e pode reagir de formas diferentes. Cada caso é um caso. Portanto, não desperdice recursos sem saber exatamente o que e porque está fazendo. Este é um dos principais motivos pelos quais muitos empresários reclamam que suas ações não dão resultado. De repente, passam de bonzinhos para carrascos.

2. Mesmo que você vá contratar seu primeiro funcionário, já estabeleça, desde o princípio, uma linguagem que não traga as ações para o lado pessoal. Em vez de dizer "faça isso para mim", diga "faça isso para a empresa". Pode pa-

CAPÍTULO 13: PEQUENOS EMPREENDEDORES PODEM SER TÓXICOS?

recer estranho, mas você vai crescer, e é preciso ir criando esse meme que vai gerar uma cultura desde o primeiro funcionário. Isso precisa entrar no reptiliano de todos. Lá na frente você vai evitar transtornos de ordem pessoal.

3. Crie momentos humanos significativos em sua empresa, com atenção emocional e intelectual. Isso vai proporcionar interações que envolvem química entre os cérebros. Já está comprovado que o contato positivo reduz os níveis sanguíneos dos hormônios de estresse epinefrina, norepinefrina e cortisol. As pessoas também podem produzir os hormônios oxitocina e vasopressina, que promovem confiança e conexão. Esse contato estimula ainda os neurotransmissores dopamina, que aumenta a atenção e o prazer, e a serotonina, que reduz o medo e a preocupação.

4. Tente minimizar de alguma forma o sofrimento das pessoas. Os esforços de alguém que vem para ajudá-las pode, fisiologicamente, reduzir o medo e o estresse, permitindo que elas comecem a funcionar com eficiência novamente. A questão aqui não é ser bonzinho ou não. Isso altera totalmente a produtividade. Não adianta forçar uma pessoa a trabalhar num estágio enorme de tristeza, porque você será o carrasco e ela não vai produzir nada. Às vezes é melhor que ela volte para casa nesse dia.

5. Por menor que seja sua empresa, coloque as pessoas certas nos lugares certos. Lembre-se que seu crescimento vai depender muito mais de "quem" em comparação ao "do que". Só depois decida para onde o barco deve rumar. O velho adágio "as pessoas são seu ativo mais importante", na verdade, está errado. As pessoas não são o ativo mais importante. As pessoas certas é que são. Pare de punir pelos erros, comece a premiar pelos acertos, valorizando os pontos fortes de cada um.

6. Nunca vi uma pessoa de sucesso que não tivesse disciplina. Traga essa cultura para sua empresa. Crie a "Cultura da Disciplina" – todas as empresas têm uma cultura e algumas empresas têm disciplina, mas poucas empresas têm a cultura da disciplina. Quando você tem pessoas disciplinadas, não precisa de hierarquia. Quando tem pensamento disciplinado, não precisa de burocracia. Quando tem ação disciplinada, não precisa de controles excessivos. Collins diz que quando você combina uma cultura de disciplina a uma ética empreendedora, consegue a alquimia mágica do desempenho extraordinário. Uma empresa assim dificilmente terá líderes tóxicos.

7. O tom de sua voz pode iniciar um conflito desnecessário. Pense nisso sempre que for pedir alguma coisa, fornecer um feedback ou até corrigir algo que não saiu como você queria. Em um levantamento feito por uma empresa

155

americana de análises de comunicação, foi constatado que o som da voz do comunicador importa duas vezes mais do que o conteúdo de sua mensagem. A conclusão foi que a qualidade da voz teve peso de 23% nas avaliações dos ouvintes, enquanto o conteúdo das mensagens teve peso de 11%. Pessoas que ouvem gravações de vozes ásperas, fracas, cansadas ou ofegantes tendem a qualificar o orador como uma pessoa negativa, fraca, passiva ou tensa. Pessoas com voz normal são vistas como bem-sucedidas, sensuais, sociáveis e inteligentes, de acordo com um estudo em 74 adultos publicado recentemente no "Journal of Voice". O tom de sua voz pode ser a porta de entrada para você ser percebido como contagioso ou contagiante.

8. Bons hábitos alimentares levam mais rapidamente ao sucesso. Estudos apontam que o glicogênio afeta e muito o desempenho do cérebro e o carboidrato simples é a forma mais rápida de repor o glicogênio. Quando seu nível de glicose começa a cair, é possível que você não queira mais fazer análises complexas ou não tenha energia para isso. E a chance de errar é muito maior. Comer açúcar o dia todo também não vai ajudar, porque já se sabe que em larga escala ele faz mal à saúde. Alimentos integrais oferecem carboidratos complexos, que tendem a deixar o açúcar circulando por mais tempo pelo sangue. Lembre-se: o que contamina não é o que entra na nossa boca, mas sim o que sai dela.

9. Por pior que esteja a situação, seja transparente. Em neurociência, a mentira é explicada como a necessidade do homem de ser social. Muito mais importante do que isso é criar laços de confiança duradouros recíprocos. Você pode precisar daquelas pessoas. Sua empresa não pode parar devido sua ausência. Fazer com que elas tenham um senso de autonomia também vai mexer com os neurotransmissores e melhorar o desempenho geral.

10. Evite interrupções - as distrações no trabalho reduzem a energia, diminuem a atenção, prejudicam a tomada de decisões e impedem a formação da memória. As pessoas demoram para voltar ao ponto de partida novamente. Lembre-se disso.

11. Otimize melhor dia e horário para as reuniões. Tanto a ciência como as pesquisas de dados provaram que podemos ter um melhor resultado em tudo somente utilizando melhor o tempo e os melhores momentos para cada coisa durante o dia. A maioria das empresas, por exemplo, preferem marcar reuniões às segundas-feiras de manhã. E sabe por que muitas vezes a participação é baixa? Segundo um estudo realizado pelo serviço de agendamento online WhenIsGood.net apenas um em cada três funcionários é suscetível a participar, porque para uma reunião que começa às 9 horas, as pessoas terão

CAPÍTULO 13: PEQUENOS EMPREENDEDORES PODEM SER TÓXICOS?

de se preparar um dia antes, ou vão se ajustar desesperadamente. Quanto menos estiverem preparados, menor será a participação. E como fazer com que participem mais? A pesquisa indicou que o melhor dia e hora para uma reunião ser produtiva é às terças-feiras às 15 horas. Por que? Porque é o mais distante dos prazos até o final da semana, sem se chocar com os prazos não cumpridos da semana anterior.

12. Sabemos que o salário não é a principal motivação da maioria das pessoas, mas receber abaixo da média pode ser extremamente desmotivador. Dê condições honestas de trabalho, ouça o que as pessoas têm a dizer, crie um senso de justiça e pague, no mínimo, o que o mercado está pagando. Nunca prometa o que você não pode cumprir. Sempre cumpra o que prometeu.

13. Em empresas pequenas, avaliações por desempenho tradicionais não funcionam muito bem. Só de participar da atividade a estima das pessoas já fica afetada e elas sentem como uma ameaça, o que dificulta a mudança positiva do comportamento. Ou seja, não adianta nada. Melhor do que isso é promover ambientes de aceitação e autonomia para oferecer segurança para a equipe. Você já sabe que a rejeição social é tão difícil de suportar quanto a dor física, já que os caminhos do cérebro de ativação das dores física e social são muito similares.

14. Evite desequilíbrios emocionais repentinos com decisões ou ações que possam provocar estresse emocional desnecessário muito rapidamente, gerando desequilíbrios. Certifique-se de que a ação será bem recebida. A intenção pode ser boa. Mas o resultado, uma tragédia. Eles podem ter medo de dizer o que desmotiva, mas você terá certeza absoluta do que vai motivá-los.

15. O valor do trabalho das pessoas está diretamente relacionado ao significado que ele tem para a vida delas. O desafio é perceber o que motiva as pessoas e de que maneira você pode configurar isso dentro da empresa. Ofereça significado para a vida das pessoas.

14

A DIFÍCIL TOMADA DE DECISÃO

"Até você se tornar consciente, o inconsciente irá dirigir sua vida e você vai chamá-lo de destino."

C. G. JUNG

eridas deixam cicatrizes. E não adianta você tentar fugir dessa premissa. Ao descobrir que, de alguma forma, você está sendo, ou existe a possibilidade de estar sendo, tóxico como líder, é o momento de parar e rever o que está acontecendo. A recuperação pelos danos psíquicos provocados não acontecerá num passe de mágica, se faz necessário um longo processo cirúrgico capaz de promover a recuperação das estruturas mentais prejudicadas, que incluem autoestima, autoimagem, autoconfiança e restauração de uma atitude positiva em relação ao mundo. A boa notícia é que é possível trabalhar essa dor desde que você tenha consciência disso e queira de fato fazer algo a respeito.

Entretanto, tal processo requer uma tomada de decisão. Nada que já não faça parte do conhecido cotidiano do cenário de liderança: decidir quem contratar, quem demitir, a quem delegar, aprovar pequenas e grandes ações, e até a demora na tomada de mínimas decisões (compra de um computador, liberar um funcionário para um curso, aprovar o pagamento de férias do outro, atrasos imensos para assinatura de documentos simples, etc), que muitas vezes travam o trabalho dos liderados, trazendo prejuízos funcionais pela demora ou pouco senso de urgência da liderança. Mas a questão aqui é outra. Estou falando de uma decisão relativa a você mesmo.

Afinal, a vida é um coquetel de decisões, escolhas e pensamentos que determinarão nossa liberdade. O excesso de confiança não combina com a desinfecção de um líder tóxico e, nesse caso, se torna um parente cada vez mais próximo da falta de responsabilidade.

As decisões de pessoas autoconscientes se harmonizam com seus valores. E autoconsciência significa compreensão profunda das próprias emoções, forças, fraquezas, necessidades e impulsos. As pessoas com autoconsciência forte não são nem críticas demais nem esperançosas de menos. Pelo contrário: são honestas consigo e com os outros. Essa honestidade pode mover montanhas e fazer retenção de muitos talentos, que acabam se perdendo no processo grande parte das vezes por não encontrarem coerência entre discurso e ação. Isso, ao longo do tempo, vai se transformando numa grande frustração: para ambas as partes.

Daniel Goleman filosofa dizendo que é interessante e que costuma ser socialmente mais aceitável reagir a eventos chocantes ou traumáticos do que a quaisquer outros. Como resultado, pessoas que se sentem aprisionadas ou entediadas muitas vezes permanecem por um tempo excessivo em um emprego que as faz sofrer, podendo assim ser mais suscetíveis a todos os tipos de doenças. E o fazem muitas vezes por medo da mudança, comodismo (e um pouco de masoquismo) ou ainda falta de opção. Alguns viram o jogo e tornam-se empreendedores, mas são uma minoria.

LIDERANÇA TÓXICA

Viviane, 45 anos, sofreu humilhações durante cinco dos oito anos em que trabalhou numa empresa familiar. Por ter apenas 1m49cm de altura ela era tratada com desprezo e hostilidade pelos herdeiros da companhia, que a viviam comparando a objetos e móveis da empresa.

Ao longo do tempo foi guardando tanto rancor dentro de si que os sintomas não demoraram a aparecer: o rosto começou a se encher de espinhas e ela adquiriu acne rosácea, uma doença crônica sem cura. A cada insulto as feridas aumentavam e as dores também. Chegou a tomar por mais de um ano um medicamento chamado Roacutan, que proíbe ao usuário a gravidez, uma vez que pode causar sequelas ao feto.

Passou por depressão, tristeza profunda, adquirindo um imenso complexo de inferioridade em relação ao mundo e à vida, e no ápice da crise, chegou a preparar um coquetel suicida, mas foi impedida em tempo de tomá-lo por um casal amigo que a levou para a igreja, onde encontrou ajuda e espiritualizou-se.

Hoje ela se pergunta por que esperou tanto para sair e se tornar dona do próprio nariz. Por conta da pele destruída, Viviane fez um curso técnico de estética e hoje atua também como esteticista e tem seu próprio espaço e sua clientela. E sua pele? Já está lisinha e muito bem cuidada.

Importante entender que muitas das consequências físicas decorrem de danos de ordem psíquica e não existiriam sem a presença dela. Em alguns casos a vítima poderia ter predisposição para aquela doença, mas não é mister limitar-se a isso.

Não é incomum ainda encontrar pessoas que, na tentativa de chamar a atenção ou por se sentirem preteridas ou carentes acima da média, não considerem seus líderes tóxicos e reclamem deles apenas para prejudicá-los e chamar a atenção. E muitas vezes elas são perspicazes.

Essa é uma reação do ser humano à rejeição, que usa desta estratégia como válvula de escape para dar vazão às pressões trazidas pelas suas frustrações. Ou, ainda, por incompatibilidade emocional. É preciso ser geral no objetivo, mas particular na realização, porque a dor é algo individual. E digo mais, pode ser que isso aconteça com você, injustamente. Por isso é sempre bom ter cartas na manga e fundamentar muito bem seu trabalho para não deixar brechas para um tipo de situação assim. Caso aconteça, você terá como provar que tudo não passou de um mal-entendido, sem depreciar sua liderança. Precaver-se, resguardar-se e preservar-se fazem parte do rol de atitudes de um bom líder. Você precisa estar preparado!

162

MARCADOR SOMÁTICO

A Hipótese dos Marcadores Somáticos propõe um mecanismo no qual o processo emocional pode guiar o comportamento, principalmente a tomada de decisão. Essa hipótese foi formulada por António Damásio. Ele parte da premissa de que quando nos deparamos com escolhas complexas e conflitantes, muitas vezes não podemos decidir usando apenas processos cognitivos, pois eles podem se tornar sobrecarregados e incapazes de chegar a um resultado satisfatório.

Nesses casos, os marcadores somáticos podem ajudar na decisão. Eles são associações entre estímulos de recompensa que induzem um estado afetivo ou fisiológico associados. Existem áreas pré-frontais do cérebro que se encontram relacionadas com as emoções. É lá que vão ficar armazenadas algumas emoções (boas ou ruins) que foram marcantes para você por qualquer motivo. Damásio deu a isso o nome de marcador somático, que em uma dada tomada de decisão faz uma ligação entre o estado corporal e o tipo de situação presenciada, fazendo uma orientação do comportamento, das opções, devido ao fato das manifestações corporais se associarem à situação vivida simulando as consequências esperadas.

O marcador somático serve então para avaliar as opções possíveis, promovendo uma análise lógica de custo-benefício das decisões. Se não existisse o marcador somático teríamos menos referências e muito possivelmente demoraríamos mais tempo para tomarmos decisões simples, como, por exemplo, não colocar o dedo na tomada porque já sabe que vai levar um choque (muito provavelmente você deve ter adquirido esse marcador somático bem cedo em sua vida).

Damásio diz que quando um marcador somático negativo é justaposto a um determinado resultado futuro, a combinação funciona como uma campainha de alarme. Quando é justaposto a um marcador somático positivo, o resultado é um incentivo.

A RELAÇÃO CAUSA, EFEITO E TEMPO

Decida rápido: você prefere receber R$ 100 agora ou R$ 120 daqui a um mês? Se você pedir o conselho a um economista, ele dirá que R$ 20 é um ótimo rendimento para um mês. Mas por que muitas pessoas ainda assim preferem ganhar os R$ 100 agora?

O neurocientista Dean Buonomano explica que essa tendência à gratificação imediata é chamada de desconto de tempo: o valor percebido de uma possível recompensa diminui com o tempo. Como consequência, as decisões que exigem a comparação entre cenários imediatos e futuros são, de fato, frequentemente irracionais. E na vida real, muitas de nossas escolhas também são pautadas entre curto e longo prazo. Talvez um influenciador maior do que a sedução do ganho dos R$ 20 seja o fato de não gostarmos de esperar. Essa pode ser uma variável.

Mas, e se fosse R$ 100 em 12 meses e R$ 120 em 13 meses? Veja que aparentemente nada mudou: você continuaria ganhando R$ 20 em um mês, certo? Pela lógica, era de se esperar que o resultado fosse o mesmo, porém não é isso o que acontece. Pelo fato de a recompensa mais rápida não ser mais imediata, as pessoas mudam para uma estratégia mais racional e paciente.

Segundo Buonomano, independentemente do fato de os indivíduos serem impulsivos ou pacientes, partes do cérebro, incluindo as áreas límbicas mais antigas na evolução, envolvidas no processamento das emoções, são muito mais ativadas pelas recompensas imediatas. Em contrapartida, em outras áreas do cérebro, como o córtex pré-frontal lateral, a atividade reflete melhor o valor verdadeiro de uma possível recompensa, independentemente de quando seja oferecido. "Pelo fato de o cérebro ser programado para preferir a gratificação imediata, nosso bem-estar em longo prazo às vezes sofre", enfatiza.

Além da influência inerente da gratificação imediata, outro impedimento para se tomar decisões racionais em longo prazo é que elas dependem de como o cérebro percebe e mede o tempo. Dois meses correspondem ao dobro do tempo de um mês, mas não sentimos este tempo como duas vezes mais longo. A direção e a magnitude dos erros que cometemos no processo de decisão baseado na estimativa de tempo dependem de fatores como atenção, entusiasmo, medo ou ainda alguns outros que estejam norteando nossas vidas naquele momento.

DESVIOS COGNITIVOS

Os psicólogos cognitivistas Daniel Kahneman e Amos Tversky estavam entre os maiores estudiosos do mundo quando o assunto tratava de falhas e pontos fracos da tomada de decisão humana. Suas pesquisas estabeleceram as bases da economia comportamental. E, apesar de Tversky ter falecido em 1996, Kahneman recebeu o Nobel de economia pelo trabalho deles em 2002.

Um dos primeiros desvios cognitivos relatados por eles foi chamado de "enquadramento", que consistia em demonstrar que a maneira como a questão era colocada poderia influenciar a resposta. Um estudo realizado por eles mostrou que as decisões dos médicos em recomendar um de dois tratamentos eram influenciadas pelo fato

CAPÍTULO 14: A DIFÍCIL TOMADA DE DECISÃO

de saberem que um dos procedimentos tinha taxa de sobrevivência de 10% ou taxa de mortalidade de 90%.

Em outro experimento, Kahneman e Tversky descreveram um outro desvio cognitivo que chamaram de ancoragem. Nesse estudo, eles perguntaram se as pessoas achavam que o porcentual de países africanos nas Nações Unidas estava acima ou abaixo de um dado valor: 10% para um grupo e 65% para o outro (os pesquisados acreditavam que esses números tinham sido escolhidos ao acaso). Em seguida, pedia-se para que os participantes estimassem um porcentual real. Tanto os 10% quanto os 65% contaminaram os participantes e serviram como âncoras (bases) para os valores estimados. O grupo dos 10% (ancoragem baixa) atingiu uma média de 25%, enquanto o grupo dos 65% (ancoragem alta) atingiu uma média de 45%. Veja como nossas estimativas numéricas podem ser influenciadas sem qualquer motivo pela presença de números que nada dizem, mas que simplesmente foram ancorados por alguém.

A aversão à perda é um dos desvios cognitivos (efeito do legado) mais poderosos que existem. Principalmente quando se trata de poder. A perda carrega muito mais bagagem emocional do que o ganho em virtude da dor que ela carrega. Essa é a maior fonte de decisões irracionais no mundo: o medo de perder. Você já parou para pensar se é mais angustiante perder uma nota de R$ 100 ou compensador encontrar uma nota de R$ 100? O medo da perda é maior que o prazer do ganho.

A maioria das pessoas não aceita uma oferta em que haja 50% de probabilidade de perder R$ 100 e 50% de probabilidade de ganhar R$ 150, por exemplo. É provável que a tendência à aversão à perda incorporada no cérebro seja herança dos dias em que nossos ancestrais tomavam decisões que envolviam o pensamento clássico: quanto mais, melhor.

A verdade é que tudo de estranho que fazemos é porque nosso cérebro, local de nossas escolhas e decisões, parou de evoluir há milhares de anos, apresentando a mesma arquitetura dos caçadores/coletores entre 80 e 100 mil anos atrás. Nossa evolução demora muitas gerações e hoje a quantidade de informações que se tem numa cidade é muito grande e diferente da que tinham os homens das cavernas e para o qual nosso cérebro foi preparado.

É como se existisse uma competição entre uma evolução cultural, social e tecnológica, e outra biológica e infinitamente mais demorada. Há um grande descompasso entre os dois, e o cérebro não foi preparado para isso.

Tudo isso pode trazer um cansaço enorme que inclui distração, irritabilidade, falta de paciência e esquecimento, podendo aumentar consideravelmente o nível de estresse. Isso acaba influenciando diretamente na irracionalidade de nossas decisões.

165

SISTEMAS NEURAIS

As decisões que moldam sua vida são resultado de dois sistemas neurais complementares. O primeiro, denominado automático ou associativo, é rápido e inconsciente e se baseia em grande parte na arquitetura associativa do cérebro. É o mais emocional e atende quando as coisas soam boas ou ruins, justas ou injustas, razoáveis ou arriscadas. É aquele que pensamos ser nossa intuição e é inconsciente, rápido, associativo e sem esforço. Ele é muito sensível ao contexto e às emoções, ansioso por tirar conclusões precipitadas, e tem alguns desvios e hipóteses preconcebidas. O sistema automático é de fato aquele que precisamos para entender o que as pessoas ao redor estão dizendo e quais são suas intenções. Ele nos permite decidir com rapidez se é mais prudente parar ou prosseguir no sinal amarelo.

O segundo sistema é o reflexivo ou baseado em regras, que é o consciente, que requer esforço e está em sua melhor situação quando beneficiado por anos de prática e aprendizado. Ele é lento, requer esforço e pensamento consciente. Consegue se adaptar com rapidez aos erros e é flexível e ponderado. Esse é o sistema que utilizamos quando tentamos decidir qual o melhor plano de saúde para a família, por exemplo.

Buonomano explica que alguns de nossos desvios irracionais são certamente atribuíveis ao fato de o cérebro ter sido programado para operar em ambientes diferentes daqueles em que vivemos hoje. Não devemos imaginar que os sistemas automático e reflexivo são partes distintas do cérebro, porque não caracteriza uma verdade. O entendimento de como e por que o cérebro toma boas ou más decisões ainda é um mistério, embora a arquitetura já conhecida desse órgão nos dê algumas pistas.

O fato é que o contexto influencia o resultado, e os seres humanos ainda são dependentes do contexto, no qual a linguagem é uma de suas principais fontes. As representações internas das palavras contaminam o que ocorre em diversas partes do cérebro.

IMPULSOS ELÉTRICOS

Pedro Camargo explica que nosso cérebro é um sistema físico movido por impulsos elétricos e químicos, e nossa mente e nossos comportamentos são produtos desses processos.

Nossas emoções são produtos químicos, e é assim que o cérebro funciona também, por meio da troca de sinais, que são químicos, entre os neurônios. Todas as emoções que sentimos funcionam como uma resposta ao mundo e são resultado de ações químicas cerebrais. Nossos pensamentos também são químicos, portanto, não é tão fácil como parece decidir e tomar atitudes com datas marcadas. "Há uma cascata de química orgânica trabalhando, o que, em princípio, parece contra nossos objetivos, mas que traz um aspecto biológico que nos é favorável. São as defesas do organismo para proteger a vida. E é por isso que tanto se discute sobre o livre-arbítrio".

Camargo destaca que nosso corpo decide por nós em função da sustentabilidade e nos comunica depois, sem que tomemos a menor consciência disso, tudo para manter o equilíbrio orgânico. Com as nossas decisões não funciona muito diferente. Internamente, há um comando corporal silencioso que faz o meio de campo das reações às provocações dos ambientes interno e externo. Ou seja, tudo aquilo que acontece fora, como o contato com as pessoas, a temperatura ambiente, as ameaças, as alegrias, as frustrações, são interpretadas pelo organismo via cérebro, que toma as decisões por você, manda em suas atitudes e diz como você vai se comportar. É a química por trás de nossas atitudes. Só não se esqueça de uma coisa muito importante: os pensamentos conseguem mudar a química cerebral. Portanto, nada de desculpas!

PRIMING

Priming é um fenômeno pelo qual um estímulo prévio pode facilitar o processamento subsequente de outros estímulos. É um tipo de memória implícita que ocorre automática e inconscientemente. Os psicólogos em geral estudam o priming determinando a influência de uma palavra no tempo que levamos para tomar uma decisão sobre a palavra seguinte. A brincadeira consiste em decidir o mais rápido possível se o estímulo representa uma palavra real ou não.

Por exemplo, pão estimula manteiga (não necessariamente isso acontece em outros países, tudo depende dos hábitos alimentares). Uma teoria é que, durante a tarefa de priming semântico, quando os neurônios que representam pão forem ativados, eles continuam sendo disparados, mesmo depois de pão não estar mais soando. Como o eco continua, a atividade vai diminuindo, mas nesse período os neurônios continuam mandando a mensagem para seus parceiros, de forma que os que representam manteiga recebem o impulso mesmo antes de manteiga ser exibida, e assim os disparos acontecem com mais velocidade. Você brincava de "Stop" quando era criança?

O priming comportamental acontece quando a atividade dos nódulos se espalha não apenas para outros nódulos dentro de nossas redes semânticas, mas para partes do cérebro que governam nossas decisões e comportamento. Priming, enquadramento e ancoragem podem ser fenômenos psicológicos interligados, atribuíveis aos mesmos mecanismos neurais: a propagação de atividades grupais de neurônios que representam emoções e ações.

Portanto, é sua sensibilidade ao contexto que vai dar a direção para que você possa tomar a melhor decisão para sua vida. Faça isso usando o tempo em seu favor, se enquadrando no contexto adequadamente de maneira imparcial, ancorando de forma inteligente, sem aversão à perda (dispa-se da condição de intocável) e utilize o sistema neural reflexivo. Você já tem inteligência, e agora terá todas as ferramentas de que precisa para chegar aonde quer e necessita. Caso contrário, não estaria hoje onde está. Importante: o sucesso de hoje não garante o futuro de amanhã.

FICAR OU PEDIR DEMISSÃO?

Dados da Associação de Psicologia dos Estados Unidos revelam que 75% dos trabalhadores americanos consideram seus chefes a maior razão de estresse no trabalho. Ainda assim, 59% dessas pessoas não largariam o emprego, mesmo infelizes.

Os dados mostram que as pessoas arrumam uma maneira de se conformar com seus empregos, e isso faz com que a decisão de pedir demissão e sair em busca de um ambiente de trabalho mais saudável seja ainda mais adiada.

Em outros casos, os problemas com os liderados podem ser falta de afinidade. Existem, contudo, muitos chefes realmente ruins por aí. Eles são geralmente verbalmente agressivos, narcisistas e podem até se tornar violentos. Abandonar o emprego e começar tudo de novo por causa de uma situação limite não é uma decisão fácil de se tomar. Porém, não há como trabalhar motivado em um cenário assim.

Em épocas de desemprego é comum muitos dos que se encorajam a tomar a decisão pensarem em trocar o emprego por qualquer outra coisa. Com o desemprego subindo é comum que aceitem empregos de que não gostam apenas para não ficarem sem trabalho. Mas essa prática novamente ataca a saúde do indivíduo.

Sabe a máxima que diz assim: antes só do que mal acompanhado? Para Stephen Bevan, pesquisador especializado em performance no ambiente de trabalho, nem sempre ter um emprego ruim é melhor do que não ter emprego algum. "Controle, autonomia, desafio, variedade e autorrealização são fundamentais para um ambiente saudável", diz ele.

Apesar da impressão de que essa é uma forma de permanecer conectado ao mercado de trabalho, um estudo da Australian National University sinaliza que não. "Os dados mostram claramente que a saúde mental para os que trabalham em empregos ruins é pior do que a dos sem emprego", explica o especialista.

CAPÍTULO 14: A DIFÍCIL TOMADA DE DECISÃO

"Esses números não devem nos fazer parar de procurar empregos de maneira rápida. Mas deveria nos fazer pensar mais em como a qualidade do trabalho afeta nossa saúde mental e nossa produtividade. Mesmo durante uma crise, a desconfortável verdade pode ser de que 'qualquer trabalho é um bom trabalho' na verdade é uma mentira", completa Bevan. Ou seja, o barato sai caro. O melhor mesmo é pagar o preço e tomar a decisão mais assertiva, ainda que seja dolorida no bolso, em prol da paz de espírito, equilíbrio físico e mental, para que se possa voltar a produzir.

Quando a equipe é unida, como muitos times de futebol, quem cai é o técnico. Contudo, dentro das empresas, que não são clubes, isso quase não acontece, até por questões muitas vezes injustas, diga-se de passagem.

Já faz um ano que Patrícia, assistente de biblioteca de 38 anos, se trata por causa de sua chefe. Autocrática, ela conseguia causar irritabilidade na equipe e fazer com que o trabalho não acontecesse. Como os liderados atendiam ao público, em pouco tempo começaram os comentários de que havia algo errado com aquela equipe.

Essa líder não durou três meses no cargo. Mas foi tempo suficiente para que intoxicasse grande parte da equipe. "Ela fazia mal para todos nós, e fazia tudo de modo consciente. Mas foi um aprendizado. Serviu para nos fortalecer e ganhar credibilidade junto aos superiores. Sem contar a união que existe hoje na equipe".

Um caso isolado, mas que deveria servir de exemplo. Talvez uma pergunta a se fazer seja: no caso do líder tóxico, deixar a equipe é uma alternativa (tipo vítima: vou embora para não fazer mais mal às pessoas)? Nem sempre. De nada adianta você deixar sua equipe livre de você, porém intoxicada, e sair por aí para intoxicar outras equipes. É melhor você ficar e descobrirem juntos a cura dessa doença. Essa sim será uma relação ganha-ganha, desde que haja humildade para isso.

 CURIOSIDADE

COMPORTAMENTO IMPULSIVO

Está surgindo uma nova área chamada Genoeconomics, que em português significa Genoeconomia. Ela investiga como o DNA interage com as decisões financeiras. Segundo Jason Zweig, colunista de finanças pessoais do "The Wall Street Journal" e autor de vários livros de finanças, foram identificados genes que parecem ter implicação no controle de comportamentos impulsivos. A impulsividade é uma característica importante de diversas doenças psiquiátricas, como o suicídio e a violência.

continua

> continuação

> Outra curiosidade é que o clima pode afetar como as ações são negociadas na bolsa de valores. A luz solar ou a falta dela influencia o humor das pessoas, o julgamento que elas fazem e também seus pensamentos.

> Pedro Camargo enfatiza que não é somente uma mutação genética que influencia o comportamento impulsivo, uma vez que há outras forças atuando, como o ambiente, a cultura e a sociedade em que se vive. Ele explica que o gene não age diretamente sobre o comportamento, mas sim sobre a produção de neurotransmissores, que, por sua vez, vão incidir (nunca sozinhos) sobre o comportamento, e ainda deixa claro que é raro encontrar um comportamento controlado por um único gene, pois, segundo o Projeto Genoma Humano, comportamentos envolvem múltiplos genes e uma combinação deles. "Esses estudos contribuem muito para identificar as origens genéticas e não genéticas do comportamento impulsivo", finaliza Camargo.

A QUESTÃO DA EMPRESA FAMILIAR

Empresas familiares renderiam não só um capítulo à parte, como também uma nova obra sobre o tema. De tudo o que tive a oportunidade de estudar e de conferir na prática até hoje, existem algumas especificidades que só as empresas familiares apresentam, sem a menor chance de serem comparadas com as outras. E o nível de toxicidade que elas apresentam pode ser ainda maior, não só para os funcionários, como para os familiares funcionários, que acumulam essa carga 24 horas por dia e acabam muitas vezes sufocados por essas toxinas mal manipuladas.

Grande parte das vezes os líderes destas empresas tiveram a genialidade empreendedora para fazer a empresa crescer, mas não tiveram a mesma habilidade para fazer gestão de pessoas e desenvolver líderes. Ou seja, os líderes estão mais para chefes despreparados e muitas vezes inconscientes disso, do que para pessoas que sabem o que estão fazendo quando se trata de fazer gestão de pessoas e manipulação de toxinas.

Dados mundiais apresentados pelo professor John Davis, maior especialista do mundo em empresas familiares, professor da Universidade de Harvard, comprovam que mais de 70% das empresas familiares não sobrevivem à terceira geração. Tudo isso por incompetência gerencial e falta de profissionalismo. Um dos maiores índices de frustração profissional que já conheci até hoje vem dos filhos dos donos de empresas familiares. Por um único motivo: não tiveram a oportunidade ou a liberdade de escolher o que queriam ser quando crescessem.

CAPÍTULO 14: A DIFÍCIL TOMADA DE DECISÃO

E, por mais que você desse tudo para estar no lugar dele e herdar um império pronto com uma cadeira e uma sala de presidente para sentar, existe um sentimento que corrói o indivíduo e deixa um buraco interior pelo simples fato de "terem me obrigado" a fazer aquilo. "Meu sonho não era esse". E, na maior parte das vezes, os sonhos dessas pessoas são coisas simples e desprovidas de grandes investimentos financeiros.

Nunca vou me esquecer de uma entrevista que fiz com a herdeira (já passada dos 30 anos) de um verdadeiro império brasileiro, que ganhava uma mesada bastante significativa para passar todas as tardes na empresa do pai, a qual ela odiava. Quando perguntei qual era o sonho dela, me respondeu com lágrimas nos olhos: ter uma loja de bonecas. E por que você não faz isso com sua mesada? A resposta veio como uma bomba: "porque meu pai não deixa".

Minha curiosidade não me deixou ir embora sem perguntar o porquê de tanto ódio por aquele império que teria dado tanto conforto e garantido uma vida de luxo para ela e toda a família. "Eu detesto esta empresa porque ela, desde pequena, tirou meu pai de mim. Ele só sabia trabalhar e nunca tinha tempo para nossa família. Depois nos obrigou a vir para cá, sem nunca ter nos perguntado o que queríamos para nossas vidas. Nós não gostamos daqui. Isso representa muito sofrimento para mim e meus irmãos. Não queremos dar continuidade a algo que nos faz sofrer".

Confesso que nunca tinha parado para pensar sob esse aspecto. Veja como aqui fica claro como o que transforma dor emocional em toxicidade é a resposta dada de maneira nociva ou curativa, e o quanto o papel do líder é fundamental para a condução de um processo saudável, independentemente se estamos numa empresa doente ou não, ou se somos pessoas doentes ou não.

No sul do Brasil, a notícia foi abafada por diversos motivos pela imprensa local. Mas o que se sabe é que um jovem de aproximadamente 22 anos, filho de um administrador de um grande shopping center, não suportou a pressão e a violência psicológica exercidas pela liderança do pai e em uma noite, um pouco antes do shopping fechar, jogou-se do último andar pelo vão interno da construção, caindo num chafariz central que ficava no andar térreo. Ele faleceu imediatamente e ainda foi protagonista de uma cena de terror para todos os clientes que ainda estavam dentro do estabelecimento. Traumático para a família, para os amigos e para os clientes.

Não precisava ser dessa forma, certo? Por outro lado, temos certeza absoluta de que essa era a última coisa que aquela família desejava.

Portanto, só quando os líderes reconhecem a ocorrência da dor emocional e intervêm, conseguem reverter situações potencialmente letais nas organizações. O momento pede mais sensibilidade e menos obsessão.

LIDERE COM PERGUNTAS

David Rock, autoridade em Neuroliderança, abre algumas questões que são úteis para ajudar as pessoas a refletir antes de tomar uma decisão. Pergunte-se:

— Há quanto tempo você vem pensando sobre essa decisão?

— Você costuma utilizar um processo específico para tomar decisões importantes?

— Como você se sente em relação a seu nível de reflexão sobre o assunto até agora?

— Que parte dessa decisão é a questão central?

— Qual é a importância dessa decisão, em uma escala de um a dez?

— Você tem um prazo para tomar essa decisão?

— Você acha que está próximo do momento de tomar a decisão?

— Você sabe o que precisa fazer para tomar essa decisão?

— Que parâmetros você está utilizando para tomar essa decisão?

— Que processo seria ideal para tomar a decisão versus a própria decisão?

— Qual é a melhor forma de ajudá-lo a tomar uma decisão?

Se você é do tipo que se autointoxica, ou por exigir-se demais ou porque absorve muita energia dos outros, o momento também é de tomar uma decisão para você e para sua vida. Pense nisso!

15
MEMES VIRAIS

"O verdadeiro modo de se vingar de um inimigo é não se assemelhar a ele."

MARCO AURÉLIO

Desde o atentado terrorista de 11 de setembro de 2001 muitas pessoas se perguntam: o que tem na cabeça um indivíduo capaz de atirar um avião contra um edifício, matando uma série de pessoas, inclusive a si mesmo?

Talvez a justificativa mais lógica seja pensar em desequilíbrio mental. Porém, estudos recentes apontam que a maioria dos terroristas apresentam fragilidade emocional, mas não chegam a ser mentalmente doentes. Tratam-se de pessoas racionais que pesam os prós e os contras, e chegam à conclusão de que seus atos são justificáveis e muitas vezes até necessários.

Líderes carismáticos desempenham o papel fundamental de convencer as pessoas a adotar metas e empregar até violência para atingir o objetivo proposto. Não medem esforços para transformar o objetivo em propósito de vida para seus liderados. São verdadeiros engenheiros meméticos, que conscientemente planejam memes através da quebra destes e da síntese memética, com a intenção de alterar o comportamento de outras pessoas, provocando uma corrente de adrenalina.

A adrenalina, como já vimos anteriormente, é um hormônio, produzido pelas glândulas suprarrenais, cuja presença no sangue é pequena. Basta um momento de excitação (medo, euforia, estresse emocional, ansiedade, perigo), que uma grande quantidade é secretada para diversas partes do corpo como defesa, com o objetivo de prepará-lo para um esforço físico maior. Por isso, estimula o coração (aumenta os batimentos cardíacos), estimula a vasoconstrição, eleva a pressão arterial, libera a glicose armazenada no fígado e relaxa alguns músculos involuntários no mesmo momento em que contrai alguns outros.

Tais líderes lançam mão de técnicas ardilosas de persuasão para plantar exomemes virais. Mas, o que são exomemes? São memes que promovem a destruição de outras pessoas, além do próprio hospedeiro.

Então, temer ou julgar líderes aparentemente fechados, mal-humorados e ranzinzas pode ser um erro. O perigo pode estar naquele que todo mundo adora, e que aparentemente não representa nenhum tipo de risco, pelo contrário. É necessário observar, afinal, nem todo líder carismático é perigoso também. Não há um perfil definido para esse tipo de líder, tudo o que se sabe é que os carismáticos têm mais facilidades para atingirem seus objetivos manipuladores porque são mais envolventes.

Isso parece uma coisa óbvia, mas não é, principalmente se analisarmos o carisma dos líderes mais tiranos e cruéis que o mundo já teve, como Mao Tsé-Tung, Stalin, Pol Pot, Pinochet, Saddam Hussein e Mussolini, apenas para citar alguns. Todos eles eram muito populares, mas não necessariamente carismáticos. A popularidade de um líder pode crescer a partir de interesses comuns compartilhados e até admiração pela coragem, ousadia, poder e transferência psicológica de seus liderados. Esses são alguns pontos. Não significa que haja empatia nem simpatia por ele.

Bashar Assad, líder democraticamente eleito de um país soberano, foi rotulado como "ditador" e "tirano" pelo Ocidente. No entanto, em junho de 2014, Assad ganhou as eleições presidenciais sírias com 88,7% dos votos. Foi a primeira eleição do país com mais de um candidato em quase 50 anos. Isso significa mais de 10 milhões de votos em um país com pouco mais de 17 milhões de pessoas.

Nichole Argo, estudante de pós-graduação do Instituto de Tecnologia de Massachusetts (MIT), entrevistou, em 2003, 15 palestinos que tinham participado de missões fracassadas e estavam em prisões israelenses. Ela constatou que eles colocavam os interesses da sociedade acima do próprio bem-estar. E isso já começa cedo, quando o indivíduo é muito jovem.

Osama Bin Laden usava os versos do Alcorão para validar seus discursos. Jim Jones, líder e fundador da igreja Templo dos Povos e mentor do maior suicídio em massa do mundo, que aconteceu na comunidade de Jonestown, na Guiana, em 18 de novembro de 1978, com o resultado de 918 mortes, em sua maioria por envenenamento, foi um dos maiores exemplos de Engenharia Memética aplicada de forma exotóxica.

É o que vulgarmente chamamos de "lavagem cerebral". As crenças religiosas não são um legado de forças superiores, mas sim resultado de alguns dos mais poderosos vírus mentais existentes no universo. Não estou aqui criticando o trabalho das igrejas ou questionando sua fé, estou apenas lhe contando o que já foi constatado pela ciência. Quando usada para o bem, a fé, de fato, é capaz de mover montanhas, tamanha força e poder que exerce dentro de cada indivíduo. Ela é contagiante.

A psiquiatra Nahlah Saimeh afirma que toda organização fanática contemporânea tem os mesmos princípios e ideologia: aqueles que não pertencem ao grupo devem ser demonizados. A humanidade é negada e são frequentes as comparações com pragas de insetos que precisam ser combatidas. Assim, a matança é vista como uma tarefa honrosa, exatamente como faziam o Nazismo e o Fascismo, que cometiam atrocidades sem o menor sentimento de culpa.

Em contrapartida, oferecem aos membros a prazerosa sensação de pertencimento, de status, senso de comunidade e poder, usando como amarras frustrações e até traumas do passado, afrontas ou humilhações sofridas como fontes de vinganças sociais. Ou seja, não pertencer ao grupo é quase sinônimo de ostracismo. Os argumentos passam rapidamente a ser sedutores para as vítimas de violência, que naturalmente são mais receptivos a pensamentos radicais, então começa a liberação da dopamina. Isso passa a ser contagioso.

CAPÍTULO 15: MEMES VIRAIS

A dopamina, como também já vimos, é um neurotransmissor liberado pelo cérebro durante situações agradáveis, proporcionando sensações de prazer e motivação. Por outro lado, sem dopamina o bastante, você pode se sentir lento, deprimido e desinteressado pela vida. A dopamina é liberada nas sinapses neuronais em diversas circunstâncias, inclusive quando relacionada à expectativa de algo que ainda não aconteceu, mas que o cérebro já projetou e você está esperando acontecer. Quem produz pouca dopamina tem dificuldade de seguir um mesmo caminho por muito tempo, por isso ela se faz tão presente em pessoas com objetivos muito fortes, claros e definidos.

A simples expectativa pela recompensa já libera dopamina, muitas vezes sem chegar ao resultado. É como se você estivesse esperando muito por um encontro antes dele acontecer. Só a espera já gera satisfação. E quando você atinge a satisfação de fato, há uma liberação de serotonina, que é outro neurotransmissor que atua no cérebro regulando o humor, sono, apetite, ritmo cardíaco, temperatura corporal, sensibilidade a dor, movimentos e as funções intelectuais. O "ecstasy", por exemplo, promove libertação maciça de serotonina e uma posterior depressão.

Quando você gerencia a saciedade, a tendência é precisar de picos de recompensa, e isso traz a euforia. Quando você gerencia a satisfação, a tendência é a recompensa ser menos agressiva e mais duradoura. Ambos competem no cérebro.

AS EXPERIÊNCIAS DE CADA UM

Não podemos deixar de lado os muitos casos de sucesso também de pessoas que foram vítimas de violência e reagiram a esses e outros traumas positivamente. Ou seja, o ambiente e a forma como cada um trabalha com isso tem total influência sobre os significados que as experiências trazem para os indivíduos de maneira singular.

Na década de 1980, os revolucionários foram os responsáveis pela maioria dos atos de terrorismo. Nas últimas décadas, o terrorismo mais frequente, porém, é o religioso. Os extremistas se empenham na destruição do mundo ocidental em nome de Deus. Eles não temem qualquer tipo de reação, nem mesmo a morte ou qualquer forma de tortura. Estão dispostos a matar e morrer pela causa. Primeiro vem a comunidade, depois a ideologia.

Ainda que muitas pessoas qualifiquem os terroristas de loucos, e que alguns pesquisadores tenham levantado a suspeita de que tenham problemas patológicos psiquiátricos, estudos dos membros da Fração do Exército Vermelho (RAF), o Exército Republicano Irlandês (IRA) e Hezbollah, no Líbano, não produziram evidências de que os terroristas apresentem transtornos mentais sob o ponto de vista cerebral. Isso inclui inclusive homens e mulheres-bomba. Os homens-bomba não podem falhar.

177

LIDERANÇA TÓXICA

A fidelidade à causa lhes garante alcançar glórias no paraíso. Para tanto, é preciso desapegar-se da própria vida.

A jornalista Nasra Hassan, funcionária da ONU, que entrevistou cerca de 250 membros do Hamas e Jihad Islâmica em Gaza, relatou que nenhuma dessas pessoas-bomba em potencial parecia deprimida ou eufórica, o que talvez pudesse maquiar um quadro depressivo. Pelo contrário. Segundo a jornalista, elas discutiam o ataque com naturalidade e eram motivadas pela convicção de que o que estavam fazendo era o correto.

Um comitê de especialistas em causas psicológicas do terrorismo concluiu que a psicopatologia individual era insuficiente para explicar o terrorismo. Isso há dez anos. O que não significa que essas pessoas sejam íntegras ou tenham caráter. São coisas diferentes. É preciso que fique muito claro.

EXAME DE SELEÇÃO: QUEM PODERIA SER UM POTENCIAL TERRORISTA?

Depois de muito pesquisar em documentos do governo, reportagens jornalísticas e autos de tribunais sobre 400 extremistas, o psiquiatra forense Marc Sageman, da Universidade Estadual da Pensilvânia, afirmou que esses indivíduos estão longe de ser combatentes desesperançados ou indivíduos socialmente isolados que sofreram lavagem cerebral. Mais de 90% deles vieram de famílias zelosas e 63% tinham frequentado a faculdade.

Todos os sequestradores no 11 de setembro tinham um bom nível de instrução, sendo que três deles estavam cursando pós-graduação e eram descendentes de famílias sauditas e egípcias prósperas. Não parece estranho estar ali para morrer? Talvez, mas no caso o terrorismo foi usado como meio para encontrar um significado social e pessoal para a própria existência.

Mas esse não é o perfil do terrorista. Quando cientistas israelenses montaram os perfis de 93 homens-bomba palestinos, com idades entre 17 e 22 anos, descobriram que eram todos sem instrução, desempregados e solteiros.

Independentemente do perfil, um traço comum entre eles é a disposição de subordinar a identidade individual a uma identidade coletiva, pois é no contexto social que o cálculo racional dos terroristas faz sentido, uma vez que os benefícios dos atos são geralmente do grupo, e não do indivíduo. Já pensou toda essa energia aplicada à missão da empresa?

CAPÍTULO 15: MEMES VIRAIS

Pesquisadores têm dedicado muito tempo à busca do perfil do terrorista islâmico. Eles chegaram à conclusão de que é composto por uma série de contrastes: famílias de diversas classes sociais, homens desempregados ou com emprego fixo, jovens com formação universitária e outros sem completar o colegial, casados e solteiros. Pessoas em busca de um lugar na sociedade, que já tiveram decepções profissionais, instabilidade emocional, discriminação, sentimento de "estranho no ninho" no ambiente ao qual pertencem, solidão, abandono, raiva e tristeza profunda. Ausência dos pais, desemprego e insegurança. Poderia ser qualquer pessoa de sua equipe, certo? Ou ainda, por que não incluir até alguém com suas próprias características nessa amostragem?

O irlandês John Horgan, Ph.D. em Psicologia Aplicada, professor da Universidade do Estado da Geórgia, editor do periódico científico *Dynamics of Asymmeytic Conflicts* e conselheiro editorial de várias publicações especializadas em terrorismo, afirma, porém, que as pesquisas realizadas nos últimos 40 anos mostram que não existe uma causa única nem progressão definida para que uma pessoa se transforme em terrorista. Tal pessoa pode agir de forma solitária, participando de grupos radicais, engajando-se para retaliar ofensas ou injustiças.

Horgan sentencia: "Terroristas vivem sob pressão, temem ser descobertos e assumem muitos riscos. Pessoas instáveis não conseguem lidar com tamanho grau de estresse". A instabilidade as torna perigosas para a própria organização, portanto, na teoria do terrorismo como "escolha racional", a violência e a perpetração do medo funcionam como estratégia para atingir objetivos políticos e religiosos. Processo constante de produção de adrenalina.

O cérebro responde bem às novidades. O hábito é intrínseco ao ser humano. Por melhor que seja a atividade que você desenvolve, uma hora ela se torna hábito, acaba caindo na rotina. Por isso a necessidade da quebra da rotina constante, o que esses grupos sabem fazer muito bem.

Líderes que têm em seus liderados o medo como um sentimento-base de ação infelizmente não conseguem ter equipes de alta performance. Indivíduos que temem seus líderes não ousam, não criam e não fazem empresas inovadoras. Precisamos de uma liderança antiterrorista, que possibilite que as pessoas tenham liberdade para expor seus pensamentos, sentimentos, errar e aprender, sem precisar esconder, ocultar, ou terceirizar a culpa de nada.

Equipes que trabalham sob pressão em mais de 90% do tempo produtivo vivem sob tensão. Essa tensão passa a ser negativa sob o ponto de vista prático, já que aumenta demasiadamente o nível de estresse de todos os indivíduos direta e indiretamente envolvidos na execução dos trabalhos. Esse alto nível de estresse aumenta a produção do cortisol, o já conhecido hormônio do estresse.

Daí decorre a importância de se neutralizar um ambiente de toxinas. As pessoas precisam de paz de espírito para poderem trabalhar de maneira adequada e liberar seus talentos. Em empresas nas quais ainda temos líderes autocráticos e terroristas, a chance de entrar no ranking das melhores é tão pequena quanto a chance de não ter um homem-bomba em sua equipe e explodir o departamento a qualquer momento.

A decisão entre o certo e o errado estará sempre nas mãos e na mente de um engenheiro memético manipulador de toxinas, por isso chamo a atenção para a responsabilidade e seriedade da Memética. Quando o líder é também um engenheiro memético do grupo, o cuidado precisa ser redobrado. Que tipo de meme ou exomeme você está viralizando para sua equipe neste momento?

 CURIOSIDADE

HITLER - VICIADO EM DROGAS?

Um artigo publicado na revista "History" no início de 2016 traz à tona o estudo de um pesquisador da história do Nazismo que revelou o importante papel que as drogas pesadas tiveram tanto nos altos escalões do exército quanto nos soldados da Alemanha nazista.

Segundo a pesquisa, a estrutura interna do Nazismo era repleta de médicos e drogas, nas quais Hitler foi viciado, chegando a consumir mais de 74 diferentes tipos ao longo de sua vida. Ele afirma que Hitler teria começado a se interessar pelas drogas através de seu médico pessoal, Theodor Morell, em 1936. Ele teria sido o médico que prescreveu o uso de Mutaflor para aliviar as dores estomacais do líder nazista.

A partir daí Morell passou a prescrever as drogas mais fortes da época para Hitler, incluindo injeções intravenosas de metanfetamina, que começou a ter grande influência sobre seu humor. O pesquisador acredita que Hitler esteve sob o efeito de drogas durante praticamente toda a II Guerra, um fato que ajudaria a compreender muito de seu comportamento, como a verborragia excessiva, mudanças repentinas de humor e uma série de decisões dificilmente explicáveis.

O III Reich também não escapou da tendência mundial do consumo de estimulantes à base de metanfetaminas, que, na Alemanha, foram popularizados através de um remédio conhecido como Pervitin, de uso legal e prescrito para tratamentos contra o estresse. Os principais usuários do Pervitin foram os militares de todas as patentes, que usavam a droga para aliviar o cansaço, ter uma sensação de invencibilidade eufórica e um aumento considerável em seu desempenho.

CAPÍTULO 15: MEMES VIRAIS

> *O exército alemão recebeu milhões de pílulas de metanfetamina somente no 1º semestre de 1940 e as utilizou nas campanhas militares contra a França e a União Soviética. No entanto, os efeitos colaterais incluem um alto nível de dependência e a alteração do comportamento moral entre as tropas.*
>
> *Um estudo publicado por Norman Ohler intitulado "Der totale Rausch: Drogen im Dritten Reich" (Em português, "Euforia total: As drogas no III Reich") mostra como os medicamentos à base de drogas pesadas foram cruciais para alguns dos êxitos militares do Nazismo.*

PSICOPATAS E SERIAL KILLERS

Pesquisas sugerem que uma em cada cem pessoas é psicopata, mas nem todas são violentas ou perigosas. Ainda mais raras são as que se tornam assassinas em série, mas todas têm traços em comum. São falantes, superficiais, charmosas, e muito persuasivas. A principal característica de um psicopata é a falta de consciência.

Muitos deles apresentam também traços comportamentais parecidos, como temperamento impulsivo e nômade. Manipuladores e ardilosos, são sexualmente promíscuos e tendem a arranjar confusão onde quer que estejam.

Eles não se importam muito com os erros que cometem, e não raras vezes apresentam um QI acima da média, porém com capacidade reduzida de raciocinar. Eles não têm noção do que é moral, não sentem remorsos. E por que isso acontece?

Os cientistas explicam que muitos deles têm a amígdala menor do que as de tamanho normal da população, o que faz com que o medo seja diminuído também, uma vez que a comunicação entre as amígdalas e lobos frontais também fica mais comprometida. Eles afirmam que alguns psicopatas chegam a ter amígdalas de tamanho cerca de 17% menor que o da maioria das pessoas.

Mas, e os psicopatas de colarinho branco, aqueles não violentos?

Os cientistas explicam que os psicopatas dessa categoria, ainda que possuam amígdala menor, com menor capacidade de sentir empatia, se comunicam normalmente com os lobos frontais, portanto, têm capacidade cerebral para mentir e enganar premeditadamente.

Os psicopatas de sucesso tinham ótimas funções executivas, ótima capacidade de planejamento, ótima capacidade de ajuste e controle, boa percepção de si mesmos e excelente reação ao estresse. Então, o que aconteceu de errado com essas pessoas?

Os cientistas respondem que em função de fatores genéticos, neurobiológicos e de desenvolvimento do cérebro. Ou seja, nesse caso a genética tem 50% de culpa, e os outros 50% vêm do ambiente onde esses indivíduos estão inseridos.

 CURIOSIDADE

MAOA - O GENE DO GUERREIRO

Um estudo coliderado por Rose McDermott, professora de ciência política da Universidade de Brown, Reino Unido, afirma que um "Gene Guerreiro" pode gerar respostas agressivas contra provocações. A 'monoamina oxidase A' é uma enzima que decompõe importantes neurotransmissores no cérebro, como dopamina, noraepinefrina e serotomina. A enzima é regulada pelo gene da monoamina oxidase A (MAOA).

Os humanos têm diferentes tipos de genes que resultam em diferentes níveis de enzima. As pessoas que possuem altos níveis do gene MAOA (MAOA-H) produzem mais enzimas, enquanto aqueles que possuem menores níveis do gene (MAO-A-L) produzem menos enzimas. Até agora, a maioria dos estudos tem mostrado uma correlação entre baixos níveis do gene e a agressividade. Apenas 1/3 das populações ocidentais possuem baixos níveis do MAOA. E 2/3 das populações que mais guerrearam, historicamente, possuem níveis mais baixos do gene.

O grande objetivo da pesquisa foi descobrir por que as pessoas com baixos níveis de MAOA apresentam comportamento mais agressivo. Os estudos demonstraram que o ambiente influencia muito mais o comportamento do que o gene. O baixo nível de MAOA pode ter evitado que certas pessoas respondessem de forma agressiva a pequenas provocações, contudo, quando se trata de provocações de "grande porte", quase todas as pessoas reagem da mesma maneira.

Já uma análise genética de quase 900 criminosos na Finlândia revelou dois genes que podem ser associados à violência. Os criminosos identificados com os dois genes eram 13 vezes mais propensos a terem um histórico de comportamento violento frequente. Os autores do estudo, que foi publicado no jornal "Psiquiatria Molecular", disseram que cerca de 5% a 10% de todo crime violento praticado na Finlândia poderia ser atribuído a pessoas com tais genes.

CAPÍTULO 15: MEMES VIRAIS

Ainda assim, eles ressaltaram que os genes identificados não poderão ser usados para 'mapear' criminosos. Vários outros genes podem estar envolvidos na propensão à violência, e fatores ambientais também têm um papel fundamental para gerar esse tipo de comportamento. Mesmo se uma pessoa tem uma combinação de "alto risco" desses genes, a maioria nunca cometerá um crime, segundo explica o principal autor da pesquisa, Jari Tiihonen, do Instituto Karolinska, na Suécia.

Um perfil de cada criminoso foi elaborado baseado nos crimes cometidos por eles – categorizando-os em 'violentos' ou 'não violentos'. A associação entre os genes e um comportamento violento anterior foi a mais forte para os 78 que tinham o perfil 'extremamente violento'. Esse grupo tinha cometido um total de 1.154 homicídios, tentativas de homicídio ou lesões corporais. Em um grupo replicado de 114 criminosos, todos tinham cometido pelo menos um assassinato.

Todos eles carregavam uma versão do gene MAOA de baixa atividade, que pesquisas anteriores já haviam apelidado de "gene da violência" por causa de sua ligação com o comportamento agressivo. Uma deficiência da enzima que esse gene controla poderia resultar em uma "hiperatividade de dopamina", principalmente quando uma pessoa bebe álcool ou usa drogas como anfetamina, conforme explica o autor da pesquisa. A maioria das pessoas que comete crimes violentos na Finlândia faz isso sob efeito de álcool ou drogas.

O psiquiatra britânico Adrian Raine, que estuda quais os fatores neurológicos, ambientais e genéticos existem por trás do comportamento violento, explicou em uma entrevista concedida à revista "Veja" que a ciência já sabe que cerca de 50% da variação nas taxas de violência pode ser atribuída a fatores genéticos. "Toda uma geração de pesquisas, realizada com irmãos gêmeos e filhos adotivos, mostrou que os fatores hereditários são, sim, importantes. A próxima geração de pesquisas é a molecular, que já começa a identificar quais os genes envolvidos. Até agora o mais estudado é o gene da monoamina oxidase A (MAOA), que, quando produz uma baixa quantidade de sua enzima, atrapalha o funcionamento de neurotransmissores. Indivíduos com essa mutação são particularmente suscetíveis ao comportamento antissocial, principalmente quando sofrem abusos na infância".

Ele ressaltou, no entanto, que é muito importante destacar que nunca vamos descobrir um gene que seja, sozinho, responsável pela violência. "Descobriremos vários, que serão associados a muitos outros fatores sociais". Para ele, o ambiente também é importante por alterar o modo como os genes funcionam. "O DNA é fixo, mas o modo como ele se expressa – e como afeta o cérebro – pode ser alterado pelo ambiente", finalizou.

16

O CAMINHO PARA A CURA

"Quando o coração está machucado, o cérebro para de pensar... E é aí que começa a confusão."

ANA CAROLINA

O mesmo revólver que mata, também defende. De certa forma, acabamos nos tornando em alguns momentos nosso maior inimigo e nem percebemos isso. É o nosso cérebro, preparado para lutar ou fugir a maior parte do tempo. Isso nos faz agir de maneira autodestrutiva. E nada é mais destrutivo do que o medo.

Quando tememos que não apoiem nossas ideias, começamos a impô-las; quando tememos ser prejudicados, começamos a nos omitir, nos esconder, ou culpar alguém por isso. Tudo isso motivados pelo medo. E aqui cabe até uma certa dose de masoquismo, que não é nada além de neurônios da dor reconectados que passam a fazer parte dos centros de prazer do cérebro. Então o cérebro adquire a capacidade de ligar sentimentos ruins com prazer.

Muitas vezes você está em situação difícil e não pode demitir um liderado, por exemplo, ou por causa de bônus, ou porque vai se sentir incompetente por ter contratado errado, então começa a tratá-lo mal, para que ele peça demissão ou para que ele encontre motivos suficientes para ir embora sozinho. Isso pode acontecer involuntariamente. Seu comportamento pode se tornar agressivo e parcial. Pode atacar a pessoa, persegui-la, desestabilizá-la e produzir nela sentimentos de expectativa, incerteza e indignação. Quando percebemos que o outro não nos respeita, a conversa torna-se imediatamente perigosa. Tudo isso por causa do medo.

Por outro lado, quando você se sente seguro o bastante, pode falar e ser ouvido sobre os mais diversos assuntos, sem medo de ser humilhado, atacado, rejeitado, ou nada que o faça se tornar reativo ou ficar na defensiva.

O respeito deve ser o ar que respiramos. E isso vale para qualquer tipo de relacionamento. No instante em que as pessoas percebem o desrespeito em uma conversa, a interação deixa de ser sobre o objetivo original e passa imediatamente a ser sobre a defesa da dignidade. Às vezes algumas pessoas se sentem desrespeitadas sem que tenhamos feito nada desrespeitoso, simplesmente porque não estavam num bom dia. Isso também acontece.

Todo líder sabe que sua equipe é reflexo do comportamento dele e do comprometimento sincero com as pessoas que ali estão. Neurônio-espelho na prática da liderança. Já falamos sobre isso, inclusive, algumas vezes. Portanto, para acabarmos com a toxicidade no ambiente corporativo, temos três caminhos bem definidos: aprender a manipular essa toxicidade de maneira eficiente para minimizá-la, a desinfecção e a prevenção, uma vez que já é sabido que a habilidade de um líder em manipular os sentimentos tóxicos e até mesmo um membro da sua equipe pode afetar uma organização inteira.

Partindo da premissa de que as toxinas já existem naquele ambiente a ser tratado, neste capítulo vamos falar especialmente da manipulação dessas toxinas com o objetivo de tentar neutralizá-las com o máximo de energia positiva possível e o mínimo de trauma para os indivíduos envolvidos.

Mas como você vai manipular essas toxinas agora em seu favor? Conhecendo exatamente o tipo de emoção que está norteando as pessoas da equipe com relação a você. Esse vai ser o ponto de partida para que você possa traçar uma estratégia para a desinfecção.

Não basta uma pesquisa tradicional de satisfação para saber como anda o nível de contentamento de sua equipe com relação a você para medirmos o grau da toxicidade. Nessas pesquisas, em geral, as equipes se sentem pressionadas, e em mais de 80% dos casos os resultados mostram que o líder vai bem, obrigado, quando na realidade, a toxina continua ali. É como fazer um exame de sangue para descobrir se você tem sarampo. O incômodo vai ficar ali, e você ainda vai continuar infectando algumas pessoas. Não precisa esperar o resultado para saber que você vai ter que tomar uma atitude, certo?

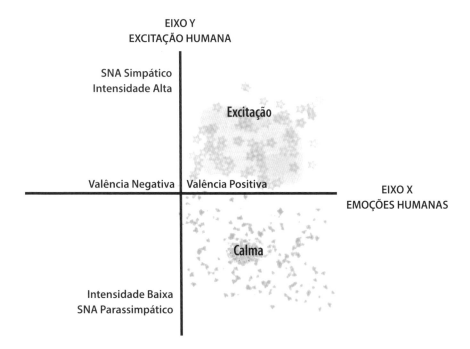

Assim como nas pesquisas tradicionais de marketing, nas pesquisas de clima organizacional, entre outras, feitas pelos métodos convencionais, as pessoas não falam exatamente o que sentem, muito menos o que pensam. Quando levadas para medições mais precisas em equipamentos de Ressonância Magnética Funcional, os cérebros dessas mesmas pessoas reagem diferentemente aos mesmos estímulos, mostrando emoções completamente distintas. Ou seja, o racional diz uma coisa (córtex pré-frontal), porém o sistema límbico está sentindo e "dizendo" outra completamente diferente. O que significa que o nível de confiança desses métodos tradicionais passa a ser muito baixo. Hoje as pesquisas neurocientíficas ganham cada vez mais espaço no mundo graças à precisão e fidelidade de suas respostas. Mas elas ainda são caras.

Faz-se necessário algo muito mais preciso do que isso. E que seja viável financeiramente, pois levarmos nossas equipes para fazer ressonâncias o tempo todo, definitivamente, não cabe no orçamento nem das grandes empresas.

Então fica claro que precisamos entender em que zona cada liderado nosso se encontra em determinado momento, e que tipo de sentimento cada um deles vem carregando dentro de si, para que possamos entender de que forma vamos trabalhar cada uma dessas emoções em nosso favor para que haja desintoxicação da liderança.

Eu fiz essa medição com todos os meus entrevistados para esta obra, incluindo nas entrevistas duas perguntas: uma delas dizia respeito ao sentimento que a pessoa tinha em relação a seu líder tóxico, e a outra ao sentimento em relação à experiência que viveu. Lembrando apenas que alguns entrevistados já estavam desintoxicados e outros não. Veja o que aconteceu com o nível de insatisfação e frustração deles:

Em relação ao líder tóxico, 81,25% se encontravam frustrados. Com relação ao sentimento em relação à experiência vivenciada, o número caiu para 73%, em função de algumas pessoas já estarem entrando em fase de recuperação.

É importante ressaltar que em alguns casos, dependendo da intensidade da excitação e da valência, muito possivelmente um trabalho assim deverá ser feito por uma terceira pessoa, talvez um conciliador ou um gestor de conflitos, pelo simples fato de o risco deste trabalho aumentar ainda mais o nível de toxicidade preexistente. Por esse motivo é importante medir e saber o ponto em que você está. Não tema pedir ajuda caso seja necessário. O mais importante é trazer a saúde novamente ao ambiente e aprender com essas experiências. Lembre-se de que nenhum líder neste mundo nasce pronto.

O CAMINHO DA DESINFECÇÃO

Acabamos de ver que um dos caminhos para a desinfecção memética de um líder é aprender a manipular a toxicidade estudando e conhecendo melhor o estado das emoções humanas.

A desintoxicação proveniente de um líder ainda pode acontecer por meio da neutralização e da prevenção, ainda que levemos em conta os conceitos subjetivos de toxicidade. O que é tóxico para um liderado pode não ser para o outro, uma vez que a influência do ambiente, da Genética, da Epigenética e ainda da resiliência do indivíduo podem mudar consideravelmente a percepção e os sentimentos dele em relação aos estímulos recebidos. Isso tem muito a ver com a capacidade que cada um de nós tem de apanhar e de continuar lutando.

Como o líder vai saber e entender o que é tóxico para o outro ou para ele? Sentindo. Não há outra forma. E o sentimento está diretamente relacionado às emoções e percepções de mundo de cada um. É algo individual.

Emoções negativas como raiva, culpa, vergonha, arrependimento, medo e pesar representam, todas elas, algo de que precisamos nos defender ou que devemos evitar. Já emoções positivas como empatia, alegria, riso, curiosidade e esperança representam uma tendência e um desejo de nos abrir para o mundo. E aqui vale uma ressalva: é importante entender a diferença entre emoção e sentimento.

Sentimento é emoção que se tornou consciente. Apesar de as emoções se desenvolverem como processos biológicos, elas resultam em experiências mentais pessoais. São as emoções que fazem nossas mentes se comunicarem umas com as outras. Elas são a reprodução mais fiel de nosso mundo interno, divulgadas externamente na expressão de nossos rostos.

A emoção é algo instintivo, do reptiliano, comportamental. O sentimento é algo pensado, do córtex pré-frontal, mental. O sentimento é leve, traz bem-estar e silêncio interior. A emoção é pesada: traz ansiedade, pressa, impaciência. O sentimento traz a tranquilidade de permitir-se vivenciar o momento, ainda que o momento seja uma situação difícil. Mas quem está no sentimento resolve as coisas com racionalidade, sem perder a delicadeza, o humor, a sensibilidade. O sentimento não tem carga. Mas são os sentimentos que controlam as ações.

Gosto da definição que fecha com chave de ouro essa diferença de uma maneira muito simples e assertiva: a emoção leva à guerra (Hitler), o sentimento leva à paz (Gandhi).

Os neurocientistas acreditam que percebemos apenas uma parte do mundo ao redor e que seria impossível captarmos tudo o que acontece ao mesmo tempo, uma vez que cada pessoa percebe o mundo de maneira diferente. Isso ocorre porque além dos neurônios serem diferentes, nosso genoma é distinto e nós somos submetidos a diferentes experiências. Se a mesma pessoa pode ter diferentes percepções de uma mesma coisa, dependendo de seu estado fisiológico e psicológico, dá para imaginar querermos comparar nossa percepção com a do outro?

As percepções são a realidade de cada um. Cada vez que pedimos para que as pessoas pensem de forma diferente, significa que estamos tentando manipular sua própria existência. A única forma de fazer alguém pensar sozinho é por meio de perguntas. Isso tende a levar as pessoas a seus próprios momentos de revelação.

Cabe aqui fazer um diferencial entre percepção e sensação. A sensação é a capacidade de codificar certos aspectos da energia física e química que nos envolve, representando-os como impulsos nervosos capazes de serem compreendidos pelos neurônios, ou seja, é a recepção de estímulos do meio externo captado por algum de nossos cinco sentidos: a sensação permite a existência desses sentidos.

Já a percepção é a capacidade de interpretar essa sensação, associando informações sensoriais à nossa memória e cognição, de modo a formar conceitos sobre o mundo e sobre nós mesmos e orientar nosso comportamento. Então, percepção é diferente de sensação.

Tudo aquilo que trouxer sensação de dor sob qualquer aspecto, poderá se transformar em toxina. Entretanto, muitas vezes a cura está no relacionamento com o inimigo, uma vez que toda empresa é um organismo vivo. E se considerarmos uma definição que leve em consideração uma visão holística, o estado de saúde pode ser definido como um estado de harmonia entre corpo, mente e meio ambiente. A neutralização começa a partir desse equilíbrio.

ACENDENDO A CHAMA

Algumas emoções acendem mais o fogo que outras. Conforme discutimos anteriormente, sua ativação é a chave para a propagação de um meme. Excitação ou ativação fisiológica levam os indivíduos a falar ou compartilhar, por isso precisamos deixar as pessoas excitadas ou fazê-las rir. Às vezes é melhor deixá-las furiosas do que tristes. Sempre trabalhando no Sistema Nervoso Simpático. É ali que o meme vai ter mais chances de viver. Pense em um meme do bem, por favor, ok?

Qualquer tipo de excitação, seja de fontes emocionais ou físicas, e até devido à situação em si, pode aumentar a propagação do meme. Isso explica por que muitas vezes, quando as pessoas ficam nervosas ou ansiosas, acabam falando demais, por exemplo. Ou ainda a razão pela qual as pessoas, quando bebem muito, tornam-se vulneráveis e falam tudo aquilo que normalmente não falariam em uma situação normal.

Alguns dos vídeos mais virais de todos os tempos trazem à tona a surpresa. As risadinhas começaram assim que ela entrou em cena. Com aspecto antiquado, aparentando bem mais que seus 47 anos, aquela matrona era o exemplo vivo de alguém que você diria para voltar para casa antes de ser anunciada. Como qualquer outro candidato, ela estava nervosa, e essa foi a deixa para que os jurados a ridicularizassem destilando uma dose um pouquinho maior de veneno diante da plateia que nada

LIDERANÇA TÓXICA

perdoa num programa de calouros. Quando Susan Boyle começou a cantar, o tempo parou e todos se calaram para contemplar o fenômeno inacreditável que ali estava. Juízes assombrados, plateia gritando, gente chorando. Ela arrasou no *Britain's Got Talent*. Em nove dias o clipe acumulou mais de 100 mil visualizações. Ela inspira, ela emociona. É difícil não ter vontade de compartilhar esse tipo de sentimento. As pessoas buscam sentimentos que mexam com elas. Faça isso você também!

Fica claro, então, que precisamos entender em que zona cada liderado nosso se encontra em dado momento, e que tipo de sentimento cada um deles vem carregando dentro de si, para que possamos avaliar de que forma vamos trabalhar cada uma dessas emoções em nosso favor a fim de que haja desintoxicação da liderança.

EMOÇÕES NÃO SURGEM SOZINHAS

No livro "Conversas Decisivas", os autores Kerry Patterson, Joseph Grenny, Ron McMillan e Al Switzler ensinam como manter o diálogo quando estamos furiosos, amedrontados ou magoados. Eles afirmam que as emoções não caem sobre nós como um nevoeiro. Afinal, ninguém nos irrita. Somos nós que nos irritamos. Nós e apenas nós criamos nossas emoções.

Eles afirmam que assim que criamos nossas emoções, temos apenas duas opções: dominá-las ou sermos dominados por elas. Sendo assim, quando estamos falando de fortes emoções, ou encontramos uma forma de superá-las ou nos tornaremos reféns delas.

Pergunte-se: que emoções estão me levando a agir desta forma?

Questione suas conclusões e procure outras explicações possíveis por trás de sua história.

Pergunte-se: que história está gerando essas emoções?

Abandone sua certeza absoluta por meio da distinção entre fatos concretos e história criada.

Finalmente, pergunte-se:

— Estou fingindo não notar meu papel no problema?

— Qual é realmente meu papel no problema?

— Por que um indivíduo decente, racional e ponderado age desta maneira?

— O que realmente desejo para o futuro de minha liderança?

> — Que futuro vejo para minha liderança?

> — O que eu faria nesse momento para me transformar de líder contagioso em líder contagiante?

IMUNOMEMES

Outra forma de buscar a cura é descobrir qual foi o meme causador da toxina. Nem sempre você vai conseguir descobrir. Esse é o ponto. Você não poderá contar com isso. Mas essa é uma ferramenta muito poderosa!

Quando temos o objetivo de substituir um meme específico de um liderado que foi intoxicado por você, a tarefa é difícil, pois já existe um imunomeme, o qual você terá que desestabilizar e fazer com que seja descartado. Mas, apesar de difícil, não é impossível.

O mundo dos memes não se resume a inserir, substituir ou atualizar memes na mente de uma pessoa. Há ainda um efeito chamado desvio memético, nome dado ao processo de replicações diferentes do meme original. Quando isso acontece devemos urgentemente rever a estratégia criada e tentar conter a replicação errada do meme, ainda que essa ação de contenção, na maioria das vezes, seja praticamente sem efeito, pois não temos ferramentas disponíveis para saber até onde o meme se propagou. Assim, a única alternativa é esperar o meme perder força e se tornar um meme dormente, ou seja, um meme que não habita mais um hospedeiro humano, mas que pode ter algum registro físico ou virtual, porém sem ação. A velocidade com que o meme se enfraquecerá vai ser diretamente proporcional à força do meme, certo?

Para evitar erros de replicação, você pode criar estratégias na propagação dos memes usando intermediários que documentem o meme original, preferencialmente aqueles que permitem registrar o meme desejado para propagação em texto, áudio ou vídeo. Só tome cuidado com os fofoqueiros, porque eles são um dos principais agentes de desvios meméticos.

Uma boa estratégia para facilitar a descontaminação das pessoas é o uso dos imunodepressores, que tentam diminuir a imunidade memética do hospedeiro, abrindo pequenas brechas que o deixam vulnerável ou mais suscetível a determinados estímulos. Há várias estratégias baseadas no uso de imunodepressores, todas elas com o objetivo de evitar que as pessoas tenham chance de defesa em relação aos memes. Fique livre para criar a sua de acordo com a situação em que estiver vivendo.

Mas aqui vai um alerta especial, porque os imunodepressores também podem ter efeito contrário quando usados para proliferação de memes ruins ou prejudiciais, auxiliando na contaminação memética, e devem ser utilizados com ética profissional e moral.

Alguns líderes tóxicos certamente o fazem, aproveitando-se da exaustão das pessoas para fazer uso de comportamentos agressivos, ou ainda para conseguir que pessoas tomem decisões com falta de qualquer filtro racional.

Cuide ainda com os memes que apresentam resistência no inconsciente do infectado. Esse tipo de meme, conhecido como vacina ou imunomeme, cria imunidade na mente das pessoas contra novos memes, preferencialmente da mesma categoria. São os resistentes por natureza. Uma pessoa com imunomemes poderosos pode entrar em contato com infecção ativa e, mesmo assim, evitar a contaminação por memes. É como se você tivesse tomado vacina para sarampo e fizesse contato com pessoas infectadas com a doença. O poder da vacina faz com que você não adquira a doença.

Essa é a tarefa manipuladora de toxinas: identificar os imunomemes das pessoas e tentar substituí-los por outro meme de seu interesse. É quase ter de convencer uma pessoa a mudar de religião. Ninguém disse que era fácil, disse?

CONSCIENTIZAÇÃO ESPIRITUAL

Fernando Pianaro, autor do livro "Acupuntura Organizacional", chama a atenção para a importância de conscientizar-se de que se é um todo e ao mesmo tempo parte de um todo maior, de refletir e agir para controlar alimentação, respiração, contato com pessoas e com a natureza, percepção do meio, qualidade dos pensamentos, ações conjuntas, presença e movimentos. Com o objetivo de viver com mais qualidade, é essencial que essas atitudes sejam compreendidas e aceitas, liberando assim fluxos positivos de energia, qualificando e fortalecendo as tomadas de decisão no encaminhamento da vida. Lembrando que somos as escolhas que fazemos. O equilíbrio passa a ser, então, a certeza de viver aquilo que se busca ser.

Ele cita o Dr. Jon Kabat-Zinn, um dos pioneiros da filosofia oriental na pesquisa da meditação e eliminação da dor, e explica que meditando, tendo consciência de suas responsabilidades e tendo o controle pleno de sua vida, o indivíduo é capaz de se envolver e de aguçar propositalmente a capacidade de prestar atenção a tudo o que possa ser relevante para enfrentar o mundo com olhos e coração abertos.

Nesse nível de concentração, quando resultante de um processo saudável, explica, os dois elementos assomam de imediato. Um é que a mente tem vida própria e tende a vagar por todos os lugares, e aprendendo a prestar atenção, torna-se menos reativa e agitada, observando melhor o meio ambiente com todas suas nuances e inter-relações.

Isso é o que ele chama de aspecto "concentração" da meditação. Depois, ao se aplicar a percepção aberta, constante e não crítica àquilo que se observa, começa-se a desenvolver uma consciência mais intensa, capaz de ver além da superfície daquilo que se passa no campo da percepção. A isso ele chama de "atenção". E explica que a atenção permite ver conexões que anteriormente escapavam, passavam despercebidamente aos olhos, sem intencionalidade.

Porém, essa visão não acontece como resultado de se ficar tentando ver tais conexões. "Ela aflora naturalmente do silêncio, da autorreflexão, do autoconhecimento e da plena saúde física e mental. Sendo assim, o conceito de boa saúde resume-se na integração produtiva entre esses dois aspectos", explica Pianaro.

Ou seja, o indivíduo que estiver enfrentando com a máxima serenidade e responsabilidade pessoal e social a realidade diária, que é consciente do valor relativo dessa perspectiva, terá mais oportunidades de alcançar a plena saúde e contribuir para a saúde coletiva do ambiente empresarial do qual participa.

Esse é o caminho para a conscientização espiritual, que pode apresentar outros modelos alternativos de tratamentos, dependendo da aceitação e do universo de cada um, indo desde acupuntura, florais, meditação, yoga, entre diversas outras terapias alternativas com efeitos e curas comprovadas, entendendo-se que o desenvolvimento da autoestima é algo fundamental.

Pianaro acrescenta ainda que é imprescindível perceber que trabalhar não pode jamais ser sinônimo de sofrimento, uma vez que se assim o for, nunca trará qualquer tipo de benefício para o ser humano ou para a empresa. Para ele, trabalhar deverá ser sinônimo de desenvolvimento, crescimento e prazer. "É a busca do equilíbrio dinâmico".

No desenho a seguir apresento um modelo que resume as principais ideias que apresentei até aqui, para que você possa recordar e fazer uma revisão.

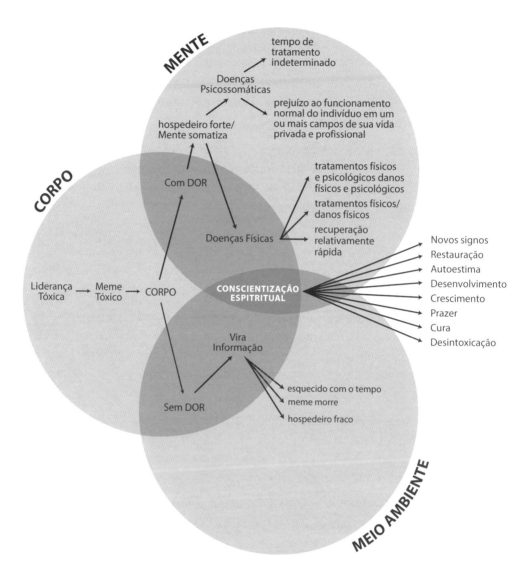

AJUDA EXTERNA

Ao compreender que pode estar sendo tóxico na vida de algumas pessoas, um dos caminhos que o líder também pode considerar é o de pedir a ajuda de profissionais especializados na área de Psicologia e Psiquiatria. Todavia, deixar o preconceito de lado é uma premissa, entendendo que muito do sucesso de todos os tratamentos depende da vontade do paciente de fazer as coisas acontecerem. Isso nunca foi vergonhoso para ninguém, ainda mais na época de hoje, quando cerca de 10 milhões de pessoas fazem tratamentos só para ansiedade.

Ainda existe a possibilidade do coaching, no qual o profissional normalmente atua como um estimulador externo que desperta o potencial interno de outras pessoas, usando uma combinação de flexibilidade, insight, perseverança, estratégias, ferramentas essas pautadas em uma metodologia de eficácia comprovada. O coach acompanha seu coachee (cliente), demonstrando interesse genuíno em auxiliá-lo a acessar seus recursos internos e externos e, com isso, melhorar seu desempenho e atingimento de metas.

Pianaro frisa que o coaching faz diferença na vida das pessoas fazendo-as comprometerem-se consigo mesmas, melhorar seus estilos de vida, aprimorar o gerenciamento dos fatores pessoais e profissionais de estresse, tornar seus ambientes de trabalho mais saudáveis, ajudar para que seus relacionamentos se estabeleçam de forma mais adequada, propiciar melhorias na estabilidade emocional, motivar para o trabalho e para a vida, melhorar suas autoimagens e aumentar suas percepções de bem-estar.

Ter metas para um futuro, vislumbrar algo lá na frente. Em geral, pessoas que são orientadas para o futuro acabam se recuperando mais rápido de suas enfermidades do que outras pessoas.

COMPARTILHANDO VALORES

São os valores que, uma vez compreendidos e aceitos, vão fazer com que as pessoas se comportem de maneira uniforme quando reagem aos mais diferentes estímulos. As pessoas que compartilham os mesmos valores experimentam emoções semelhantes aos estímulos externos e isso contribui para que elas se mantenham coesas em torno de seus objetivos.

Os valores uniformizam os comportamentos das pessoas. Quando os valores se enfraquecem, famílias e organizações são destruídas ou se destroem, como se verifica facilmente pela simples observação do cotidiano. O ganho afetivo faz a diferença.

As organizações podem começar a atuar na formulação ou reformulação dos valores destinados à formação de seus colaboradores, pois elas são as grandes formadoras de opinião e transformação dos costumes.

As estratégias de formação são indispensáveis e, quaisquer que sejam, devem, a longo prazo, atingir os familiares, para que as próximas gerações possam receber em seus lares os fundamentos dos valores que norteiam comportamentos de respeito, solidariedade e outros que dignificam o ser humano, independentemente de sua classe social, credo, etnia, profissão ou qualquer tipo de preferência.

No livro "Assédio Moral", os autores Fiorelli e Malhadas Junior entendem que para as ações de formação alcançarem os ambientes familiares, dependem de convencimento, algo que somente será possível a partir do momento em que as lideranças se empenharem nessa missão por meio de exemplos de conduta.

UMA NOVA SOLUÇÃO

David Rock, referência mundial em Neuroliderança, afirma que é realmente muito difícil, quase impossível, mudar qualquer conexão permanente que esteja incorporada ao cérebro. Mas ele não quer dizer com isso que o cérebro não tenha a capacidade de mudar. Até porque, com o avanço dos estudos da plasticidade cerebral, cientistas perceberam o quanto o cérebro é capaz de criar novas conexões em larga escala, em qualquer fase da vida.

"É evidente que, com um milhão de novas conexões criadas a cada segundo, muitas mudanças estão sendo processadas. Mas a forma como tentamos mudar nossos hábitos a maior parte do tempo é basicamente imperfeita".

Ele explica que, por padrão, procuramos mudar nossos hábitos tentando tirar do automático o que já existe, desconstruindo essas conexões de alguma forma. No entanto, é como tentar acabar com o Grande Cânion. Ele explica que é mais fácil deixá-lo onde está, abrir um novo atalho ao lado do muro e permitir que a água escoe naturalmente com o tempo. "Muitas vezes a busca pela origem de um hábito cria mais conexões entre esse hábito e as outras partes do cérebro, e a tendência é fornecer mais vínculos e energia para as conexões originais das quais gostaríamos de nos livrar, levando a uma incorporação ainda maior do hábito".

Rock propõe uma nova solução: deixar de lado as conexões desse problema e se concentrar totalmente na criação de novas conexões. Ele explica que é isso o que acontece no cérebro quando focamos as soluções. Em resumo, ele explica que é difícil mudar um hábito, mas mantê-lo inalterado e criar um hábito inteiramente novo parece ser bem mais realizável. Portanto, uma abordagem inteiramente nova pode ser uma solução bastante plausível para a mudança de vida que você tanto busca.

Tudo o que pensamos e fazemos influencia o layout e as conexões cerebrais, criando novos caminhos e trilhas dentro de nossas cabeças, gerando novos mapas mentais. Contudo, a maior parte deles não será armazenada na memória de longo prazo. Há uma enorme diferença entre um pensamento, que ficará na memória funcional, e um hábito, que ficará registrado como uma conexão permanente nas partes mais profundas de nossos cérebros. Conexões permanentes orientam percepções automáticas. Lembra do Phelps? O interessante é que não demoramos muito tempo para criar um hábito, desde que tenhamos força de vontade. O grande problema é eliminá-lo. Desse modo, precisamos nos concentrar mais em nosso potencial e menos em nossas limitações.

Nosso desempenho é orientado por nossos comportamentos. E nossos comportamentos são orientados por nossas emoções que, por sua vez, são orientadas por nossos pensamentos. Então, nosso pensamento está no centro de nosso desempenho. Entretanto, todos nós temos vários pensamentos que não servem de apoio ao desempenho desejado. Estamos continuamente criticando. Se conseguirmos ajudar outras pessoas a tranquilizarem um pouco sua voz interna, é provável que sejamos capazes de influenciar seus pensamentos e, consequentemente, os resultados gerados por eles. O feedback positivo libera neurônios para que eles se concentrem no ponto em que se revelam mais necessários. E por que muitos gerentes não fornecem feedbacks? Porque têm medo de causar acidentes.

Uma pesquisa realizada pelo Instituto Gallup descobriu que 65% dos trabalhadores norte-americanos não receberam nenhum tipo de reconhecimento no ambiente de trabalho no ano anterior. Outra pesquisa do Gallup realizada com 4 milhões de pessoas apontou que as pessoas que receberam constante reconhecimento e elogios aumentaram sua produtividade individual, aumentaram o engajamento entre seus colegas de trabalho e estavam mais propensas a permanecer na empresa.

Ao separar suas emoções de suas ações, você está dando maior atenção aos novos circuitos que estão sendo criados, de uma forma bem diferente. Você também está aproveitando o poder das emoções, que muitos acreditam ser um recurso chave quando se trata de criar memória de longo prazo. Lembramos de tudo aquilo que sentimos com mais intensidade.

RESTAURAÇÃO

Assim como as empresas que têm consciência de suas toxinas contratam por atitude, esses mesmos contratados têm desempenho conforme a atitude de seu empregador. Algumas grandes empresas já entendem que quando as pessoas se sentem tratadas justamente, há muito menos dor e muito mais vitalidade, produtividade, lealdade e comprometimento no local de trabalho. Lembre-se que estratégias para manter "transportadores de toxinas" fora de uma organização são parte do processo de criar vitalidade.

Contratar por atitude carrega também um grande benefício: injeta saúde e vantagens ao sistema. Organizações que possuem essa qualidade têm anticorpos de toxinas que podem carregá-las através das inevitáveis épocas de incerteza e concorrência feroz. Basta dar uma olhada todos os anos nas empresas que ficam entre as melhores para se trabalhar. Ainda que nem todas sejam saudáveis, elas estão tentando ser.

As empresas ajudam na recuperação quando comunicam suas expectativas com integridade, mostrando aos sofredores que existe uma saída para a tristeza deles.

E esconder essas dores dos outros não vai auxiliar na recuperação. Pelo contrário. Falar sobre elas pode ajudar a dissipar as toxinas. Especialistas dizem que pessoas com dor precisam de um jeito de conversar com segurança sobre suas experiências. Isso cria uma maneira coerente de compreender e lidar melhor com a situação. Os diálogos honestos com pessoas próximas e até com seus liderados poderão trazer-lhe conforto, ajudar a enxergar além do diagnóstico e ainda lhe darão forças para estar numa boa posição durante o período de recuperação. Isso pode colaborar para criar um novo começo, uma nova história.

LIBERANDO TOXINAS

Este é o momento de ter uma conversa decisiva com você mesmo. Não tenha medo, apesar de saber que quanto mais decisiva a conversa, menor a probabilidade de lidar bem com ela. Evitá-la, porém, pode trazer consequências ainda mais graves. Lembre-se que quando deixamos de ter uma conversa decisiva, todos os aspectos de nossa vida podem ser afetados: carreira, comunidade, relacionamentos e, principalmente, saúde.

A partir do momento que o líder se desintoxica, ou ainda equilibra suas energias, neutralizando suas toxinas, as chances de ele intoxicar o outro são muito menores. É o início da melhora para todos dentro do ambiente. É o início da melhora do ambiente como um todo.

Há ocasiões na vida em que se faz necessário sacrificar um pouco o ego e admitir que erramos. Um pedido de desculpas é capaz de reverter pelo menos 70% de uma objeção. Mas veja que interessante: a decisão racional de perdoar é diferente do perdão emocional. Ao decidir perdoar, a pessoa reduz a hostilidade, mas não necessariamente se livra das emoções negativas. Já o perdão emocional, aquele em que se abandona de fato o rancor, esse sim está associado à redução do estresse e restauração das emoções positivas. Por isso é necessário que o pedido venha do coração. O outro percebe isso.

Como todo e qualquer sacrifício, há a recompensa valiosa, ainda que seja demorada, dependendo do ciclo da desinfecção e do tempo que tudo isso demorar para acontecer. Sua personalidade precisa ser restaurada, com equilíbrio e livre de toxinas. Portanto, é mister entender que usar a agressividade ou o silêncio apenas para impor nossa visão aos outros não é o melhor caminho.

Mas não espere e nem busque a perfeição. Querer o progresso já está de bom tamanho. Quando alcançar um ambiente livre de toxinas, comemore, celebre o sucesso. E, quando tiver a menor oportunidade, faça o mesmo por alguém. Ajude a fortalecer organizações, solidificar famílias, restaurar comunidades e nações, a fazer deste um planeta melhor, com um ambiente mais limpo, livre de lixo tóxico. Essa é a melhor forma de você agradecer pela oportunidade por estar vivo, corrigir sua rota, e contagiar o universo com sua nova energia, que agora deixa de ser contagiosa e passa a ser contagiante.

O PODER DO OUTRO

Nunca mais me esqueci. A história aconteceu no dia 17 de Outubro de 1995, no Massachusetts Memorial Hospital em Worcester, Massachusetts, onde nasceram duas menininhas gêmeas. Cada uma delas pesava um quilo quando nasceu. Kyrie já começou a ganhar peso nos primeiros dias, mas Brielle não ia muito bem. Numa determinada tarde, ela teve tanta dificuldade para respirar que seu rosto ficou todo roxo, e ela chorava sem parar. A enfermeira da UTI, Gayle Kasparian, tentou confortá-la, enrolando-a num cobertor, abraçando-a e até mesmo aspirando seu nariz. Nada funcionou.

Foi então que a enfermeira decidiu tentar um procedimento que tinha ouvido ser praticado na Europa, mas que ia contra as práticas padronizadas do hospital. Ela colocou Brielle na incubadora com a irmã, Kyrie. Imediatamente, Brielle se aninhou junto à irmã. Seus níveis de saturação de oxigênio no sangue, que estavam extremamente baixos, começaram a subir. Ela passou a respirar com mais facilidade. O choro frenético parou e sua cor rosada voltou rapidamente. Nas semanas seguintes, a saúde melhorou e as duas foram para casa e cresceram saudáveis.

A enfermeira, que foi a manipuladora da toxina, gerou uma intervenção bem-sucedida e trouxe a cura que fez toda a diferença. Com essa história, Peter Frost mostra com muita sensibilidade o poder que a ligação humana tem nos efeitos positivos que alteram nossas vidas, e o poder também que os manipuladores de toxinas podem ter sobre as pessoas que estão à sua volta. Como diz Edward Hallowell, "de maneira simples, precisamos uns dos outros".

17

CONCLUSÃO: AMBIENTE LIVRE DE TOXINAS

"As condutas, assim como as doenças, são contagiosas."

Francis Bacon

Um líder aparentemente saudável pode se tornar contagioso e intoxicar seus liderados trazendo-lhes doenças físicas e transformando a empresa num ambiente tóxico?

Sim. Assim como ambientes saudáveis também produzem toxinas. É o mesmo que dizer que um corpo saudável não pode ficar doente. Se o ambiente ao qual esse corpo for exposto estiver desfavorável, ele adoecerá. Definitivamente, o comportamento das pessoas que trabalham em uma empresa afeta a saúde da empresa e dos indivíduos que trabalham nela.

Durante minha pesquisa, vi que doenças como o câncer podem ser desencadeadas por altos níveis de estresse que deprimem o sistema imunológico e enfraquecem a resistência do corpo, facilitando, portanto, a proliferação da doença.

O psicólogo sul-africano Peter Frost, autor do livro "Emoções Tóxicas no Trabalho", cristalizou suas ideias sobre dor emocional nas organizações e os efeitos sobre as pessoas que tentam gerenciá-las. Ele ressaltou que fortes emoções negativas, como a raiva, a tristeza, a frustração e o desespero podem ser particularmente "tóxicos" para o corpo humano e afetar a habilidade que o sistema imunológico tem em protegê-lo.

E como se livrar dessa dor? O psicólogo afirma que você não se livra dela. "Todas as empresas enfrentam, uma vez ou outra, essa dor emocional. O que transforma dor emocional em toxicidade é a resposta que damos a ela". Ele explica que apesar da difusão das toxinas emocionais nas empresas e de seus efeitos negativos nas pessoas e nos lucros, ninguém levanta o assunto porque a discussão de emoção e dor em situações de trabalho tende a ser vista como "fraqueza" ou "moleza". Mas moleza, para ele, é fingir que isso não acontece e continuar a fazer o de sempre. Frost acredita que há maneiras de fazer com que as empresas se tornem mais saudáveis.

Não basta tentar remover a dor em seu redor. É preciso ajudar as pessoas a enxergá-la sob uma ótica mais positiva, permitindo que as pessoas superem uma experiência dolorosa. Como fazer isso? Ajustando a dor de maneira construtiva, mudando a visão de experiências dolorosas e com ensinamento empático.

Quando as pessoas estão machucadas, elas não conseguem se concentrar para realizar seu melhor trabalho. Ficam obcecadas pela dor e suas origens. Não são criativas, e são incapazes de gerar excelência e ter equilíbrio físico e emocional para desafios e para as exigências do mercado e do ambiente do trabalho. E se esta dor for tóxica, ou vier acompanhada de falta de esperança ou perda de confiança, essa verdade se maximiza.

Ambientes de trabalho tóxicos inevitavelmente reduzem o desempenho e afetam a produtividade de uma forma contagiosa. O inverso, da mesma forma, é verdadeiro.

Uma organização que se preocupa com a saúde e o bem-estar de seus colaboradores poderá comprovar a relação direta que existe entre a motivação intrínseca do indivíduo e o entusiasmo com que lidam com os problemas do dia a dia e as oportunidades e desafios. O entusiasmo passa a ser contagiante.

Uma vez que não temos como impedir a dor emocional no ambiente de trabalho, precisamos estar aptos a reconhecê-la e saber como enfrentá-la para criarmos empresas saudáveis. Uma boa liderança mais do que nunca exige habilidade de antecipar as dores e de lidar com elas efetivamente e com compaixão. No mínimo, precisamos entender como eliminar a toxicidade, uma vez que ela tenha sido criada.

Descobrir o que podemos fazer para lidar com os efeitos tóxicos torna-se uma premissa para cada líder, dentro de cada departamento, junto com suas equipes de trabalho, todos os dias. Não há fórmulas mágicas para isso. Está nas mãos das lideranças a manipulação efetiva dessas toxinas. Você, líder gestor, é capaz de influenciar organizações inteiras para que elas sejam mais receptivas às exigências do mercado. Já é sabida a importância de se ter um ambiente de trabalho livre de toxinas.

Promover a retirada do lixo tóxico de dentro das empresas: esse é o caminho para o equilíbrio do ambiente. Frente aos tóxicos, não foque nas pessoas, e sim nos objetivos. Prevenir e eliminar a toxicidade no ambiente de trabalho passa a ser uma condição para torná-lo mais saudável e produtivo.

António Damásio disse que a neurobiologia não poderia salvar o mundo, mas que apenas o aumento gradual de conhecimentos sobre os seres humanos pode nos ajudar a encontrar melhores formas de gerir as coisas humanas. "O êxito atual dos tratamentos alternativos é um indício da insatisfação do público em relação à incapacidade da medicina tradicional de considerar o ser humano como um todo; é de prever que essa insatisfação aumentará nos próximos anos, à medida que se aprofundar a crise espiritual da sociedade ocidental. Seria absurdo pretender que a medicina curasse sozinha uma cultura doente, mas é igualmente absurdo ignorar esse aspecto da doença humana".

Líderes que encontram em seus trabalhos a rara combinação de ética, excelência e prazer orientarão as pessoas com energia e entusiasmo contagiantes. As emoções fazem nossas mentes se comunicarem umas com as outras. Priorize sua vida. Cuide de suas emoções. Elimine as pessoas tóxicas e siga seu caminho.

Percebe-se que a vantagem competitiva vai para as empresas que aproveitam e ampliam a energia intelectual, emocional e o comprometimento de sua força de trabalho. Frost afirma que criar ou ignorar o sofrimento humano diminui significativamente essas vantagens. Para ele, secar as lágrimas de uma pessoa pode ser tão real quanto fechar um contrato.

CAPÍTULO 17: CONCLUSÃO: AMBIENTE LIVRE DE TOXINAS

Dados obtidos pela medição de atividades cerebrais sugerem que as mesmas respostas neurais que nos conduzem ao alimento e nos fazem fugir de predadores são desencadeadas pela percepção do modo como somos tratados por outras pessoas. Essas descobertas estão questionando a visão mais comum de como os componentes sociais influenciam o comportamento humano.

Seres humanos não conseguem pensar criativamente, trabalhar com outros ou tomar decisões corretas quando sua resposta à ameaça está em alerta máximo. Líderes experientes entendem esse fato e agem de acordo com ele. É a atitude que reflete a liderança e faz toda a diferença.

Quanto mais entendermos como funciona nosso cérebro, melhor poderemos compreender como funcionam os cérebros de nossos liderados. E dessa forma, como usarmos a ciência em nosso favor, para criarmos diferentes estratégias de liderança e contornarmos de maneira inovadora a "irracionalidade humana" e os comportamentos inexplicáveis, que muitas vezes inconscientemente, partem de nós mesmos.

O mundo corporativo de hoje vive um novo momento e pede novas ferramentas para solucionar velhas questões. A neurociência sabe disso e vem ao encontro das ciências humanas e sociais apresentando a Neuroliderança, que chega para marcar uma nova era, um recomeço, com menos dor, menos sofrimento e um pouco mais de amor e compaixão.

Os líderes que compreenderem tal dinâmica poderão extrair as melhores habilidades de seus funcionários, apoiar equipes colaborativas e criar um ambiente que fomente mudanças produtivas. É a capacidade de conduzir o cérebro social dos funcionários de uma maneira intencional para atingir um desempenho otimizado que se tornará uma capacidade de liderança diferenciada nos próximos anos. Isso é o que vai garantir o futuro de uma próxima geração de grandes líderes.

O Brasil não prepara líderes para serem empreendedores, e isso afeta o DNA das empresas, diminuindo a velocidade do crescimento econômico e aumentando a incompetência no gerenciamento de processos e, consequentemente, de pessoas.

As condições econômicas e sociais muitas vezes influenciam para que as pessoas trabalhem em estado máximo de alerta. Mas cabe ao líder exercer uma liderança tranquila, para minimizar essa ameaça. A maioria das pessoas que trabalha nas empresas aprende a racionalizar ou controlar suas reações. Porém, limitam seu compromisso e engajamento. Tornam-se funcionários transacionais, relutantes em dar mais de si mesmos.

Enquanto a ignorância ainda for a grande moeda social de um país, haverá espaço para muitos e muitos exomemes infectarem pessoas. Memes desenhados por manipuladores do mal são muito perigosos. Igualmente perigosos são memes desenhados por manipuladores do bem disseminados por pessoas do mal.

Portanto, só poderemos ficar imunes a tudo isso quando tivermos condições de sabermos o quão ignorantes somos para irmos em busca da desinfecção: seja de memes doentes, de pessoas ruins e/ou de vírus podres, geneticamente modificados. Afinal, a liberdade humana é a própria cultura da inteligência, e ainda temos um longo caminho pela frente.

Quanto menos ignorância no mundo, maior será a desinfecção. E nossa vacina já está disponível. No entanto, precisamos criar memes mais fortes e positivos para que tudo isso aconteça. Que as pessoas tenham vontade de estudar, de se dedicar e de sair de suas zonas de conforto. Que não se conformem com as coisas como elas são e que não se deixem enganar com memes de sucesso fácil. Eles são fortes. E sedutores.

Se em algum momento de nossas vidas almejamos influenciar outras pessoas ou as vidas delas, primeiramente devemos reconhecer que isso só será possível se formos capazes de alcançar respeito e amor ao próximo. Caso contrário, adoeceremos e contaminaremos a todos os que estiverem à nossa volta. Deixemos de vez o contagioso para trás, na escuridão.

Sejamos luz, como uma vela que acende outra, propagando sua chama e multiplicando seu calor. De uma maneira muito simples, o caminho para todas as curas está na ligação que temos uns com os outros, no calor que essa chama entre os corpos pode proporcionar em nossa chama interna física e espiritual. Se soubéssemos o quanto somos importantes neste planeta, poderíamos entender como nosso corpo consegue emitir mais e mais sinais saudáveis para nosso cérebro e vice-versa, fazendo disso um círculo virtuoso contagiante de felicidade e harmonia, saúde, amor e paz.

REFERÊNCIAS

AMARAL NETO, Roberto Franco do. **DHEA: saiba mais sobre este importante hormônio**. Blog Dr. Roberto Franco do Amaral Neto. 09 abr. 2013. Disponível em: <http://www.robertofrancodoamaral.com.br/blog/envelhecimento/dhea--saiba-mais-sobre-a-precursora-de-varios-hormonios-importantes-do-corpo>. Acesso em: 10 jun. 2016.

ARAÚJO, Leonardo Carneiro de. **Fundamentos de Neurociência e do Comportamento**. Disponível em: <https://pt.scribd.com/document/35516100/neurociencia>. Acesso em: 10 mar. 2016.

ARIELY, Dan. **Previsivelmente irracional: como as situações do dia a dia influenciam nossas decisões.** Rio de Janeiro: Elsevier, 2008.

AYAN, Steve. **Ser terrorista não é um emprego em tempo integral.** Mente & cérebro. n. 276, p. 42-43, jan. 2016.

BALLONE GJ; MOURA EC. **Serotonina; o que é isso: a serotonina é um neurotransmissor que conduz a transmissão de um neurônio para outro.** PsiqWeb, 2008. Disponível em: <http://www.psiqweb.med.br/site/?area=NO/LerNoticia&idNoticia=153>. Acesso em: 10 mar. 2016.

BBC Brasil. **Chefes injustos provocam pressão alta, diz estudo.** BBC Brasil.com, 24 jun.2003. Disponível em: <http://www.bbc.com/portuguese/ciencia/030624_chefesms.shtml>. Acesso em: 02 abr. 2016.

BERESFORD, Lucy. **Como se libertar das relações tóxicas.** Rio de Janeiro: Sextante, 2014.

BERGER, Jonah. **Contágio:** por que as coisas pegam. Rio de Janeiro: Leya, 2014.

BRODIE, Richard. **Vírus da Mente.** São Paulo: Cultrix, 2010.

BUCKINGHAM, Will, et al. **The philosophy book.** (Big Ideas Simply Explained). São Paulo: Globo, 2011.

BUONOMONO, Dean. **O Cérebro imperfeito:** como as limitações do cérebro condicionam nossas vidas. São Paulo: Elsevier, Campus, 2011.

BURKHARD, Gudrun Kroeker. **Tomar a vida nas próprias mãos: como trabalhar na própria biografia o conhecimento das leis gerais do desenvolvimento humano.** São Paulo: Antroposófica, 2010.

CAIN, Susan. **O poder dos quietos: como os tímidos e introvertidos podem mudar um mundo que não para de falar.** Rio de Janeiro: Agir, 2012.

CAMARGO, Pedro. **Eu compro, mas a culpa é dos hormônios.** São Paulo: Novo conceito, 2013.

CARDOSO, Mayara. **Dopamina. Info Escola: navegando e aprendendo.** Disponível em: <http://www.infoescola.com/bioquimica/dopamina/>. Acesso em: 05 jun. 2016.

CHAVAGLIA NETO, José. **Neuromarketing:** o efeito da ancoragem, do contexto e do papel dos neurotransmissores na mente dos consumidores. São Paulo: Baraúna, 2012.

CHECK list: **como escrever listas de afazeres ajuda seu cérebro.** Publicado em FastCompany. Traduzido e adaptado por Tutano. Disponível em: <http://tutano.trampos.co/12241-check-list-ajuda-cerebro/>. Acesso em: 12 jan. 2017.

CIENTISTAS descobrem genes associados à violência. BBC Brasil. 28 out. 2014. Disponível em: <http://www.bbc.com/portuguese/noticias/2014/10/141028_cientistas_genes_violencia_rm>. Acesso em: 19 abr. 2016.

CONCEITO de metacognição. Disponível em: <http://conceito.de/metacognicao#ixzz4GZu5VmMX>. Acesso em: 18 jun. 2016.

CONSUMO de Ritalina no Brasil cresce 775% em dez anos. Veja.com, 11 ago. 2014. Disponível em: <http://veja.abril.com.br/saude/consumo-de-ritalina-no-brasil-cresce-775-em-dez-anos/>. Acesso em: 15 jun. 2016.

COVEY, Stephen R. **Os 7 hábitos das pessoas altamente eficazes.** 52º ed. São Paulo: Best Seller, 2014.

COVEY, Rebecca Merril. **O poder da confiança: o elemento que faz toda a diferença.** Rio de Janeiro: Elsevier; São Paulo: FranklinCovey, 2008.

REFERÊNCIAS

DAMÁSIO, António R. **O erro de Descartes:** emoção, razão e o cérebro. São Paulo: Companhia das Letras, 1996.

DAWKINS, Richard. **O Gene Egoísta**. Ed. Schwartz LTDA, 2008.

DE NEVE, Jan-Emmanuel ... [et al.]. **Born to lead? A twin design and genetic association study of leadership role occupancy.** The journal Elsevier, The Leadership Quarterly, n. 24, p. 45–60, 2013.

DUHIGG, Charles. **O poder do hábito:** por que fazemos o que fazemos na vida e nos negócios. Rio de Janeiro: Objetiva, 2012.

FACEBOOK compra Instagram por US$ 1 bilhão em dinheiro e ações: Zuckerberg fez o anúncio inesperado em um post público em sua própria página na rede social. *O Globo*, com sites e agências. 09 abr. 2012. Disponível em: <http://oglobo.globo.com/sociedade/tecnologia/facebook-compra-instagram-por-us-1-bilhao-em-dinheiro-acoes-4530157>. Acesso em: 15 jan. 2017.

FACEBOOK compra Instagram por 1 bilhão de dólares: Mark Zuckerberg anunciou a novidade em seu perfil da rede social. Veja.com, 09 abr. 2012. Disponível em: <http://veja.abril.com.br/tecnologia/facebook-compra-instagram-por-1-bilhao-de-dolares/>. Acesso em: 13 jan. 2017.

FANTAPPIE, Marcelo. **Epigenética e Memória Celular.** Carbono: natureza, ciência, arte. Dossiê, n. 3, 2013.

FEIJO, Carmem. **Assédio moral na Justiça do Trabalho.** TST- Tribunal Superior do Trabalho: Assessoria de Comunicação Social. Disponível em: <http://www.assediomoral.org/IMG/pdf/Noticias_Destaque_assedio_moral.pdf>. Acesso em: 10 mai. 2016.

FERNANDES, Márcio. **Felicidade dá Lucro: lições de um dos líderes empresariais mais admirados do Brasil.** São Paulo: Portfolio-Penguin, 2015.

_____. _____. Disponível em: <http://felicidadedalucro.com.br/>. Acesso em: 12 jan. 2017.

FINURAS, Paulo. rs4950» **o gene da liderança?** 29 jun. 2015. Disponível em: <http://www.blog-lideranca.pt/2015/06/29/gene-da-lideranca/>. Acesso em: 12 mai. 2016.

FIORELLI, Maria Rosa; OSMIR, José e MALHADAS JUNIOR Marcos Julio Olivé. **Assédio Moral: uma visão multidisciplinar.** 2ª ed. São Paulo: Atlas, 2015.

FRAZZETTO, Giovanni. **Alegria, culpa, raiva, amor: O que a neurociência explica e não explica sobre nossas emoções e como lidar com elas.** Rio de Janeiro: Agir, 2014.

FROST, Peter J. **Emoções tóxicas no trabalho.** 2ª ed. São Paulo: Futura, 2003.

GENE do empreendedorismo existe em pouco mais de 3% da população: pesquisa feita por universidade americana identificou gene chamado Nr2b. Conheça a história de sucesso um empreendedor brasileiro. G1, 08 jan. 2017, Da PEGN TV. Disponível em: <http://g1.globo.com/economia/pme/pequenas-empresas-grandes-negocios/noticia/2017/01/gene-do-empreendedorismo-existe-em-pouco-mais-de-3-da-populacao.html>. Acesso em: 10 jan. 2017.

GIL, Antônio Carlos. **Como elaborar projetos de pesquisa.** 5ª ed. São Paulo: Atlas, 2010.

GOLEMAN, Daniel. **Inteligência social: o poder das relações humanas.** Rio de Janeiro: Elsevier, 2007. Disponível em: <https://books.google.com.br/books?id=Omm1OBl9y7oC&pg=PP5&lpg=PP5&dq=intelig%C3%AAncia+social+o+poder+das+rela%C3%A7%C3%B5es+humanas+pdf&source=bl&ots=h8-bVzp9E9&sig=Cm8sEJjAO6cA8_B_VM9ikMHazP8&hl=pt-BR&sa=X&ved=0ahUKEwj9le-U1pjLAhXL7iYKHcc1D3AQ6AEISzAH#v=onepage&q=intelig%C3%AAncia%20social%20o%20poder%20das%20rela%C3%A7%C3%B5es%20humanas%20pdf&f=false>. Acesso em: 10 fev. 2016.

_____. **Liderança: a inteligência emocional na formação do líder de sucesso.** Rio de Janeiro: Objetiva, 2015.

GONÇALVES, Robson; RAMOS, Ana Paula; PAIVA, Andrea de. **Triuno: neurobusiness e qualidade de vida.** São Paulo: FGV, 2014.

REFERÊNCIAS

HALLOWELL, Edward M. **Driven to Distraction.** Estados Unidos da América (USA): Simon & Schuster, 1995.

_____. **Momentos humanos:** como encontrar significação e amor no seu dia-a-dia. Rio de Janeiro: Rocco, 2004.

HAUSCHILD, Jana. **Fisgados pelo terror: O que faz garotos comuns se transformarem em "guerreiros" preparados para matar e morrer? Solidão, insegurança e baixa autoestima podem ser determinantes para a conexão com os grupos radicais.** Mente & cérebro. n. 276, p. 36-41, jan. 2016.

HITLER e seu exército eram viciados em drogas pesadas, afirma pesquisador. Disponível em: <http://seuhistory.com/noticias/hitler-e-seu-exercito-eram--viciados-em-drogas-pesadas-afirma-pesquisador>. Acesso em: 21 jun. 2016.

INVESTIGAÇÃO de Paternidade: métodos e como funciona um exame de DNA? Blog e-DNA,16 set. 2015. Disponível em: <http://e-dna.com.br/blog/investigacao-de-paternidade-metodos-e-como-funciona-um-exame-de-dna/>. Acesso em: 21 jun. 2016.

KAHNEMAN, Daniel. **Rápido e devagar: duas formas de pensar.** Rio de Janeiro: Objetiva, 2012.

KANDEL, Eric R. ... [et al.]. **Princípios de neurociências.** 5ª ed., Porto Alegre: AMGH, 2014.

KING, Michael W. **Neurotransmissores: diversidade e funções.** Cérebro e mente – fundamentos. Disponível em: <http://www.cerebromente.org.br/n12/fundamentos/neurotransmissores/nerves_p.html>. Acesso em: 11 abr. 2016.

LEGAULT, Michael R. **Think!: por que não tomar decisões num piscar de olhos.** Rio de Janeiro: Best Seller, 2008.

LEDOUX, Joseph. **O cérebro emocional: os misteriosos alicerces da vida emocional.** Rio de Janeiro: Objetiva, 1998.

LEMONICK, Michael D. **The power of mood: liffiting your spirits can be potente medicine. How to make for you.** *Time*, p. 163-166, 20 jan. 2003.

LINDSTRÖM, Martin. **A lógica do consumo: verdades e mentiras sobre por que compramos.** Rio de Janeiro: Nova Fronteira, 2009.

MANDAL, Ananya. **Funções da Dopamina.** News medical: Life Sciences & Medicine. 27 out. 2015. Disponível em: <http://www.news-medical.net/health/Dopamine-Functions-(Portuguese).aspx>. Acesso em: 10 mai. 2016.

MARTINS, Michelle de Sousa Fontes. **A sensação, a percepção e as desordens da percepção.** Psicologado, ago. 2011. Disponível em: <https://psicologado.com/neuropsicologia/a-sensacao-a-percepcao-e-as-desordens-da-percepcao © Psicologado.com>. Acesso em: 10 mai. 2016.

McRANEY, David. **Você não é tão esperto quanto pensa.** São Paulo: Leya, 2013.

MELATONINA: Para Que Serve, Benefícios, Efeitos Colaterais e Como Tomar. Mundo boaforma. Disponível em: <http://www.mundoboaforma.com.br/melatonina-para-que-serve-beneficios-efeitos-colaterais-e-como-tomar/>. Acesso em: 22 jun. 2016.

MOGGI, Jair. **Assuma a direção de sua carreira: os ciclos que definem seu futuro profissional.** Rio de Janeiro: Elsevier, 2003.

MOGRABI, Gabriel José Corrêa. **Considerações sobre a teoria do cérebro triuno e sua relevância para uma filosofia da mente e das emoções.** *Veritas* (Porto Alegre), Revista de Filosofia da PUCRS, v. 60, n. 2, 2015. Disponível em: <http://revistaseletronicas.pucrs.br/ojs/index.php/veritas/article/view/21861/13729>. Acesso em: 2 jul. 2016.

MOSBY, David; WEISSMAN, Michael. **O paradoxo da excelência: como o ótimo desempenho pode acabar com sua empresa.** Rio de Janeiro: Elsevier, 2006.

MOSS, Sherry. **Why Some Bosses Bully Their Best Employees.** Harvard Business Review, 07 jun. 2016.

NICOLELIS, Miguel. **Muito além do nosso eu: a nova neurociência que une cérebro e máquinas e como ela pode mudar nossas vidas.** São Paulo: Companhia das Letras, 2011. Disponível em: <https://pt.scribd.com/document/220532403/Muito-Alem-Do-Nosso-Eu-Miguel-Nicolelis>. Acesso em: 12 fev. 2016.

REFERÊNCIAS

PATTERSON, Kerry ... [et al.]. **Conversas decisivas: técnicas para argumentar, persuadir e assumir o controle nos momentos que definem sua carreira.** São Paulo: Texto Editores, 2010.

PESQUISA identifica gene responsável por empreendedorismo: teste de laboratório na Universidade de Princeton indicou o gene Nr2b. Pesquisadores afirmam que pouco mais de 3% da população possui o gene. G1 26 jun. 2016, Da PEGN TV. Disponível em: <http://g1.globo.com/economia/pme/noticia/2016/06/pesquisa-identifica-gene-responsavel-por-empreendedorismo.html>. Acesso em: 17 jan. 2017.

O CÉREBRO. 30 dez. 2015. History Channel, Documentário. Disponível em: <https://www.youtube.com/watch?v=8X_E6IjBcBU>. Acesso em: 20 abr. 2016.

OZEF, Flavio ... [et al.]. **Comportamento violento e disfunção cerebral: estudo de homicidas no Rio de Janeiro.** *Revista Brasileira de Psiquiatria*, São Paulo, v. 22, n. 3, p. 124-9, set. 2000.

PERUZZO, Marcelo. **As três mentes do neuromarketing.** Curitiba: IP2 Marketing de resultado, 2013.

_____. **Brain model canvas.** 2014. 139 f. Tese (Ph.D – Doctor of Philosophy in Business Administration), Florida Christian University, Orlando, Florida USA, 2014.

PIANARO, Fernando Leocádio. **Acupuntura organizacional: coaching no suporte ao planejamento estratégico.** Curitiba: Fernando Leocádio Pianaro, 2013.

PINK, Daniel H. **Motivação 3.0: os novos fatores motivacionais para a realização pessoal e profissional.** Rio de Janeiro: Elsevier, 2010.

PRADEEP, A. K. **O cérebro consumista: conheça os segredos mais bem guardados para vender para a mente subconsciente.** São Paulo: Cultrix, 2012.

ROCK, David. **Liderança tranquila: não diga aos outros o que fazer: ensine-os a pensar.** Rio de Janeiro: Elsevier, Campus, 2006.

ROSA, Guilherme. **Por dentro da mente dos criminosos.** Veja.com, 4 jul. 2013. Atual. em 06 maio 2016. Disponível em: <http://veja.abril.com.br/ciencia/por--dentro-da-mente-dos-criminosos/>. Acesso em: 14 jul. 2016.

SANTI, Alexandre de; LISBOA, Silvio. **Seu segundo cérebro.** *Superinteressante*, ed. 362, vol. 30, n. 9, p. 22-33, jul. 2016.

SCHAEFER, Annette. **Dentro da mente terrorista: cientistas sondam o psiquismo de adeptos de grupos extremistas na tentativa de descobrir o que motiva seus atos. Longe de serem matadores enlouquecidos, eles acreditam estar a serviço de um bem maior.** Mente & cérebro. n. 276, p. 31-43, jan. 2016.

SEGUNDO estudos, existe a melhor hora do dia para fazer cada coisa (enviar e-mails, agendar reuniões, pedir aumento...). Free Life Style. Disponível em: <http://www.freelifestyle.com.br/segundo-estudos-existe-a-melhor-hora-do--dia-para-fazer-cada-coisa-enviar-e-mails-agendar-reunioes-pedir-aumento/>. Acesso em: 14 jan. 2017.

SEROTONINA. Neurotransmissores, doenças mentais e drogas. 29 jan. 2011. Disponível em: <http://neuromed92.blogspot.com.br/2011/01/serotonina. html>. Acesso em: 14 jul. 2016.

SIEGEL, Bernie S. **Paz, amor e cura**. São Paulo: Summus, 1996. Disponível em: <(https:// books.google.com.br/books?id=ny3Ro17pV8QC&pg=PA36&dq=Borysenko+e-feito+das+emo%C3%A7%C3%B5es+no+sistema+imunol%C3%B3gico&hl=p-t-BR&sa=X&ved=0ahUKEwi6k6DjpJPLAhULI5AKHTfjDggQ6AEIHTAA#-v=onepage&q=Borysenko%20efeito%20das%20emo%C3%A7%C3%B5es%20no%20sistema%20imunol%C3%B3gico&f=false)>. Acesso em: 15 jul. 2016.

STAMATEAS, Bernardo. **Gente Tóxica: como lidar com pessoas difíceis e não ser dominado por elas.** Rio de Janeiro: Thomas Nelson Brasil, 2009.

STORR, Anthony. **A agressividade humana.** São Paulo: Benvirá, 2012.

Tom de voz pode influenciar no sucesso profissional. MAS: Recurso Humanos, 22 out. 2014. Disponível em: <http://www.msarh.com.br/blog/mercado--trabalho/tom-de-voz-pode-influenciar-no-sucesso-profissional.html>. Acesso em: 18 jan. 2017.

REFERÊNCIAS

TRACY, Brian. **As leis universais do sucesso.** Rio de Janeiro: Sextante, 2009.

VIDAL, Ramon Oliveira. **Polimorfismos de nucleotídeos únicos em espécies poliplóides.** Disponível em: <http://docslide.com.br/documents/polimorfismos-de--nucleotideos-unicos-em-especies-poliploides.html>. Acesso em: 19 mai. 2016.

VOCÊ acha que tem o "Gene do guerreiro"? Hype Science. Disponível em: <http://hypescience.com/voce-acha-que-tem-o-gene-guerreiro/>. Acesso em: 18 mai. 2016.

WAIZBORT, Ricardo Francisco. **As ideias e seus veículos: um encontro entre a literatura fantástica de Borges, a memética e a biologia evolutiva.** Ciências & Cognição, vol 15, n. 1, p. 155-170, abr. 2010.

_____. **Notas para uma aproximação entre o neodarwinismo e as ciências sociais.** História, Ciências, Saúde, Manguinhos, v. 12, n. 2, p. 293-318, maio-ago. 2005.

ZENGER, Jack; FOLKMAN, Joseph. **The Trickle-Down Effect of good (and bad).** *Havard Business Review,* 14 jan. 2016. Disponível em: <https://hbr.org/2016/01/the-trickle-down-effect-of-good-and-bad-leadership?utm_source=twitter&utm_medium=social&utm_campaign=harvardbiz>. Acesso em: 19 mai. 2016.

ÍNDICE

A

Açúcar 67, 123, 126, 156

Acupuntura Organizacional 131, 194

Administradores xviii, 63

Adrenalina 48, 96, 100, 119, 123–124, 138, 175, 179

Agressividade 121, 182, 200

Alerta 48, 110, 120, 124, 131–132, 152, 193

Alteração
emocional 14, 179
química 122

Ambiente 203–208

Ameaça 39, 99–102, 120, 142, 207

Amígdala 26–27, 110–111, 181

Ansiedade 6, 27, 29, 35, 82, 96, 109, 120–121, 143, 175, 190, 196

António Damásio 25, 163, 206

Assédio 6, 43–56, 81, 197

Ataque cardíaco 111, 140

Atenção
Déficit 121, 130–132

Atitude ix, 11, 38, 126, 161, 199, 207

Autoconhecimento 7, 35–36, 101, 195

Autocontrole 114–115

Autoestima 11, 12, 24, 50, 79, 81, 93, 112, 161, 195

Autointoxicação 147

Autonomia 39, 82, 88, 97, 99–101, 103, 156, 157, 168

Aversão à perda 165–166, 168

B

Biologia xxii, 4, 24, 33, 119

Bioquímica cerebral 122–125

Burocracia 75, 128, 147, 155

C

Características 23, 26, 46, 60, 68, 70–71, 74, 84, 130, 179

Carga genética / Código genético 63, 67–68, 73, 75, 154

Carreira 80, 112, 136, 200

CBO 61

Cérebro
Triuno 21, 24, 29, 30

Chefes 48–49, 140, 168

Chief Brain Office 61

Ciência 25, 32, 34, 60, 102, 129, 156, 182, 207
Ciência / Cientistas 3, 22, 25, 101, 129, 139, 142, 178

Clima organizacional 131, 188

Código genético 63, 67–68, 75, 154

Cognitivo / Cognição 25

Competência 82, 107

Comportamento
Contagiante 116
Contagioso 114–115
Sociais 21

Compulsão 126

Concentração 28, 38, 99, 101, 125, 194

Conclusão 48, 51, 59, 72, 97, 101, 115, 136, 156, 175, 179, 203–208

Conduta 33, 49, 51, 198
Conexões 3, 26, 33, 36, 99, 101, 111, 143, 195, 198
Confiança 7, 11–14, 33, 100, 110, 114, 156, 189
Conflitos 50
Constrangimento 49, 53, 92
Contagiante 61, 113, 208
Contágio
   Emocional 111, 116
   Social 115
Contagioso 84, 109, 113, 147, 156, 176, 193, 205
Contaminação 194
Controle / Controle emocional 83
Coração 3, 16, 29, 41, 45, 111, 139, 175, 186, 194, 200
Córtex / Córtex Pré-frontal 21–22, 26, 35, 87, 111, 130, 164, 189
Cortisol 13, 74, 93, 100, 120, 123, 127, 138, 148, 155, 179
Criatividade 38, 94, 102, 103, 130
Cromossomos 68, 69
Culpa 18, 26, 41, 70, 91, 119, 151, 176, 179, 182, 190
Curiosidade 17, 36, 54–55, 75, 100, 119, 139, 169, 180, 182–183, 190
Custo 147

D

Daniel Goleman 16, 26, 107, 116, 135, 161
Daniel Kahneman 164
David Rock 37, 99, 172

Decisões 4, 15, 24, 26, 39, 101–100, 142, 156–157, 161, 165, 167, 172
Deficiência 120, 183
Demissão 12, 48–50, 52, 92, 112, 137, 143
Depressão 6, 12, 47, 79, 81, 121, 130, 135, 162, 177
Desafio 28, 36, 82, 99, 101, 103, 109, 154, 157, 168
Desemprego 168, 179
Desenvolvimento 13, 22, 24, 33, 36, 64, 71, 99, 115, 153, 195
Desequilíbrio 47, 126, 128, 157, 175
Desmotivação 81, 98
Destrutivo 6, 11, 81, 135, 187
Desvios cognitivos 164–165
DHEA 124
Diferencial 81, 191
Disciplina 24, 60, 149, 154, 155
Distúrbio Emocional 14
DNA 13, 63, 67–69, 71, 114, 139, 169, 183, 207
Doenças 3, 53, 64, 68, 102, 127, 130, 137–138, 161, 205
Dopamina 13, 17, 100, 120, 129, 138, 154, 177, 182–183
Dor / Dores emocionais 5, 11, 63, 138
Droga 17, 180

E

Elektro 150
Emoções
   negativas 36, 102, 110, 135, 190, 200, 205
   primitivas 143

ÍNDICE

Empatia 15, 29, 99–101, 114, 125,
      176, 181, 190

Empreendedor 145–158

Empresário 147–148, 151

Empresas , 13–14, 28, 47, 53, 67,
      71, 95, 123, 132, 170, 199, 205

Energia 4, 13, 16, 23, 36, 83,
      85, 100, 156, 178, 191, 198,
      201, 206

Engajamento 82, 100, 199, 207

Engenheiro Memético 62–63, 180

Enquadramento 164, 167

Epigenética 72–74, 190

Equilíbrio 8, 15, 28, 120, 126, 153,
      169, 194, 200, 206

Equipes 11, 28, 80, 86, 93, 169, 179,
      188, 206

Especialistas 14–15, 34, 36, 48, 51,
      61, 75, 94, 178, 200

Estados emocionais 116

Estímulo 17, 29, 91, 167

Estratégia 8, 14, 16, 62, 94, 115–116,
      147, 162, 164, 179, 188, 193

Estresse 13, 16, 29, 73, 85, 100, 116,
      143–144, 165, 181, 197, 200

Estudo 13, 17, 22, 25, 70, 80, 127,
      156, 164, 168, 180, 182

Excelência 28, 77–88, 91, 95, 97,
      103, 110, 135, 205–206

Execução 8, 29, 79–80, 91, 98, 100,
      102, 131, 179

Expectativa 17, 69, 93, 177

Experiências 3–4, 12, 15, 28, 72,
      189–190, 200

Experimento Moser 153

F

Fatores Externos 4, 70, 79–80

Feedback 6, 14, 35–36, 50, 92, 97,
      139, 155, 199

Ferramenta 27, 45, 111, 193

Fezes 54, 129

Flow 28–29

Força Organizacional 114

Fraquezas 80, 93, 161

Frustração 81, 91, 135, 140, 153,
      161, 170, 189, 205

Funcionário 11, 12, 47–48, 50, 161

G

GABA 120–121

Gene
   Egoísta 59, 62, 69
   guerreiro 182

Genética 63, 65–76, 126, 170, 182

Gerenciamento
   de pessoas 147

Gerente
   Gerentes 5–6, 92–93, 115,
      140, 199

Gestão de Pessoas 7, 102, 147,
      152, 170

Gestor 13, 101, 131, 141, 147, 189

Glutamato 120–121

Gratificação 163–164

Great Place to Work 150

H

Hábitos Angulares 83, 86

Harvard 48, 94, 109, 114, 170

Hierarquia 142, 155

LIDERANÇA TÓXICA

Hiperatividade 130–132, 183

Hipocampo 60

Hipotálamo 125–126

Hitler 180, 190

Honestidade 110, 115, 161

Hormônios 13, 73, 100, 107, 119, 120, 124, 126–127, 129, 135, 138, 155

Humilhar 47

Humor 108, 114, 120, 129, 170, 177, 180

I

Ideias 11, 33, 60, 63, 95, 102, 107, 119, 148, 150, 187, 195, 205

Impulsos Elétricos 166–169

Imunomeme 193–194

Incentivo 96, 163

Inconsciente

Cognitivo 26

Influência 71–73, 111, 119, 122, 164, 167, 177, 180, 190

Insatisfação Positiva 80–83

Instinto 3, 21, 23, 29

Integridade 14, 49, 115, 200

Inteligência

Emocional 15, 22, 107, 109, 116, 140–141

Interrupções 156

Irracionais 4, 6, 24, 26, 33, 111, 164, 165, 166

Irracionalidade 30, 165, 207

J

Jim Collins 148, 154

Justiça 47, 51, 54–55, 94, 99–101, 114, 142, 157

L

Lealdade 27, 111, 199

Lego 98

Lei 51–55

Liberação 15, 36, 120, 176

Liberdade 100, 161, 170, 179, 208

Líder

Líder tóxico 11, 14, 161, 169, 189

Liderado 71, 84, 91, 112, 143, 187, 189–190, 193

Liderança

Liderança Tóxica 6, 9–18, 43–56

Límbico 23–24, 28–29, 38, 45, 85, 87, 100, 114, 189

Limites 46–47

Lixo tóxico 1–8, 16, 201

Lucro 7, 93, 109, 147

Luta e Fuga 3, 41, 120, 153

M

Management 22, 35, 147, 154

Manipulação 98

Manipulador de Toxina 14, 17, 180, 194

MAOA 182–183

Mapa Mental

Mapas mentais 5, 198

Marcador Somático

Marcas 21, 33, 84, 102, 112

Marcelo Peruzzo 7

Mediocridade 83

Medo 12–13, 21, 29, 110, 140, 179, 181, 187, 190, 199

Melatonina 128–129

Meme 155, 173–184, 191, 193–194, 207

Índice

Memética 59, 72, 108, 175–176, 180, 189

Mentes 19–30, 108, 190, 206

Mercado de Trabalho 112, 168

Metabolismo 73, 121

Metacognição 101

Metas 11, 35, 46, 50, 96, 104, 175, 197

Modelo SCARF 99–101

Moral 6, 40, 43–56, 81, 181, 194, 197

Motivação 99–101

   Motivação 3.0 94–97, 103

   Motivação Extrínseca 80–81, 96

   Motivação Intrínseca 80–81, 94, 96–97, 101, 103, 206

Mudança 17, 27, 33–34, 39, 84, 136, 157, 161, 198

Multitarefas 39–41

Músculo 84, 120

N

Negócios 5, 39, 48, 95, 150

Neurobiologia 111, 206

Neurociência 7, 13–14, 24, 33–34, 67, 71–72, 99, 111, 156, 207

   Neurociências Sociais 107

Neurocoaching 33

Neurocognitiva 121

Neuroeconomia 33, 39

Neuroleadership 34, 36

Neuroliderança 7, 17, 31–42, 57–64, 99, 172, 198

Neuromanagement 33

Neuromarketing 7, 33, 40, 71, 107

Neuromotivação 89–104

Neurônios 3, 22–23, 108, 118, 167, 187, 190–191, 199

   Neurônio-espelho 92, 116

Neuroplasticidade 108

Neurotransmissores 119, 120–122, 125–126, 130

Noradrenalina 29, 119, 120, 122, 130, 135

Norepinefrina 13, 120, 138, 155

O

Objetivos 7, 11, 21, 27, 47, 102, 141, 167, 175, 177, 179, 197, 206

Obsessão 85, 171

Ordem 41, 52, 63, 115, 142, 155, 162

Ouvir 7, 15, 29, 41, 86–87, 92, 131

Oxitocina 101, 120

P

Padrões Mentais 35–36

Pânico 45, 87, 122

Patologia

   Patológico 177

Pedro Camargo 119, 125, 129, 143, 166, 170

Peptídios 138–139

Perfil 11, 68, 70–71, 131, 175, 178, 183

Personalidade 53, 70, 91, 130, 200

Pesquisa 6, 18, 22, 33, 36, 46, 91, 180, 182–183, 188, 194, 199, 205

Peter Frost 14, 201, 205

Placebo 17

Planeta 3–8, 201, 208

LIDERANÇA TÓXICA

Poder 11, 21, 49, 61, 84, 147, 152–153, 165, 176, 194

Pontos

Fortes 93, 131, 155

Fracos 81, 93, 131, 164

Prazer 13, 26, 28, 98, 119, 154–155, 165, 177, 187, 195, 206

Pressão 5, 14, 21, 47, 101, 135, 171, 175

Priming 167–168

Produtividade 28, 36, 46, 88, 112, 114, 148, 155, 169, 199

Profissionais 17, 48–49, 72, 92–93, 103, 128, 150, 179, 196–197

Propósito 12, 50, 82, 97, 103, 175

Psicologia 24, 33, 35, 48, 79, 95, 111, 168, 179

Q

Qualidades 35, 99

Químico 17, 41, 68, 120, 122

Quociente Emocional 26

QE 22

R

Racional 21, 62, 121, 164, 178–179, 189, 192, 194, 200

Racionalidade 190

Raiva 12, 29, 45, 51, 121, 135, 179, 190, 205

Razão 4, 11, 21, 23–24, 26, 28, 48, 80, 96–97, 111, 129, 143, 153, 168

Reações Emocionais 21, 135

Recompensa 28, 82–83, 94, 99, 101, 120, 129, 154, 163–164, 177, 200

Recompensa Intrínseca 82

Reconhecimento 17, 93, 99, 131, 151, 199

Recuperação 16, 143, 161, 189, 200

Recursos Humanos 51, 149

Referência 30, 59, 69, 91, 101, 112, 198

Rejeição 29, 39, 143, 157, 162

Relação 24, 26, 28, 34, 37, 40, 50, 59, 67, 69, 71

Relacionamentos 5, 8, 15, 107, 108, 125, 197, 200

Relações Humanas

Relações Interpessoais 8

Remédios 45, 122–123, 130

Remuneração 92, 94, 97

Reprodução 8, 21, 24, 63, 190

Reptiliano 8, 21, 23–24, 29, 38, 87, 101, 143, 155, 190

Respeito 37, 47, 75, 107, 131, 161, 187, 189, 197, 208

Responsabilidade 8, 60, 62–63, 102–103, 108, 119, 135, 161, 180, 194

Respostas 7, 16, 40, 68, 73, 86, 182, 189, 207

Ressonância Magnética Funcional 33, 40, 107, 188

Resultado 5, 8, 12, 22, 62, 74, 96, 116, 157, 166, 176–177, 188, 195

Reunião 35, 38, 156

228

ÍNDICE

Risco 26, 30, 68, 75, 127, 148–149, 175, 183, 189

Ritalina 130

Rosen 103–104

S

Salário 6, 37, 45, 82, 91, 94–95, 114, 157

Satisfação 12, 28, 88, 93, 115, 135, 150, 177, 188

Segurança 15, 24, 39, 99–102, 157, 200

Sensação 12, 39, 83, 88, 121–122, 125–126, 135, 176, 180, 191

Sensações 4, 30, 177

Senso de urgência 161

Sentimento / Sentimentos 3, 6, 24–25, 29, 41, 151, 171, 176, 179, 189–190, 192

Serotonina 13, 119–123, 126, 129, 130, 177

Sexo 12, 120

Significado 4, 15, 108, 157, 178

Significado do trabalho 97–98

Sinapses 3, 119, 177

Sistema

Automático 166

Imunológico 5, 16, 127, 133–144, 205

Límbico 8, 21, 24, 29, 45, 47, 85, 87, 100–101, 114, 153, 189

Nervoso Central 122

Neurais 166–167

Reflexivo 166, 168

Situações 11–12, 14, 21, 26, 29, 120, 129, 135, 143, 171, 177, 205

SNP 68–72

Sono 86, 120–122, 128, 130, 177

Stephen Covey 147

Substância 108, 119–121, 128

Sucesso 26, 33, 75, 83, 86, 101, 109, 141, 149, 152, 156, 168, 177, 181, 196, 201, 208

Suicida 162

T

Talento 36, 61, 70, 81

Tangíveis 96

Tarefa 5, 11, 16, 29, 109, 131, 141, 152, 167, 176, 193

TDA 121, 130

TDHA 121, 130, 131

Tensão 136, 179

Teoria

X 102

Y 103

Terra 3–4, 10, 33

Terroristas 27, 74, 175, 177

Terrorismo 177–179

Tiques 120

Toxinas

Toxicidade 11, 13–15, 83, 131, 170–171, 187

Trabalho 3, 5, 7, 11, 13–14, 45, 189, 197, 199, 205, 206

Tranquilidade 37, 116, 121, 190

Transtorno 46, 121–122, 130–131

Tristeza 12, 135, 155, 162, 179, 200, 205

Tronco Encefálico 21

Vantagem Competitiva 102, 150, 206
Violência 45, 52, 121, 169, 171, 175, 177, 179, 183
Virtude pessoal 114
Vítima 12, 51–52, 162, 169
Você S/A 116, 150
Voluntários 40, 108

CONHEÇA OUTROS LIVROS DA ALTA BOOKS

Negócios - Nacionais - Comunicação - Guias de Viagem - Interesse Geral - Informática - Idiomas

Todas as imagens são meramente ilustrativas.

SEJA AUTOR DA ALTA BOOKS!

Envie a sua proposta para: autoria@altabooks.com.br

Visite também nosso site e nossas redes sociais para conhecer lançamentos e futuras publicações!

www.altabooks.com.br

/altabooks ▪ /altabooks ▪ /alta_books

ALTA BOOKS
EDITORA

Este livro foi impresso nas oficinas gráficas da Editora Vozes Ltda.,
Rua Frei Luís, 100 – Petrópolis, RJ.